主　编　谭国灿
副主编　马　洲　向长新
　　　　郑晓琼
主　审　柳胜辉
参　编　曹绪东　柳　蓉
　　　　郑必林　赵珍军

中等职业教育国家级
示范学校特色教材

阅读与口语交际

教学做一体化教程

中国·武汉

内 容 简 介

本教材遵循了创新性原则和实用性原则，打破了传统的以文章体裁、语文知识和技能划分单元的编排体系，而是以主题为单元来展开编排。内容的选取贴近中职学生生活，具有典型性、时效性、可读性，注重对学生运用语言能力的培养，为他们步入社会打下良好的基础。

本书共分12个项目："家庭与亲情"、"校园与学习"、"朋友与友谊"、"兴趣与爱好"、"团结与合作"、"旅游与名胜"、"求职与择业"、"励志与理想"、"历史与文化"、"文学与艺术"、"生命与生活"、"法律与秩序"。每个项目分为"阅读欣赏"、"口语交际"、"实践活动"及"单元练习"4个栏目，其中"阅读欣赏"均按4个学习任务编排。

本书适合作为中等职业学校语文教学用书。

图书在版编目(CIP)数据

阅读与口语交际　教学做一体化教程/谭国灿　主编．—武汉：华中科技大学出版社，2013.8（2020.1重印）
中等职业教育国家级示范学校特色教材
ISBN 978-7-5609-9302-7

Ⅰ.①阅…　Ⅱ.①谭…　Ⅲ.①阅读教学-中等专业学校-教材　②口语-中等专业学校-教材　Ⅳ.①G634.411

中国版本图书馆CIP数据核字(2013)第193540号

阅读与口语交际　教学做一体化教程　　　　　　　　　　　　　谭国灿　主编

策划编辑：王红梅
责任编辑：王红梅　王　晶
封面设计：三　禾
责任校对：朱　霞
责任监印：周治超
出版发行：华中科技大学出版社（中国·武汉）　　电话：(027)81321913
　　　　　武汉市东湖新技术开发区华工科技园　　邮编：430223
录　　排：武汉楷轩图文
印　　刷：北京虎彩文化传播有限公司
开　　本：787mm×1092mm　1/16
印　　张：17.25
字　　数：435千字
版　　次：2020年1月第1版第3次印刷
定　　价：45.00元

本书若有印装质量问题，请向出版社营销中心调换
全国免费服务热线：400-6679-118　　竭诚为您服务
版权所有　侵权必究

序言

"课难上,生难管",这是中等职业学校面临的共同难题。究其原因,其中很重要的因素在于现行的中职教育教学目标过高,教材难度较大,学科化味道较浓,与企业对相应岗位的要求差距较大,与学生的学习水平不符。因此,创新职业教育教学模式和课程、教材体系,推进教学改革和教材建设,已成为摆在职业教育工作者面前的一项紧迫而又艰巨的任务。

湖北省秭归县职业教育中心以创建"中等职业教育改革发展国家级示范学校"为契机,围绕党的十八大提出的"加快发展现代职业教育"的宏伟战略目标,立足学生实际,着眼学生发展,强力推进课程改革,精心组织、编写了一批满足当地经济社会发展要求、反映本校教学特色和教学改革创新成果的教材。

这套教材的编写体现了这样的思路:符合学生认知规律和技能养成规律,体现以能力为本位、以应用为主线的教学设计要求。推行"大课程"制,将相近或相关学科整合成一门学科,避免相近学科知识传授的重复,实现模块化教学管理。在专业课程的理论知识方面,注重常识、流程、操作规范等的教学,减少在原理上的纠缠,不要求学科体系上的完美;在技能操作方面注重适应企业对岗位的要求。文化素养类的课程注重服务学生的终身发展、服从学生的专业成长。

阅读完部分书稿，我欣喜地发现本套教材具备如下特点。

第一，做到"教本、教案、学案"三位一体。为了把课程体系改革效益最大化，独创了教学工作页。工作页集教材、教案、学案于一身，基于学习和工作流程设计，能引导学生自主学习，保持学生的学习热情，提高教师的备课效率。这一设计以人为本，减轻了师生负担。

第二，做到"教、学、做"一体化。理论与实践相结合，教师边教边做，学生手脑并用，在学中做，在做中学，体现了"教、学、做合一"的教育思想，突出了教师的主导作用与学生的主体地位。

第三，体现"够用、实用、适用"的编写思想。坚持职业教育改革的发展方向，反映了编撰者较高的现代教育理论修养和创新精神。体系简洁，活泼自然。在教学内容上注重学生的学力水平，力求引进新工艺、新技术、新材料，吸引学生回归课堂，积极参与教学活动。

第四，坚持"教得了、用得着、学得会"的原则。坚持理论够用、技能实用，采用"归、并、删、降、加"的办法进行整合处理，内容贴近学生实际生活及职场需求，安排符合逻辑，不仅有利于教师组织教学，也方便学生自学，操作性强，达到了精选内容、把教材变薄的效果。

"职业教育是一项事业，事业的意义在于奉献；职业教育是一门科学，科学的价值在于求真；职业教育是一门艺术，艺术的活力在于创新。"秭归县职业教育中心的老师们勇于实践、大胆创新，群策群力，用心血、智慧编撰的这套教材，传递了职业教育教学改革的正能量，对于改变宜昌市中等职业教育教学现状、深入推进宜昌市中等职业教育教学改革创新，将起到良好的示范、引领、带动作用。

石希峰

2013 年 7 月

为适应创建国家中等职业示范学校的需求,学校遵照教育部2009年颁布的《中等职业学校语文教学大纲》的基本要求,进一步落实国家中等职业示范学校的《语文课程实施纲要》,发扬课程改革的精神,结合社会对中职生语言、文化的基本要求,并吸收国家规划教材《语文(基础版)》的优点,我们组织编写了《阅读与口语交际　教学做一体化教程》新教材。本书力求从中职生的实际出发,多角度展现语文的功能。

本书的编写遵循创新性原则和实用性原则。

本书打破了传统的以文章体裁、语文知识和技能来划分项目的编排体系,而是以主题为项目来展开编排。内容的选取贴近中职学生生活,具有典型性、时效性、可读性。

本书的编排体系是以人文性、实用性为出发点的。以人文话题作为划分项目的重要依据之一,让学生接受优秀文化的熏陶,提高品德修养和审美能力,形成良好的个性、健全的人格,促进职业生涯的发展。同时,本书自始至终秉持语文作为交际工具的基本要求,让学生学习必需、够用的语文基础知识,掌握日常生活和职业岗位所需要的现代阅读、口语交际的技能;注重基本的语文学习方法的培养，养成自学和运用语文的良好习惯。从汉字的认读，到文章的阅读与口语交际的培养与训练，本书注重为学生步入社会打下良好的基础。

本书本着教师易教，学生易学、易会的思想，融文本、教案、学案于一体。操作性强，这是本书最大的特点。文本注重贴近生活，注重趣味性，尤其突出地方特色；教案从教师教的层面作了较全面的梳理和分析，目的是为教师提供便利的教学基本思路；学案从学生学的层面为学生课堂学习、课后自学提供帮助。本书共12个项目，每项目4篇课文，第1~3篇为讲读课文，第4篇文章可作自学课文。

本书的编写体例如下：

每个项目由阅读欣赏、口语交际、实践活动、单元练习构成。

1. 阅读欣赏。由山高为峰、阅读导航、我手我心、学海拾贝、牛刀初试、推窗望月等部分组成，并且围绕阅读方法的指导及阅读能力的训练组织实施。

2. 口语交际。一般先对口语交际的典型案例作评析，再结合相关案例介绍口语交际的相关知识，最后进行口语实践活动。

3. 实践活动。一般由活动目的和任务、活动流程两大部分组成。注重学生社会生活和职业生活，培养学生语文综合运用能力。

4. 单元练习。内容与项目课文同步，其顺序遵循由浅入深、由知识转化能力的认识规律编排，训练紧紧围绕语文知识设题。

本书由秭归县职教中心组织富有经验的一线教师编写，由谭国灿担任主编，参加编写的人员有：马洲（项目一~二）、郑必林（项目三~四）、谭国灿（项目五~六）、柳蓉（项目七~八）、向长新（项目九~十）、郑晓琼（项目十一~十二）、曹绪东（体例设计、样章编写）等。在编写过程中，我们注意听取了部分专家的建议和一些一线教师的意见，并参考了有关资料，还聘请了柳胜辉老师审阅全稿，在此一并表示感谢。

本书因编者水平、时间有限，错漏之处在所难免，恳请广大读者批评指正。

编　者
2013年6月

目录

项目一 家庭与亲情 ………………………………………………… (1)

 任务一 我的母亲 ………………………………………………… (2)
 任务二 卖白菜 …………………………………………………… (6)
 任务三 关于父亲的故事 ………………………………………… (11)
 任务四 藏羚羊的跪拜 …………………………………………… (16)
 听话 ………………………………………………………………… (18)
 拥抱亲情 …………………………………………………………… (19)

项目二 校园与学习 ………………………………………………… (25)

 任务五 读书人是幸福的人 ……………………………………… (26)
 任务六 论读书 …………………………………………………… (28)
 任务七 情人节的玫瑰绽开在教室里 …………………………… (31)
 任务八 路漫漫其修远 …………………………………………… (34)
 说话 ………………………………………………………………… (37)
 我的专业我做主 …………………………………………………… (39)

项目三 朋友与友谊 ………………………………………………… (43)

 任务九 好雪片片 ………………………………………………… (44)
 任务十 项链 ……………………………………………………… (47)

任务十一　永远的蝴蝶 …………………………………………………………… (56)
　　任务十二　藏者 ………………………………………………………………… (58)
　　自我介绍 …………………………………………………………………………… (59)
　　认识自我　悦纳自我 …………………………………………………………… (61)

项目四　兴趣与爱好 …………………………………………………………… (67)
　　任务十三　谈兴趣 ……………………………………………………………… (68)
　　任务十四　讲故事的人(节选) ………………………………………………… (70)
　　任务十五　张衡少年趣事 ……………………………………………………… (77)
　　任务十六　大发明家爱迪生 …………………………………………………… (80)
　　赞美他人 …………………………………………………………………………… (82)
　　有一种神奇的力量叫做赞美 …………………………………………………… (85)

项目五　团结与合作 …………………………………………………………… (91)
　　任务十七　一碗清汤荞麦面 …………………………………………………… (92)
　　任务十八　学会合作 …………………………………………………………… (99)
　　任务十九　斑羚飞渡 …………………………………………………………… (102)
　　任务二十　士兵突击(节选) …………………………………………………… (108)
　　介绍工艺流程 …………………………………………………………………… (113)
　　绿色伴我行 ……………………………………………………………………… (116)

项目六　旅游与名胜 …………………………………………………………… (119)
　　任务二十一　风格宜昌 ………………………………………………………… (120)
　　任务二十二　世间最美的坟墓 ………………………………………………… (122)
　　任务二十三　桂林山水甲天下 ………………………………………………… (124)
　　任务二十四　洛阳诗韵 ………………………………………………………… (126)
　　解说词 …………………………………………………………………………… (128)
　　我爱我的家乡 …………………………………………………………………… (131)

项目七　求职与择业 …………………………………………………………… (137)
　　任务二十五　差不多先生传 …………………………………………………… (138)
　　任务二十六　敬业与乐业(节选) ……………………………………………… (140)
　　任务二十七　应聘 ……………………………………………………………… (142)
　　任务二十八　白手起家,但不能手无寸铁 …………………………………… (144)
　　应聘 ……………………………………………………………………………… (146)
　　展望我们的职场 ………………………………………………………………… (149)

项目八　励志与理想 …………………………………………………………… (153)
　　任务二十九　理想 ……………………………………………………………… (154)

任务三十　在山的那边 …………………………………………… (156)
　　任务三十一　在困境中更要发愤求进 ………………………… (158)
　　任务三十二　过万重山漫想……………………………………… (164)
　　即兴演讲…………………………………………………………… (168)
　　"青春在奉献中闪光" ……………………………………………… (170)

项目九　历史与文化 ………………………………………………… (175)

　　任务三十三　都江堰 ……………………………………………… (176)
　　任务三十四　中国的斯大林格勒保卫战 ………………………… (181)
　　任务三十五　军神 ………………………………………………… (183)
　　任务三十六　端午节的来历与习俗 ……………………………… (187)
　　即席发言…………………………………………………………… (191)
　　诵读经典古诗　弘扬传统文化 …………………………………… (193)

项目十　文学与艺术 ………………………………………………… (199)

　　任务三十七　离太阳最近的树 …………………………………… (200)
　　任务三十八　爱情诗两首 ………………………………………… (203)
　　任务三十九　米洛斯的维纳斯 …………………………………… (206)
　　任务四十　麦琪的礼物 …………………………………………… (209)
　　交谈 ………………………………………………………………… (214)
　　腹有诗书气自华 …………………………………………………… (218)

项目十一　生命与生活 ……………………………………………… (221)

　　任务四十一　热爱生命 …………………………………………… (222)
　　任务四十二　石缝间的生命 ……………………………………… (228)
　　任务四十三　呱呱 ………………………………………………… (231)
　　任务四十四　敬畏生命 …………………………………………… (234)
　　电话交谈 …………………………………………………………… (235)
　　有效的电话交谈，打造和谐的人际关系 ………………………… (238)

项目十二　法律与秩序 ……………………………………………… (243)

　　任务四十五　河水和大堤 ………………………………………… (244)
　　任务四十六　别在金矿上种卷心菜 ……………………………… (246)
　　任务四十七　最宝贵的一门课 …………………………………… (250)
　　任务四十八　规矩 ………………………………………………… (252)
　　协商 ………………………………………………………………… (253)
　　掌握协商技巧，提高服务水平 …………………………………… (256)

参考文献 ……………………………………………………………… (263)

项目一

家庭与亲情

 主题描述

从我们呱呱坠地到如今,这十几年中是谁最牵挂我们的冷暖,是谁最担心我们的健康,是谁为了我们的进步欣喜若狂,又是谁在我们有缺点和毛病时忧心着急,是我们的父母,是我们最亲的人!是啊,人生在世谁无父母,谁没沐浴过父母的养育之恩,可以说父母对子女的爱是世界上最真诚、最无私、最深厚、最崇高的情感。但我们真的读懂这份情感了吗?

本项目阅读欣赏选编了有关"家庭与亲情"话题的4篇文章。《我的母亲》和《卖白菜》分别用纵向贯通和截取断面两种方法,刻画了两位不同时代的母亲形象,字里行间透着浓浓的亲情;《关于父亲的故事》选取了三个关于父亲的故事,从不同侧面反映了现实生活中父亲与子女的亲情。《藏羚羊的跪拜》讲述了藏羚羊为保护腹中孩子的生命而向老猎人下跪但仍被枪杀的故事。

本项目口语交际的学习内容是"听话"。

本项目实践活动,围绕"感恩父母、拥抱亲情"这一主题展开,激发学生的感恩之情。

 知识目标

(1) 整体感知课文,了解课文大意;
(2) 理解文中的人物和事件,把握文章的感情基调;
(3) 掌握记叙的选材和组材技巧;
(4) 学会刻画人物形象的技巧;
(5) 学会听话。

 能力目标

(1) 能概括文章大意,体会作者所表达的情感;
(2) 能选取典型材料,概括人物的性格特征;
(3) 能用语言、动作、神态、心理、细节等描写方法刻画人物形象;
(4) 能对文章中感受最深的词语、语句进行品味;
(5) 掌握说话的基本要求和技巧。

任务一 我的母亲

老 舍

 山高为峰

（1）体会作者对母亲的热爱、赞颂、感激和怀念之情；
（2）学会抒情散文的写法，学会运用细节描写表现人物形象；
（3）关注情感，探讨情感，从而学会表达自己的情感。

 阅读导航

本文是一篇优美的散文，语言质朴，情真意切。母亲虽然一贫如洗，但是她朴素的一言一行，影响孩子的一生。阅读课文，我们会敬佩母亲坚忍、善良、宽容、勤俭和好客的品性，也会为儿子"子欲养而亲不待"的痛悔感动不已。

学习课文，走进生活，从母亲和作者的身上，我们学到了什么？

老舍（1899—1966），原名舒庆春，字舍予，现代著名作家。本文选自《中国现代文学珍藏大系·老舍卷（上）》（蓝天出版社2003年版）。

点石成金

阅读全文，找出叙述时间的语句，明确时间顺序。

母亲的娘家是北平德胜门外，土城儿外边，通大钟寺的大路上的一个小村里。村里一共有四五家人家，都姓马。大家都种点不十分肥美的地，但是与我同辈的兄弟们，也有当兵的，作木匠的，作泥水匠的，和当巡警的。他们虽然是农家，却养不起牛马，人手不够的时候，妇女便也须下地做活。

对于姥姥家，我只知道上述的一点。外公外婆是什么样子，我就不知道了，因为他们早已去世。至于更远的族系与家史，就更不晓得了。穷人只能顾眼前的衣食，没有功夫谈论什么过去的光荣。"家谱"这字眼，我在幼年就根本没有听说过。

母亲生在农家，所以勤俭诚实，身体也好。这一点事实却极重要，因为假若我没有这样的一位母亲，我以为我恐怕也就要大大的打个折扣了。

母亲出嫁大概是很早，因为我的大姐现在已是六十多岁的老太婆，而我的大外甥女还长我一岁啊。我有三个哥哥，四个姐姐，但能长大成人的，只有大姐、二姐、三哥与我。我是"老"儿子。生我的时候，母亲已有四十一岁，大姐二姐已都出了阁。

由大姐与二姐所嫁入的家庭来推断，在我生下之前，我的家里，大概还马马虎虎的过得去。那时候订婚讲究门当户对，而大姐丈是作小官的，二姐丈也开过一间酒馆，他们都是相当体面的人。

> 门当户对：旧时指结亲双方家庭的社会地位和经济状况相当。

可是，我，我给家庭带来了不幸：我生下来，母亲晕过去半夜，才睁眼看见她的老儿子——感谢大姐，把我揣在怀里，致未冻死。

一岁半，父亲死了。

兄不到十岁，三姐十二三岁，我才一岁半，全仗母亲独立抚养了。父亲的寡姐跟我们一块儿住，她吸鸦片，她喜摸纸牌，她的脾气极坏。为我们的衣食，母亲要给人家洗衣服，缝补或裁缝衣裳。在我的记忆中，她的手终年是鲜红微肿的。白天，她洗衣服，洗一两大绿瓦盆。她做事永远丝毫也不敷衍，就是屠户们送来的黑如铁的布袜，她也给洗得雪白。晚间，她与三姐抱着一盏油灯，还要缝补衣服，一直到半夜。她终年没有休息，可是在忙碌中她还把院子屋中收拾得清清爽爽。桌椅都是旧的，柜门铜活久已残缺不全，可是她的手老使破桌面上没有尘土，残破的铜活发着光。院中，父亲遗留下的几盆石榴与夹竹桃，永远会得到应有的浇灌与爱护，年年夏天开许多花。

> 这句精彩的白描具体生动地写出了母亲的辛苦。作者为何要强调"终年"？"鲜红微肿"写出了母亲怎样的辛劳程度？

> 此处白描从侧面表现了母亲的勤劳。

哥哥似乎没有同我玩耍过。有时候，他去读书；有时候，他去学徒；有时候，他也去卖花生或樱桃之类的小东西。母亲含着泪把他送走，不到两天，又含着泪接他回来。我不明白这都是什么事，而只觉得与他很疏。与母亲相依为命的是我与三姐。因此，他们做事，我老在后面跟着。他们浇花，我也张罗着取水；他们扫地，我就撮土……从这里，我学得了爱花，爱清洁，守秩序。这些习惯至今还被我保存着。

有客人来，无论手中怎么窘，母亲也要设法弄一点东西去款待。舅父与表哥们往往是自己掏钱买酒肉食，这使她脸上羞得飞红，可是殷勤的给他们温酒作面，又给她一些喜悦。遇上亲友家中有喜丧事，母亲必把大褂洗得干干净净，亲自去贺吊——一份礼也许只是两吊小钱。到如今为我的好客的习性还未全改，尽管生活是这么清苦，因为自幼儿看惯了的事情是不易于改掉的。

姑母常闹脾气。她单在鸡蛋里找骨头。她是我家中的阎王。直到我入了中学，她才死去，我可是没有看见母亲反抗过。"没受过婆婆的气，还不受大姑子的吗？命当如此！"母亲在非解释一下不足以平服别人的时候，才这样说。是的，命当如此。母亲活到老，穷到老，辛苦到老，全是命当如此。她最会吃亏。给亲友邻居帮忙，她总跑在前面：她会给婴儿洗三——穷朋友们可以因此少花一笔"请姥姥"钱——她会刮痧，她会给孩子们剃头，她会给少妇们绞脸……凡是她能作的，都有求必应。但是吵嘴打架，永远没有她。她宁吃亏，不斗气。当姑母死去的时候，母亲似乎把一世的委屈都哭了出来，一直哭到坟地。不知道哪里来的一位侄子，声称有继承权，母亲便一声不响，教他搬走那些破桌子烂板凳，而且把姑母养的一只肥母鸡也送给他。

可是，母亲并不软弱。父亲死在庚子闹"拳"的那一年。联军入城，挨家搜索财物鸡鸭，我们被搜过两次。母亲拉着哥哥与三姐坐在墙根，等着"鬼子"进门，街门是开着的。"鬼子"进门，一刺刀先把老黄狗刺死，而后入室搜索。他们走后，母亲把破衣箱搬起，才发现了我。假若箱子不空，我早就被压死了。皇上跑了，丈夫死了，鬼子来了，满城是血光火焰，可是母亲不怕，她要在刺刀下，饥荒中，保护着儿女。北平有多少变乱啊，有时候兵变了，街市整条地烧起，火团落在我们的院中。有时候内战了，城门紧闭，铺店关门，昼夜响着枪炮。这惊恐，这紧张，再加上一家饮食的筹划，儿女安全的顾虑，岂是一个软弱的老寡妇所能受得起的？可是，在这种时候，母亲的心横起来，她不慌不哭，要从无办法中想出办法来。她的泪会往心中落！这点软而硬的个性，也传给了我。我对一切人与事，都取和平的态度，把吃亏看作当然的。但是，在做人上，我有一定的宗旨与基本的法则，什么事都可以将就，而不能超过自己划好的界限。我怕见生人，怕办杂事，怕出头露面；但是到了非我去不可的时候，我便不得不去，正像我的母亲。从私塾到小学，到中学，我经历过起码有廿位教师吧，其中有给我很大影响的，也有毫无影响的，但是我真正的教师，把性格传给我的，是我的母亲。母亲并不识字，她给我的是生命的教育。

> 具体从哪三件事来表现那伟大的、无私的母爱？
>
> 仔细品味这三件感人的事例。

当我小学毕了业的时候，亲友一致的愿意我去学手艺，好帮助母亲。我晓得我应当去找饭吃，以减轻母亲的勤劳困苦。可是，我也愿意升学。我偷偷的考入了师范学校——制服，饭食，书籍，宿处，都由学校供给。只有这样，我才敢对母亲说升学的话。入学，要交十元的保证金。这是一笔巨款！母亲作了半个月的难，把这巨款筹到，而后含泪把我送出门去。她不辞劳苦，只要儿子有出息。当我由师范毕业，而被派为小学校校长，母亲与我都一夜不曾合眼。我只说了句："以后，您可以歇一歇了！"她的回答只有一串串的眼泪。我入学之后，三姐结了婚。母亲对儿女是都一样疼爱的，但是假若她也有点偏爱的话，她应当偏爱三姐，因为自父亲死后，家中一切的事情都是母亲和三姐共同撑持的。三姐是母亲的右手。但是母亲知道这右手必须割去，她不能为自己的便利而耽误了女儿的青春。当花轿来到我们的破门外的时候，母亲的手就和冰一样的凉，脸上没有血色——那是阴历四月，天气很暖。大家都怕她晕过去。可是，<u>她挣扎着，咬着嘴唇，手扶着门框，看花</u>

> 细节描写，突出母亲对三姐出嫁的依依不舍，但又怕耽误女儿青春的心理，凝聚着母亲的爱女之情。反复咀嚼，令人感动。

轿徐徐地走去。不久,姑母死了。三姐已出嫁,哥哥不在家,我又住学校,家中只剩母亲自己。她还须自晓至晚的操作,可是终日没人和她说一句话。新年到了,正赶上政府倡用阳历,不许过旧年。除夕,我请了两小时的假。由拥挤不堪的街市回到清炉冷灶的家中。母亲笑了。及至听说我还须回校,她愣住了。半天,她才叹出一口气来。到我该走的时候,她递给我一些花生,"去吧,小子!"街上是那么热闹,我却什么也没看见,泪遮迷了我的眼。今天,泪又遮住了我的眼,又想起当日孤独地过那凄惨的除夕的慈母。可是慈母不会再候盼着我了,她已入了土!

> 仔细品味"笑"、"愣"、"叹"的含义,体会母亲丰富的心理活动。
>
> "去吧,小子!"这句话蕴含怎样丰富的潜台词?
>
> 此句语言朴素,口语化,却别有深情。

儿女的生命是不依顺着父母所设下的轨道一直前进的,所以老人总免不了伤心。我廿三岁,母亲要我结了婚,我不要。我请来三姐给我说情,老母含泪点了头。我爱母亲,但是我给了她最大的打击。时代使我成为逆子。廿七岁,我上了英国。为了自己,我给六十多岁的老母以第二次打击。在她七十大寿的那一天,我还远在异域。那天,据姐姐们后来告诉我,老太太只喝了两口酒,很早的便睡下。她想念她的幼子,而不便说出来。

七七抗战后,我由济南逃出来。北平又像庚子那年似的被鬼子占据了。可是母亲日夜惦念的幼子却跑西南来。母亲怎样想念我,我可以想象得到,可是我不能回去。每逢接到家信,我总不敢马上拆看,我怕,怕,怕,怕有那不祥的消息。人,即使活到八九十岁,有母亲便可以多少还有点孩子气。失了慈母便像花插在瓶子里,虽然还有色有香,却失去了根。有母亲的人,心里是安定的。我怕,怕,怕家信中带来不好的消息,告诉我已是失了根的花草。

> 为什么连用四个"怕"字?表达了作者对母亲怎样的情感?
>
> "失去了根的花草"用了哪种修辞手法?在文中的意思是什么?

去年一年,我在家信中找不到关于母亲的起居情况。我疑虑,害怕。我想象得到,若不是不幸,家中念我流亡孤苦,或不忍相告。母亲的生日是在九月,我在八月半写去祝寿的信,算计着会在寿日之前到达。信中嘱咐千万把寿日的详情写来,使我不再疑虑。十二月二十六日,由文化劳军的大会上回来,我接到家信。我不敢拆读。就寝前,我拆开信,母亲已去世一年了!

生命是母亲给我的。我之能长大成人,是母亲的血汗灌养的。我之能成为一个不十分坏的人,是母亲感化的。我的性格,习惯,是母亲传给的。她一世未曾享过一天福,临死还吃的是粗粮。唉!还说什么呢?心痛!心痛!

> 赤子之心,溢于篇外;戛然而止,回味无穷。

我手我心

文章最后一段写道:"生命是母亲给我的。我之能长大成人,是母亲的血汗灌养的。我之能成为一个不十分坏的人,是母亲感化的。我的性格,习惯,是母亲传给的。"联系全文,结合自己的成长过程,说说你对这段话的理解。

学海拾贝

下列词语中,与加点字注音完全相同的一组是(　　)
A. 鲜 xiān：　鲜红　　新鲜　　屡见不鲜　　鲜为人知
B. 强 qiǎng：　坚强　　牵强　　强词夺理　　博闻强识
C. 供 gōng：　供给　　供应　　提供　　　　供不应求
D. 当 dāng：　当家　　当代　　门当户对　　安步当车

 牛刀初试

结合语境,说说下列各句加点词语表现了母亲什么样的思想感情?
(1) 母亲作了半个月的难,把这巨款筹到,而后含泪把我送出门去。
(2) 当我由师范毕业,而被派为小学校校长,母亲与我都一夜不曾合眼。我只说了句:"以后,您可以歇一歇了!"她的回答只有一串串的眼泪。
(3) 她挣扎着,咬着嘴唇,手扶着门框,看花轿徐徐地走去。
(4) 除夕,我请了两小时的假。由拥挤不堪的街市回到清炉冷灶的家中。母亲笑了。及至听说我还须回校,她愣住了。半天,她才叹出一口气来。到我该走的时候,她递给我一些花生,"去吧,小子!"

 推窗望月

读一读,背一背。

游　子　吟

唐·孟郊

慈母手中线,游子身上衣。
临行密密缝,意恐迟迟归。
谁言寸草心,报得三春晖?

任务二　卖　白　菜

莫　言

 山高为峰

(1) 运用整体感知的阅读方法,梳理故事情节,把握人物形象;
(2) 学习小说中对人物、环境的描写方法,尤其是学习运用个性化的语言和细节性描写刻画人物形象的方法;

（3）通过感受文中坚强而又诚信的母亲形象，体会自己母亲的艰辛，学会感恩，学会诚信。

 阅读导航

一段心酸的往事，几番痛苦的回忆，"糠菜半年粮"的时代虽然远去，但是想起心头的往事至今依然让"我"沉痛。作者以个性化的语言和细节描写，着重表现了母子二人对于卖白菜的不同心理感受，折射出母亲与"我"不同的性情。三棵白菜，卖与不卖，都是出于生活的无奈，而就在这无奈中，母亲的坚强和自尊与"我"的暴躁和狭隘，泾渭分明。

莫言说："我要以写实的笔和朴素的手法表达自己内心的话。"阅读时请仔细体会莫言式的真切细腻。

莫言（1955—），原名管谟业，当代著名作家，2012年获"诺贝尔文学奖"，是我国第一位获此殊荣的作家。本文选自《莫言文集·小说的气味》（当代世界出版社2004年版）。

1967年冬天，我12岁那年，临近春节的一个早晨，母亲苦着脸，心事重重地在屋子里走来走去，时而揭开炕席的一角，掀动几下铺炕的麦草，时而拉开那张老桌子的抽屉，扒拉几下破布头烂线团。母亲叹息着，并不时把目光抬高，瞥一眼那三棵吊在墙上的白菜。最后，母亲的目光锁定在白菜上，端详着，终于下了决心似的，叫着我的乳名，说：

"社斗，去找个篓子来吧……"

"娘，"我悲伤地问："您要把它们……"

"今天是大集。"母亲沉重地说。

"可是，您答应过的，这是我们留着过年的……"话没说完，我的眼泪就涌了出来。

母亲的眼睛湿漉漉的，但她没有哭，她有些恼怒地说："这么大的汉子了，动不动就抹眼泪，像什么样子！"

"我们种了一百零四棵白菜，卖了一百零一棵，只剩下这三棵了……说好了留着过年的，说好了留着过年包饺子的……"我哽咽着说。

母亲靠近我，掀起衣襟，擦去了我脸上的泪水。我把脸伏在母亲的胸前，委屈地抽噎着。我感到母亲用粗糙的大手抚摸着我的头，我嗅到了她衣襟上那股揉烂了的白菜叶子的气味。从夏到秋、从秋到冬，在一年的三个季节里，我和母亲把这一百零四棵白菜从娇嫩的芽苗，侍弄成饱满的大白菜，我们撒种，间苗，除草，捉虫，施肥，浇水，收获，晾晒……每一片叶子上

点石成金

这几段文字运用了哪几种人物描写方法？

注意描写母亲的神态和动作的词语。注意体会母亲心理变化过程。

瞥（piē）：很快地大略看一下。

为什么先"瞥"后"端详"？

这几段描写刻画了母亲怎样的心理变化？有何作用？

一个"悲伤"，一个"沉重"！贫困生活，令人叹息！

为什么我会为母亲卖白菜的决定而哭？

为什么在这里要详细列出白菜的数字？你想到了什么？

抽噎（yē）：抽搭，一吸一顿地哭泣。

写出了自己亲手栽培植物的感情。

都留下了我们的手印……但母亲却把它们一棵棵地卖掉了……我不由得大哭起来。

透过蒙眬的泪眼，我看到母亲把那棵最大的白菜从墙上钉着的木橛子上摘了下来。母亲又把那棵第二大的摘下来。最后，那棵最小的、形状圆圆像个和尚头的也脱离了木橛子，挤进了篓子里。我熟悉这棵白菜，就像熟悉自己的一根手指。因为它生长在最靠近路边那一行的拐角的位置上，小时被牛犊或是被孩子踩了一脚，所以它一直长得不旺，当别的白菜长到脸盆大时，它才有碗口大。发现了它的小和可怜，我们在浇水施肥时就对它格外照顾。我曾经背着母亲将一大把化肥撒在它的周围，但第二天它就打了蔫。母亲知道了真相后，赶紧将它周围的土换了，才使它死里逃生。后来，它尽管还是小，但卷得十分饱满，收获时母亲拍打着它感慨地对我说："你看看它，你看看它……"在那一瞬间，母亲的脸上洋溢着珍贵的欣喜表情，仿佛拍打着一个历经磨难终于长大成人的孩子。

集市在邻村，距离我们家有三里远。母亲让我帮她把白菜送去。我心中不快，嘟哝着，说："我还要上学呢。"母亲抬头看看太阳，说："晚不了。"我还想啰嗦，看到母亲的脸色不好，便闭了嘴，不情愿地背起那只盛了三棵白菜、上边盖了一张破羊皮的篓子，沿着河堤南边那条小路，向着集市，踽踽而行。寒风凛冽，有太阳，很弱，仿佛随时都要熄灭的样子。不时有赶集的人从我们身边超过去。我的手很快就冻麻了，以至于当篓子跌落在地时我竟然不知道。篓子落地时发出了清脆的响声，篓底有几根蜡条跌断了，那棵最小的白菜从篓子里跳出来，滚到路边结着白冰的水沟里。母亲在我头上打了一巴掌，骂道："穷种啊！"然后她颠着小脚，乍着两只胳膊，小心翼翼但又十分匆忙下到沟底，将那棵白菜抱了上来。我看到那棵白菜的根折断了，但还没有断利索，有几绺筋皮联络着。我知道闯了大祸，站在篓边，哭着说："我不是故意的，我真的不是故意的……"母亲将那棵白菜放进篓子，原本是十分生气的样子，但也许是看到我哭得真诚，也许是看到了我黑黢黢的手背上那些已经溃烂的冻疮，母亲的脸色缓和了，没有打我也没有再骂我，只是用一种让我感到温暖的腔调说："不中用，把饭吃到哪里去了？"然后母亲就蹲下身，将背篓的木棍搭上肩头，我在后边帮扶着，让她站直了身体。

终于挨到了集上。母亲让我走，去上学，我也想走，但我看到一个老太太朝着我们的白菜走了过来。风迎着她吹，使她的身体摇摆，仿佛那风略微大一些就会把她刮起来。她走到我们的篓子前，看起来是想站住，但风使她动摇不定。我认识这个老太太，知道她是个孤寡老人，经常能在集市上看到她。她用细而沙哑的嗓音问白菜的价钱。母亲回答了她。她摇摇头，看样子是嫌贵。但是她没有走，而是蹲下，揭开那张破羊皮，翻动着我们的三棵白菜。她把那棵最小的白菜上那半截欲断未断的根拽了下来。然后她又逐棵地

为什么一棵棵地摘下，再一棵棵写？

橛（jué）子：短木桩。

蔫（niān）：花木、水果等因失去所含的水分而萎缩。

为什么"欣喜"是"珍贵"的？
比喻形象生动。

嘟哝（dū nong）：连续不断地自言自语。

踽（jǔ）踽：形容一个人走路孤零零的样子。

乍（zhà）：伸开，张开。

细节描写更能让我们看到了白菜在母亲的心目中的分量

绺（liǔ）：量词，线、麻、头发、胡须等许多根顺着聚在一起叫绺。

黑黢（qū）黢：很黑或很暗。

母亲打骂我和我的哭泣表现了什么？

母亲再没有打"我"，也没有再骂"我"，是由于哪些原因？

戳着我们的白菜，用弯曲的、枯柴一样的手指。她撇着嘴，说我们的白菜卷得不紧，母亲用忧伤的声音说："大婶子啊，这样的白菜您还嫌卷得不紧，那您就到市上去看看吧，看看哪里还能找到卷得更紧的吧。"

我对这个老太太充满了恶感，你拽断了我们的白菜根也就罢了，可你不该昧着良心说我们的白菜卷得不紧。我忍不住冒出了一句话："再紧就成了石头蛋子了！"

老太太抬起头，惊讶地看着我，问母亲："这是谁？是你的儿子吗？"

"是老小，"母亲回答了老太太的问话，转回头批评我："小小孩儿，说话没大没小的！"

老太太将她胳膊上挎着的柳条篼篼放在地上，腾出手，撕扯着那棵最小的白菜上那层已经干枯的菜帮子。我十分恼火，便刺她："别撕了，你撕了让我们怎么卖？！"

"你这个小孩子，说话怎么就像吃了枪药一样呢？"老太太嘟哝着，但撕扯菜帮子的手却并不停止。

"大婶子，别撕了，放到这时候的白菜，老帮子脱了五六层，成了核了。"母亲劝说着她。

她终于还是将那层干菜帮子全部撕光，<u>露出了鲜嫩的、洁白的菜帮。在清冽的寒风中，我们的白菜散发出甜丝丝的气味。这样的白菜，包成饺子，味道该有多么鲜美啊！</u>老太太搬着白菜站起来，让母亲给她过秤。母亲用秤钩子挂住白菜根，将白菜提起来。老太太把她的脸几乎贴到秤杆上，仔细地打量着上面的秤星。我看着那棵被剥成了核的白菜，眼前出现了它在生长的各个阶段的模样，心中感到阵阵忧伤。

终于核准了重量，老太太说："俺可是不会算账。"

母亲因为偏头痛，算了一会儿也没算清，对我说："社斗，你算。"

我找了一根草棒，用我刚刚学过的乘法，在地上划算着。

我报出了一个数字，母亲重复了我报出的数字。

"没算错吧？"老太太用不信任的目光盯着我说。"你自己算就是了。"我说。

"这孩子，说话真是暴躁。"老太太低声嘟哝着，从腰里摸出一个肮脏的手绢，层层地揭开，露出一沓纸票，然后将手指伸进嘴里，沾了唾沫，一张

拽（zhuài）：拉。

这些动作描写刻画出怎样的一个老太太形象？

这里为何要着力描写这个老太太的形象？

篼篼（yūn dōu）：竹篾等编成的盛东西的器具。

体会母亲对老太太的态度。

不舍之情尽情流露出来了。

为什么没有交代"我"算钱的心理活动？

张地数着。她终于将数好的钱交到母亲的手里。母亲也一张张地点数着。

等我放了学回家后,一进屋就看到母亲正坐在灶前发呆。那个蜡条篓子摆在她的身边,三棵白菜都在篓子里,那棵最小的因为被老太太剥去了干帮子,已经受了严重的冻伤。我的心猛地往下一沉,知道最坏的事情已经发生了。母亲抬起头,眼睛红红地看着我,过了许久,用一种让我终生难忘的声音说:

体会细节描写。

"孩子,你怎么能这样呢?你怎么能多算人家一毛钱呢?"

"娘,"我哭着说:"我……"

省略号会有哪些内容?

"你今天让娘丢了脸……"母亲说着,两行眼泪就挂在了腮上。

母亲为什么而流泪,而且是第一次流泪?

这是我看到坚强的母亲第一次流泪,至今想起,心中依然沉痛。

我手我心

当"我"因母亲要卖掉那三棵白菜而哭闹时,母亲不仅没有哭,还有些恼怒地说:"这么大的汉子了,动不动就抹眼泪,像什么样子!"但当"我"多算了老太太一毛钱时,母亲却为此哭红了眼睛。结合课文中的内容,谈谈自己的理解。

学海拾贝

给下列词语中加点的字注音,并解释词语的意思。

(1) 瞥
(2) 抽噎
(3) 踽踽独行
(4) 黑黢黢
(5) 箢箢
(6) 木橛子
(7) 蔫
(8) 拽

牛刀初试

说一说作者主要写了哪些事情?从这些事情中,表现出母亲什么样的性格?

推窗望月

人穷不能志气短,再穷也需要真诚实在。读了课文后,你能感知这一点吗?请谈谈你的认识。

任务三 关于父亲的故事

范春歌

 山高为峰

（1）理解"父亲"和"子女"这两个概念所蕴含的情感意义和彼此的神圣使命，懂得怎样去珍惜这份感情；
（2）探究本文在写作上采用的对比手法、场面描写和人物刻画手法；
（3）联系现实，激发学生对亲情的思考。

 阅读导航

本文选择了"勇敢父亲"、"怯懦父亲"、"骄傲父亲"三个故事，从不同侧面反映了现实生活中父亲与子女的亲情，也可以视为当代的《背影》。课文中三个故事有哪些是"父亲"的共同特点？又各有什么不同侧面？父爱是一座山。你有没有思考过父亲对你的生活意味着什么？本文的故事平凡而浅显，在我们身边天天发生这样的事情。本文作者善于观察和选材，采用了对比手法，通过对场面和人物描写，表达了或褒或贬的思想情感，值得我们写作时借鉴。

范春歌（1965—），武汉晚报记者，"范长江新闻奖"获得者。本文摘自《爱情婚姻家庭》（2005年第1期）。

十年前，我曾在长途车上目睹过这样一幕。那一天，我从瑞丽乘车往西双版纳。这种滇南最常见的长途车，途中常常会搭载那些在半路招手的山民，因此开开停停，颇能磨炼人的耐心。好在旅行中的人大都不会有什么十万火急的事儿，正好悠悠地随车看风景。

将近黄昏的时候，途中上来一位黑瘦的农民，两手牵着他的两个年幼的儿子。虽然父子三人的衣服上都打着补丁，但洗得干干净净。路面坑洼不平，站在过道上的两个男孩显然不是经常乘车，紧张地拽住座位的扶手，小脸蛋涨得通红，站得笔直笔直。不一会儿，他俩更害怕了，因为父亲在买车票时与司机发生了争执。

父亲怯生生地但显然不满地问司机，短短的路程，票价为何涨成了五元钱？他说往日见过带孩子的乘车人，只掏两元就可以。司机头也不回："我说多少就多少！"父亲仍然坚持："你要说出个道理"。司机回头扫了他一眼，恼怒地吼起来："不愿给就滚下去！"车门随之砰地打开了。

点石成金

家里虽然贫穷，但父子三人的衣着是整洁的。

司机蛮不讲理，难题摆到了父亲的面前。

两个男孩恐惧地拽紧了父亲的衣角，父亲拉着孩子的小手要下车，但车门又关上了，车继续朝前开去。司机骂咧咧地催促农民拿出五元钱买票，仿佛在呵斥一头不驯服的牲口。两个男孩因为父亲遭受的羞辱而感到害怕。在幼小的心灵里，父亲一向像座大山，而此时却像棵随时能被人拔起的小草，他们不明白这种力量来自何处。

> 单纯的孩子怎能理解？

这是乡间山路上的长途汽车里常见的镜头，保持缄默的乘客们往往因为在路上，宁少一事而不愿多一事。我得承认，因为路途还长，我也如此。

> 为什么写自己？
> 为什么结局往往是农民屈从？
> 这位农民为什么不屈从？

这种事结局往往是农民屈从。

但这位农民不。他轻轻地拍了拍胆怯地缩进他瘦小的怀里的两个孩子的头，眼神虽流露出一个父亲在儿子们面前遭受旁人羞辱时的疼痛，但他平静却坚定地告诉司机："我只会按公道付你两块钱"。司机不理睬。不久，到了父子三人下车的地点，司机却加大了油门开了过去，汽车在他手下仿佛变成一头狂暴的公牛。

> 用狂暴的公牛比喻汽车，作者的用意是什么？

两个男孩惊惶地望着父亲，眼泪快要夺眶而出。我终于忍不住了，愤怒地走到驾驶座："够了，你必须停车，他带着孩子！"

车又长长地滑行了一段，停住了。农民从内衣口袋里掏出两元钱递给了司机，脸上是不容置疑的神情。司机看了他一眼，沮丧地接过钱扔到驾驶台上。

> 沮丧（jǔ sàng）：灰心失望。

农民带着孩子下了车，两个儿子一左一右地簇拥着父亲瘦小的身躯，充满尊严地往回走。儿子们的脸上此刻写满骄傲，为父亲的胜利。

> "簇拥"用得好。

那一刻，我的鼻头有些发涩，因为感动。我感慨万端地目送滇南山区的父子三人欢快而尊严地大踏步地走在大路上，尽管一场风波延长了他们回家的路。

> 延伸式的议论接续"就事论事"有怎样的效果？

我相信若干年后，孩子们将发现它更是人生中一个至关重要的胜利。试想，在孩子心目中最具权威的父亲受到欺负，而且父亲又在屈辱中向不公正低头……那么，一个父亲的尊严将被彻底亵渎，一个社会的尊严同样会大打折扣。

> 亵渎（xiè dú）：轻慢，不尊重。

那位农民是我见过的最勇敢的父亲之一，而生活中也不乏让父亲伤心的怯懦的儿女。

读高中的时候，有一年校园翻建校舍。下课后趴在教室的走廊上观看工人们忙碌地盖房子，成为我在枯燥的校园生活中最开心的事。班上的同学渐渐注意到，工程队里有一位满身泥浆的工匠常常来到教室外面，趴在窗台上专注地打量我们，后来又发现，他热切的目光似乎只盯着前排座位上的一个女孩子。还有人发现，他还悄悄地给她手里塞过两只热气腾腾的包子。

这个发现把全班轰动了，大家纷纷询问那个女孩子，工匠是她家什么人？女孩红着脸说，那是她家的一个老街坊，她继而恼怒地埋怨道："这个人实在讨嫌！"声称将让她的已经参加工作的哥哥来教训他。大家觉得这个事情很严重，很快报告了老师，但从老师那里得到的消息更令人吃惊，那位浑身泥浆的男人是她的父亲。继而，又有同学打听到，她的父亲很晚才有了她这个女儿，这次随工程队到学校来盖房子，不知有多高兴。每天上班，单位发两个肉包子做早餐，他自己舍不得吃，天冷担心包子凉了，总是揣在怀里偷偷地塞给她，为了多看一眼女儿上课时的情景，常常从脚手架上溜下来躲在窗口张望，没少挨领导的训。但她却担心同学们知道父亲是个建筑工太掉分。

工期依然进行着。有一天，同学们正在走廊上玩耍，工匠突然跑过来大声地喊着他女儿的名字，这个女同学的脸色骤然变得铁青，转身就跑。工匠在后面追，她停下来冲着他直跺脚："你给我滚！"工匠仿佛遭到雷击似的呆在了原地，两行泪从他水泥般青灰的脸上滑下来。稍顷，他扬起了手，我们以为接下来将会有一个响亮的耳光从女孩的脸上响起。但是，响亮的声音却发自父亲的脸上，他用手猛地扇向了自己。老师恰恰从走廊上经过，也被这一幕骇住了，当她扶住这位已经踉踉跄跄的工匠时，工匠哭道："我在大伙面前丢人了，我丢人是因为生出这样的女儿！"

那天女孩没有上课，跟她父亲回家了，父亲找女儿就是来告诉她，母亲突然发病。

不知为什么，那年翻修校园的工期特别长。工匠再也没有出现在校园里，女孩也是如此，她一学期没有念完就休学了。有一次，我在街上偶然遇见了工匠，他仍然在帮别人盖房子，但人显得非常苍老，虽然身上没有背一块砖，但腰却佝偻着，仿佛背负着一幢水泥楼似的。

儿女对父亲的伤害是最沉重的，也最彻底，它可以让人们眼中一个大山般坚强的男人轰然倒地。同样的道理，儿女的爱和尊重，能让一个被视为草芥的父亲像山一般挺立。

下面这个故事是我从同行的采访中了解的：

新生入学，某大学校园的报到处挤满了在亲朋好友簇拥下来报到的新同学，送新生的小轿车挤满的停车场，一眼望去好像正举行一场汽车博览会，学校的保安这些年虽然见惯了这种架势，但仍然警惕地巡视着，不敢有半点闪失。

这时，一个粗糙的手里拎着一只颜色发黑的蛇皮袋、衣衫褴褛的中年男

女儿为何不理解父亲，不承认父亲？

父亲视女儿为掌上明珠，并且为之付出了能付出的一切。

女儿却认为父亲会让她"掉分"。

掉分（fèn）：丢面子，不光彩。

为什么父亲在这里要打自己？

父亲在这个问题上有过错吗？

踉踉跄跄（liàng liàng qiàng qiàng）：走路歪歪斜斜的样子。

佝偻（gōu lóu）：脊背向前弯曲。

过渡段，说明了前后两个故事的含义。

场面描写，对女孩及其父亲的出现起了什么作用？

褴褛（lán lǚ）：（衣服）破烂。

旁批	正文
父亲是个拾荒者吗？他为什么盯着满地的空饮料瓶出神？	人出现在保安的视野中，男人在人群里钻出钻进，神色十分可疑。正当他盯着满地的空饮料瓶出神的时候，保安一个箭步冲上去，揪住了他的衣领，已经磨破的衣领差点给揪了下来。

"你没见今天是什么日子吗？要捡破烂也该改日再来，不要破坏了我们大学的形象！" |
| 窘（jiǒng）迫：十分为难。女儿为什么能以父亲为荣？ | 那个被揪住的男人其实很胆小，他第一次到宜昌市来，更是第一次走进大学的校门。当威严的保安揪住他的时候，与其说害怕不如说是窘迫，因为当着这么多学生和家长的面，他一时竟说不出话来。这时，从人缝里冲出一个女孩子，她紧紧挽住那个男子黑瘦的胳膊，大声说："他是我的父亲，从乡下送我来报到的！" |
| 拾荒人：以拾垃圾为生的人（北方方言）。 | 保安的手松了，脸上露出惊愕：一个衣着打扮与拾荒人无异的农民竟培养出一个大学生！不错，这位农民来自湖北的偏僻山区，他的女儿是他们村有史以来走出的第一位大学生。他本人是个文盲，十多年前曾跟人远远地到广州打工。因为不识字，看不懂劳务合同，一年下来只得到老板说欠他八百元工钱的一句话。没有钱买车票，只得从广州徒步走回湖北鄂西山区的家，走了整整两个月！在路上，伤心的他暗暗发誓，一定要让三个儿女都读书，还要上大学。 |
| 插叙父女的经历有什么作用？ | 女儿是老大，也是第一个进小学念书的。为了帮家里凑齐学费，她八岁就独自上山砍柴，那时每担柴能卖五分钱。进了中学后住校，为节省饭钱，她六年不吃早餐，每顿饭不吃菜只吃糠饼，就这样吃了六年。为节省书本费，她抄了六年的课本……

她终于实现了父亲的也是她的愿望，考上了大学。父亲卖掉了家里的五只山羊，又向亲朋好友借贷，总算凑齐了一半学费。父亲坚持要送女儿到大学报到，一是替女儿向学校说说情，缓交欠下的另一半，二是要亲眼看看大学的校园。临行时，他竟找不出一只能装行李的提包，只好从墙角拿起常用的那只化肥袋。 |
| 如何选材？如何叙述？照应前文，悬念有了答案。 | 他绝对想不到会在这个心目中最庄严的场合被人像抓小鸡似的拎起来。当女儿骄傲地叫他父亲、接过他的化肥袋亲昵地挽着他的胳膊在人群中穿行的时候，他的头高高地昂起来，那是一个父亲的骄傲，也是一个人的骄傲。 |
| 对比式议论有怎样的效果？ | 报到结束了，还有些家长在学院附近的旅馆包了房间，将陪同他们的儿女度过离家后的最初时光。但他不能，想都不敢想。他一天也不敢耽误返程的时间，而且他的路比别人都要遥远，因为他将步行回到小山村。

不过，这一次步行，他会比一生中的任何一次都要欢快，他知道能买得起一张硬席车票的日子已经近了…… |

我手我心

这篇文章的主人翁是"父亲",但在第一个故事中作者却用不少的篇幅写两个孩子,这样写有什么作用?

_____

_____

 学海拾贝

揣摩下面加点的词语,在下面空白处写出相应的人物性格。

(1) 班上的同学渐渐注意到,工程队里有一位满身泥浆的工匠常常来到教室外面,趴在窗台上专注地打量我们,后来又发现,他热切的目光似乎只盯着前排座位上的一个女孩子。

专注、热切:_____

(2) 这个发现把全班轰动了,大家纷纷询问那个女孩子,工匠是她家什么人?女孩红着脸说,那是她家的一个老街坊,她继而恼怒地埋怨道"这个人实在讨嫌",声称将让她的已经参加工作的哥哥来教训他。

红着脸、恼怒:_____

 牛刀初试

(1) 本文中讲了两个女孩和父亲的故事。

第一个女孩_____的行为,反映了她_____的性格特征和_____的灵魂;第二个女孩_____的行为,反映了她_____的性格特征和_____的灵魂。两相对比,作者的写作意图跃然纸上:呼吁_____。

(2) 下列加点的句子反映了工匠怎样的心理?

有一天,同学们正在走廊上玩耍,工匠突然跑过来大声地喊着他女儿的名字,这个女同学的脸色骤然变得铁青,转身就跑。工匠在后面追,她停下来冲着他直跺脚:"你给我滚!"工匠仿佛遭到雷击似的呆在了原地,两行泪从他水泥般青灰的脸上滑下来。

(3) 理解下列语句中体现出人物怎样的思想感情?

有一次,我在街上偶然遇见了工匠,他仍然在帮别人盖房子,但人显得非常苍老,虽然身上没有背一块砖,但腰却佝偻着,仿佛背负着一幢水泥楼似的。

推窗望月

"懦弱父亲"和"骄傲父亲"两个故事有对比性,故事中的"女儿"在现实中随处可见。结合课文和你的所见所闻,写一段札记。

任务四　藏羚羊的跪拜

王宗仁

 山高为峰

(1) 学习运用细节描写表现人物心理的方法;
(2) 理解老猎人复杂的心理;
(3) 感受藏羚羊的母爱;
(4) 感受作者对热爱大自然生命的呼唤。

 阅读导航

藏羚羊是有感情的,虽然它无法用语言描述,但是它却用了下跪的方式向人祈求放它一条生路,可是母藏羚羊终究没有逃过一死。是的,"天下所有慈母的跪拜,包括动物在内,都是神圣的。"动物尚且如此,何况人呢?记住那藏羚羊的跪拜,记住两行无助的泪水。珍惜那份世间最普通却最珍贵的感情。

王宗仁(1939—),散文家,现代作家,陕西扶风人。本文原载于2005年11月8日《人民政协报》。

这是听来的一个西藏故事。故事发生的年代距今有好些年了,可是,我每次乘车穿过藏北无人区时总会不由自主地要想起这个故事的主人公——那只将母爱浓缩于深深一跪的藏羚羊。

那时候,枪杀、乱逮野生动物是不受法律惩罚的,就是在今天,可可西里的枪声仍然带来罪恶的余音低回在自然保护区巡视卫士们的脚步难以达到的角落,当年举目可见的藏羚羊、野马、野驴、雪鸡、黄羊等,眼下已经凤毛麟角了。

当时,经常跑藏北的人总能看见一个肩披长发、留着浓密大胡子、脚蹬长筒藏靴的老猎人在青藏公路附近活动,那支磨蹭得油光闪亮的权子枪斜挂在他身上，身后的两头藏牦牛驮着沉甸甸的各种猎物。他无名无姓，云游四方，朝别藏北雪，夜宿江河源，饿时大火煮黄羊肉，渴时一碗冰雪水，猎获的那些皮张自然会卖得一笔钱，他除了自己消费一部分外，更多地用来救济路遇的朝圣者。那些磕长头去拉萨朝觐的藏家人心甘情愿地走一条布满艰难和险情的漫漫长路。每次老猎人在救济他们时总是含泪祝愿：上苍保佑，平安无事。

杀生和慈善在老猎人身上共存。促使他放下手中的杈子枪是在发生了这样一件事以后——应该说那天是他很有福气的日子。大清早，他从帐篷里出来，伸伸懒腰，正准备要喝一铜碗酥油茶时，突然瞅见两步之遥对面的草坡上站立着一只肥肥壮壮的藏羚羊，他眼睛一亮，送上门来的美事！沉睡了一夜的他浑身立即涌上来一股清爽的劲头，丝毫没有犹豫，就转身回到帐篷拿来了杈子枪，他举枪瞄了起来，奇怪的是，那只肥壮的羚羊并没有逃走，只是用乞求的眼神望着他，然后冲着他前行两步，用两条前腿扑通一声跪了下来，与此同时只见两行长泪从它眼里流了出来，老猎人的心头一软，扣扳机的手不由得松了一下。藏区流行着一句老幼皆知的俗语："天上飞的鸟，地上跑的鼠，都是通人性的。"此时藏羚羊给他下跪自然是求他饶命了，他是个猎手，不被藏羚羊的悲悯打动是情理之中的事。他双眼一闭，扳机在手指下一动，枪声响起，那只藏羚羊便栽倒在地，它倒地后仍是跪卧的姿势，眼里的两行泪迹也清晰地留着。

那天，老猎人没有像往日那样当即将猎获的藏羚羊开膛、扒皮。他的眼前老是浮现着给他跪拜的那只藏羚羊。他感到有些蹊跷，藏羚羊为什么要下跪？这是他几十年狩猎生涯中唯一见到的一次，夜里躺在地铺上他也久久难以入眠，双手一直颤抖着……

次日，老猎人怀着忐忑不安的心情对那只藏羚羊开膛扒皮，他的手仍在颤抖，腹腔在刀刃下打开了，他吃惊得叫出了声，手中的屠刀"咣当"一声掉在地上……原来在藏羚羊的子宫里，静静卧着一只小藏羚羊，它已经成形，自然是死了。这时候，老猎人才明白为什么那只藏羚羊的身体肥肥壮壮，也才明白它为什么要弯下笨重的身子向自己下跪，它是在求猎人留下自己孩子的一条命呀！

天下所有慈母的跪拜，包括动物在内，都是神圣的。

当天，他没有出猎，在山坡上挖了个坑，将那只藏羚羊连同它那没有出世的孩子掩埋了，同时埋掉的还有他的杈子枪……

从此，这个老猎人在藏北草原上消失了，没人知道他的下落。

听 话

听话是人们交流思想、相互交往的主要形式之一,是获取信息的重要渠道。据美国传播学家查理·威瓦尔的研究表明,人一天中40%的时间是在倾听。在我们的生活、将来的工作中,如果不能有效地倾听对方的讲话,交流就根本无法进行下去了。

 典型案例

有一天,老板叫一个工人去买竹竿。他一听,二话没说就跑到猪肉铺里买了斤猪肝,看还有钱找,他想:反正老板也不知道,我把这钱买点儿猪耳朵回去自己吃。于是他口袋里揣了几个猪耳朵,手里提着猪肝回去交差。谁知老板一看,破口就骂:"我叫你去买竹竿,你怎么把猪肝买回来了?你的耳朵呢?"工人一听吓坏了,以为老板知道了真相,赶紧承认:"耳朵放在我的口袋里了。"

【案例评析】 这个工人当然被炒鱿鱼了。是什么原因让他丢了工作?除了不诚实外,那就是听力差。买错东西是听音之错误;把猪耳朵拿出来是听义上之错误。

听话的基本要求和方法

(1) 听完整。听完整就是要耐心地听,把说话者表达的内容从头至尾地听完,没有遗漏,不断章取义。

(2) 听明白。话语形式是多样的,如果不注意话语形式,就不能正确理解说话者的真实意图。听明白就是要仔细地听,集中注意力地听。一是要抓住说话者话语中的关键字、关键词以及关键句;二是要抓住说话者的说话意图;三是抓住说话者所传递的信息的内容主旨,准确地筛选重要信息或概括信息,分辨语境中词语的意义;四是要听清说话者的语音、语调、语气等。

(3) 听深入。听深入就是要积极地听,既要对得到的信息作出积极主动的心理反应,又要善于发掘话语的隐含信息。只有善于捕捉话语背后的隐含信息，即潜台词，才能真正明白说话人的真实意图。

平时训练中，我们要养成良好的听话习惯，要尊重他人说话，并能对听到的信息作出积极的评价。要善于排除外界的干扰，善于边听边思考。

拥抱亲情

——感恩父母、拥抱亲情主题活动

活动目的

（1）让学生了解亲情，体验亲情的无私和伟大，感受中华民族的传统美德；

（2）让学生回报亲情，把对父母的爱付诸实际行动；

（3）培养学生选择、组织材料的能力和听话说话的能力。

活动流程

一、活动准备

（1）教师：进行活动设计和活动指导；收集相关的资料；了解学生家庭的情况；设计相关的表格，指导学生进行填写等。

（2）小组分工。学生自由选择，以5～8人为单位划分活动小组，并确定组长，分工合作。完成收集整理歌颂父母之爱的歌曲、诗歌、故事、图片等资料，利用课余时间进行背诵、演唱、讲故事等，排练小品，写信、制作贺卡。做好汇报展示的准备。

二、活动实施

1. 分组活动、交流

（1）歌颂父母之爱——唱歌，背诗，朗读文章，介绍图片资料等。

（2）体验父母之爱——演小品、讲故事等。

（3）书写父母之爱——朗读书信、习作等。

（4）回报父母之爱——写贺卡、书信、手机短信、感恩活动计划等。

2. 全班活动、成果展示

（1）小组优胜者参加班级成果展示活动，相互交流，谈感悟。

（2）学生自评、互评，评价出各类优胜者。

（3）教师总结、评价。

（4）成果汇编成册或展示。

第一部分　书　　写

请将"可上九天揽月，能下五洋捉鳖。"写在书写格内。

第二部分　基础知识与语言运用

一、单项选择题

1. 下列各组词语中，加点字的读音全部正确的一组是（　　）

   A. 稠（chóu）密　　慰藉（jiè）　　尸骸（hái）　　迥（jiǒng）乎不同

   B. 宁谧（bì）　　遒（qiú）劲　　饿殍（piǎo）　　毛骨悚（sǒng）然

   C. 寒碜（chen）　　自诩（yǔ）　　流岚（lán）　　稀疏凋（diāo）零

   D. 殷（yīn）红　　惊诧（chà）　　笑靥（yè）　　自惭形秽（huì）

2. 下列各组词语中，没有错别字的一组是（　　）

   A. 绽开　　婀娜　　阡陌　　礼常往来

   B. 寂漠　　缥缈　　懊丧　　不可思议

   C. 补丁　　粗鲁　　瓷器　　赏心阅目

   D. 搭讪　　吩咐　　角色　　气冲斗牛

3. 依次填入下列各句横线处的词语，恰当的一组是（　　）

   ①前不久，前江地区山洪_____，致使公路堵塞，桥梁冲毁，交通瘫痪。

   ②张教授把分散在各处的资料卡片_____在一起，加以分类，使用起来非常方便。

   ③"两会"期间，许多代表明确指出，对于乱收费的现象，人民群众早已深恶痛绝，政府必须采取强有力的措施_____这种现象。

   A. 爆发　收集　禁止　　　　B. 暴发　收集　制止

   C. 爆发　搜集　制止　　　　D. 暴发　搜集　禁止

4. 下列各句，没有语病的一句是（　　）

   A. 你给我评评理，我的车他随便骑，他的车我一次也不让骑。

   B. 村里有个姑娘叫小芳，长得好看又善良。

   C. 通过这次运动会，使我明白重在参与的道理。

D. 人们从读书中学做人，从那些先哲及当代才俊的著述中学得他们的人格。

5. 下列各项中，标点符号的使用符合规范的一项是（　　）

A. 至于谁来当我们出版社的总编辑？直到现在还没有人知道。

B. 去北京哪天动身？张主任。

C. 要关心下一代的成长，减轻中、小学生的课业负担。

D. 王之涣的诗句"欲穷千里目，更上一层楼"，应该成为每一个有事业心的人的座右铭。

6. 下列各项中，没有使用比喻修辞手法的一项是（　　）

A. 乱石穿空、惊涛拍岸，卷起千堆雪。

B. 青春是无形的资本，是去而不返的机遇，挥霍它时产生的表象快意，实则是多年以后的痛恨之源。

C. 山如眉黛，小屋恰似眉梢的痣一点。

D. 每当看到这条红领巾，我就仿佛置身于天真烂漫的少年时代。

二、填空题

7. 默写

①锲而不舍，_____。

②登高而招，_____而见者远。

③_____，杨柳依依。今我来思，雨雪霏霏。

8. _____，欧·亨利，契诃夫是世界三大短篇小说之王。

9. 《诗经》是我国第一部诗歌总集，分为_____，"雅"、"颂"三部分，常用赋、比、_____等的表达手法。

10. 当代作家_____，不久前获得了诺贝尔文学奖。我们曾学过他的作品《卖白菜》。

三、语言运用与表达

11. 按要求改写下列句子

我们要提高文化素质。

①改成反问句

_____

②改成否定句

_____

12. 仿照下句话，另写一句富有意蕴的句子

山上有了小屋，好比一望无际的水面飘过一行风帆，辽阔无边的天空掠过一只飞雁，_____。

13. 下列标语合乎场景，语言得体的一项是（　　）

A. 少壮不努力，老大徒伤悲（某敬老院门口）。

B. 经济搞上去，人口降下来（火葬场）。

C. 失败是成功之母（考场上）。

D. 时间就是生命（地震救灾现场）。

第三部分 现代文阅读

(一)

读《荷花淀》片段答题。

这女人编着席。不久,在她的身子下面就编成了一大片。她像坐在一片洁白的雪地上,也像坐在一片洁白的云彩上。她有时望望淀里,淀里也是一片银白世界。水面笼起一层薄薄透明的雾,风吹过来,带着新鲜的荷叶荷花香。

现在已经快到晌午了,万里无云,可是因为在水上,还有些凉风,凉风从南面吹过来,从稻秧上苇尖上吹过来。水面没有一只船。水像无边的跳荡的水银。

她们奔着那不知道有几亩大小的荷花淀去,那一望无边挤得密密层层的大荷叶迎着阳光舒展开,就像铜墙铁壁一样。粉色荷花箭高高地挺出来,是监视白洋淀的哨兵吧。

14. 作者把月光下银白雪亮的席子比做"洁白的雪地""洁白的云彩",这样诗化的描写对刻画人物有什么作用?包含着怎样的思想感情?

_____
_____
_____

15. 上文写雾诉诸_____觉,写风诉诸_____觉,写荷香诉诸_____觉,多角度写景,所以美感更加丰富。

16. 作者为什么把荷叶比做铜墙铁壁,把荷花箭比做哨兵?

_____
_____
_____

(二)

善狗与恶狗
王 蒙

保斯喂养着两只狗,一名顾德,一名拜德。顾德性善,见了人就欢叫起舞,摇尾吐舌,令人愉快;拜德性恶,见了人就龇牙吠咬,咬住就不撒嘴,不在被咬者的骨头上留下清清楚楚的牙印决不罢休。保斯几次给拜德讲看清楚对象再咬的道理,拜德就是不听,它只知道咬,有咬无类。保斯怒,将拜德关入后院,准备向动物保护协会申请特准:以人类公敌罪给拜德静脉注射空气,送它上天。

孰料那天晚上闹飞贼,顾德见贼人从房顶飞跃而下,道是贵客,便欢呼踊跃，跳蹦绕圈，发出呢喃声音，去舐贼人的皮鞋帮，被贼人飞起一脚踢到了狗鞭。顾德惨叫卧地，不能起立。贼人由于不熟悉地形，误开了后院关得严严的门。拜德一声狼嗥，狗毛耸立，不分青红皂白见贼就咬，咬上就不撒嘴，咬倒了还在咬，一直咬到众家丁前来将贼抓获。

主人喜，决定每月给拜德额外奖赏生牛肉二十公斤，羊排骨二十公斤，猪头肉二十公斤，并在拜德脖子上系了一根红丝带。对顾德则十分失望，饥一顿饱一顿，扔给它一点残渣剩饭，平常根本不用正眼看它。顾德由于被踢中了要害，从此无精打采，耷耳垂尾，偶尔叫几声，发发怀善不遇的牢骚。

拜德自恃功高，见人就咬，见人就叫，见肉就夺，不可一世。它连续咬了几次过往行人与邮递员、花匠、厨师，都被保斯庇护，赔钱了事。后来，拜德又多次咬伤了客人。保斯渐恼，把拜德训斥了一顿，并减少伙食补贴标准。谁想得到，几天后，没有吃上可口的骨头，拜德不快，干脆窜到街中心去咬人，其中一名是儿童，一名是市长的小姐，一名是大法官本人。保斯大怒，顺手拿起一根木棍打了拜德一棒子，谁想到拜德果然发了恶性，扑向主人，咬了主人的迎面骨，留下深深的两个狗牙印子。害得保斯大喊反了反了，去医院清洗包扎敷药处理，并打破伤风针与预防狂犬病针剂。

从医院回来，保斯吩咐人将拜德锁起，再用绳子五花大绑，把拜德吊到了树上，准备处以绞立决——按照该国法律，只要有两个人证签字画押，咬主人的狗可以立即处决。

行刑时，保斯突然改变了主意，下令赦免拜德，只是用锁链将其锁起，关入后院，下令每天喂它面包屑二百克——半饥半饱，反正不会饿死。"只怕将来还有用得着它的时候呢。"保斯对管家说。

17. 本文对两条狗都用了_____描写，生动地写出了两条狗截然不同的特点。请找出其中两组不同内容的对比：①_____；②_____。

18. 本文情节的主线是拜德的命运，围绕这条线索，拜德的命运发生了哪些变化？填写下表。

命运	申请处决	额外奖赏	减少伙食	准备立决	突获赦免
变化原因					

19. 如果拜德咬的不是市长小姐、不是法官大人，拜德的命运是怎样的？请设想一下。

_____
_____
_____
_____

第四部分 写 作

20. 请以"我心中的英雄"为题写一篇作文,要求感情真挚,字数 600 字左右(记叙文或者说明文,命题、半命题、材料、话题等均可)。

项目二

校园与学习

主题描述

古人云:"学不可以已"。学会求知,应该成为我们生活中不可或缺的内容。没有知识甘露的滋润,生命之花就会黯然失色;没有科学文化的指引,人生的航船难免迷失方向,淹没在无知的汪洋大海中。

本项目选编了4篇有关"校园与学习"话题的文章,从不同内容,为我们认识、学习和求知提供了范例。《读书人是幸福的人》可以使人认识到读书的幸福不仅在于知识的增广,更在于精神的感化与情操的陶冶。《论读书》让我们明白"知识能塑造人的性格",强调求知对人的成长具有的重要作用。《情人节的玫瑰绽开在教室里》讲述发生在教室里爱的情感故事,让我们明白在校园内应该如何对待爱情。《路漫漫其修远》阐述了如何提高语文素养的问题,为我们提供了切实可行的求知方法。

本项目口语交际的学习内容是"说话"。

本项目实践活动是"认识专业,树立信心",展开主题讨论,以帮助同学们了解自己的专业,树立专业认同感和学习信心。

知识目标

(1) 了解议论文的文体常识;
(2) 整体阅读,提炼和概括文章主旨;
(3) 品读文章的语言特色。

能力目标

(1) 了解论点、论据的关系;
(2) 能抓住关键语句理清文章结构;
(3) 品味语言特点,分析比喻、排比等修辞手法的作用;
(4) 理解求知的重要性,养成阅读的良好习惯;
(5) 掌握说话的基本技巧。

任务五 读书人是幸福的人

谢 冕

山高为峰

(1) 理解"读书人是幸福的人"的内涵;
(2) 边读边归纳文意,总结文章的主要写作特点;
(3) 对文中某些内容作注释,逐步养成查阅工具书的习惯。

阅读导航

"读书人是幸福的人",本文的题目就是中心论点。在整体感知课文内容的基础上,分析作者提出的三个分论点是从哪些方面论述读书对人的影响的?又是采用哪种论证方法来阐明分论点的?理清文章的结构,认真体会文章的语言,分析比喻、排比等修辞手法的作用,明确读书对人生发展的重要意义。

谢冕(1932—),北京大学中文系教授、文学评论家。本文选自《永远的校园》(北京大学出版社 1997 年版)。

我常想读书人是世间幸福人,因为他除了拥有现实的世界之外,还拥有另一个更为浩瀚也更为丰富的世界。现实的世界是人人都有的,而后一个世界却为读书人所独有。由此我想,那些失去或不能阅读的人是多么的不幸,他们的丧失是不可补偿的。世间有诸多的不平等,财富的不平等、权利的不平等,而阅读能力拥有或丧失却体现为精神的不平等。

一个人的一生,只能经历自己拥有的那一份喜悦,那一份苦难,也许再加上他亲自感知的那一些关于自身以外的经历和经验。然而,人们通过阅读,能进入不同时空诸多他人的世界。这样,具有阅读能力的人,无形间获得了超越有限生命的无限可能性。阅读不仅使他多识了草木鱼虫之名,而且可以上溯远古下及未来,饱览存在的与非存在的奇风异俗。

更为重要的是,读书加惠于人们的不仅是知识的增广,而且还在于精神的感化和陶冶。人们从读书学做人,从那些往哲先贤以及当代才俊的著述中

点石成金

阅读全文,找出各段的中心句。

阅读第 1、2 自然段,作者为什么认为"读书人是幸福的人"呢?

浩瀚(hàn):形容广大;繁多。

仔细阅读第 3 自然段。首句中的"不仅——而且——"是什么关联词?这句话在文中的作用是什么?

往哲先贤:历代贤明、智慧之士。哲,有智慧;贤,有德行和才能。

学得他们的人格。人们从《论语》中学得智慧和思考，从《史记》中学得严肃的历史精神，从《正气歌》中学得人格的刚烈，从马克思学得人世的激情，从鲁迅学得批判精神，从列夫·托尔斯泰学得道德的执著；歌德的诗句刻写着睿智的人生，拜伦的诗句呼唤着奋斗的热情。一个读书人，是一个有机会超乎个人生命体验的幸运人。

一个人一旦与书本结缘，极大的可能是注定了与崇高追求和高尚情趣相联系的人。说"极大的可能"，指的是不排除读书人中也有卑鄙和奸诈。况且，并非凡书皆好，在流传的书籍中，并非全是劝善之作，也有无价值的甚而起负面影响的。但我们所指的读书，总是以其优良品质得以流传一类，这类书对人的影响总是良性的。我之所以常感读书幸福，是从喜爱文学书的亲身感受而发。一旦与此种嗜好结缘，人多半因而向往于崇高一类，对暴力的厌恶和对弱者的同情，使人心灵纯净而富正义感，人往往变得情趣高雅而趋避凡俗。或博爱、或温情、或抗争，大抵总引导人从幼年到成人，一步一步向着人间的美好境界前行。笛卡儿说："读一本好书，就是和许多高尚的人谈话。"这就是读书使人向善；雨果说："各种蠢事，在每天阅读好书的影响下，仿佛烤在火上一样渐渐溶化。"这就是读书使人避恶。

所以，我说，读书人是幸福的人。

睿（ruì）智：英明有远见；睿，看得深远。

此段中用了什么论证方法？用了哪些修辞手法？

此段中的分号能否改为逗号？为什么？

请模仿"歌德的诗句刻写着睿智的人生，拜伦的诗句呼唤着奋斗的热情"的句式，另写两句。

阅读第4自然段。分别找出"读书使人向善"和"读书使人避恶"的语句。

举例说明"好书"和"坏书"对人有何影响？

此段运用了什么论证方法？

第5自然段，独句成段，点明主题。

 我手我心

文中有这么一句话："人们通过阅读，能进入不同时空诸多他人的世界。这样，具有阅读能力的人，无形间获得了超越有限生命的无限可能性。"试以自己的阅读经历为例，谈谈你对这句话的理解。

 学海拾贝

(1) 联系上下文，对"浩瀚"解释最符合文义的一项是（　　）
A. 广大繁多　　　　　　B. 浩浩荡荡
C. 盛大广阔　　　　　　D. 广大辽阔

(2) "饱览"在文中的意思解释最恰当的一项是（　　）
A. 同"包揽"　　　　　　B. 比喻"吃得很饱，很痛快"
C. 尽情地观赏　　　　　D. 充分品赏

(3) "往哲先贤"中对"哲"解释正确的一项是（　　）
A. 有智慧的人　　　　　B. 聪明的人
C. 考证历史的人　　　　D. 清楚明白事理的人

(4) 对"睿智"的"睿"读音和解释全都正确的一项（　　）
A. (ruì) 聪明　　　　　B. (jiǒng) 明亮的
C. (ruì) 看得远　　　　D. (ruì) 有智慧

推窗望月

每一本书都是一个用黑字印在白纸上的灵魂,只要我的眼睛、我的理智接触了它,它就活起来了。　　　　　　　　　　　　——高尔基

生活里没有书籍,就好像没有阳光;智慧里没有书籍,就好像鸟儿没有翅膀。　　　　　　　　　　　　　　　　　　　　　　——莎士比亚

和书籍生活在一起,永远不会叹气。　　　　　　　　——罗曼·罗兰

书籍是伟大的天才留给人类的遗产。　　　　　　　　　——爱迪生

读一本好书,就是和许多高尚的人谈话。　　　　　　　——笛卡儿

读一本好书,像交了一个益友。　　　　　　　　　　　——臧克家

任务六　论　读　书

[英] 弗兰西斯·培根

 山高为峰

(1) 了解求知应有的正确态度和方法,充分认识知识的重要价值;
(2) 准确把握和理解随笔的主旨;
(3) 学习随笔,学会综合运用多种论证方法。

 阅读导航

这是一篇公认的谈读书的经典随笔。围绕"读书"这个话题,作者谈了自己对读书的目的、态度和作用的看法,强调"知识能塑造人的性格"。文中许多语句已经成为至理名言,其语言简约凝练、深刻隽永,大量使用排比、比喻等修辞,加强了语言气势,增强了论证力度。

弗兰西斯·培根(1561—1626),英国17世纪杰出的唯物主义哲学家。马克思曾誉之为"英国唯物主义和整个现代实验科学的真正始祖"。"知识就是力量"这句名言就出自培根之口。本文选自《培根人生随笔》(人民日报出版社1996年版),译者何新。

点石成金

读书可以作为消遣,可以作为装饰,也可以增长才干。

运筹:制定策略;谋划。筹,计策、办法。

孤独寂寞时,阅读可以消遣。高谈阔论时,知识可供装饰。处世行事时,知识意味着才干。懂得事务因果的人是幸运的。有实际经验的人虽能够处理个别性的事务,但若要综观整体,运筹全局,却唯有学识方能办到。

读书太慢的人驰惰，为装潢而读书是欺人，完全按照书本做事就是呆子。

求知可以改进人性，而经验又可以改进知识本身。人的天性犹如野生的花草，求知学习好比修剪移栽。学问虽能指引方向，但往往流于浅泛，必须依靠经验才能扎下根基。

狡诈者轻鄙学问，愚鲁者羡慕学问，聪明者则运用学问。知识本身并没有告诉人怎样运用它，运用的智慧在于书本之外。这是技艺，不体验就学不到。

读书的目的是为了认识事物原理。为挑剔辩驳去读书是无聊的。但也不可过于迷信书本。求知的目的不是为了吹嘘炫耀，而应该是为了寻找真理，启迪智慧。

书籍好比食品。有些只须浅尝，有些可以吞咽，只有少数需要仔细咀嚼，慢慢品味。所以，有的书只要读其中一部分，有的书只须知其梗概，而对于少数好书，则应当通读，细读，反复读。

有的书可以请人代读，然后看他的笔记摘要就行了。但这只应限于不太重要的议论和质量粗劣的书。否则，一本书将像已被蒸馏过的水，变得淡而无味了。

读书使人充实，讨论使人机敏，写作则能使人精确。

因此，如果有人不读书又想冒充博学多知，他就必须很狡黠，才能掩人耳目。如果一个人懒于动笔，他的记忆力就必须强而可靠。如果一个人要孤独探索，他的头脑就必须格外锐利。

读史使人明智，读诗使人聪慧，学习数学使人精密，物理学使人深刻，伦理学使人高尚，逻辑修辞使人善辩。总之，"知识能塑造人的性格"。

不仅如此，精神上的各种缺陷，都可以通过求知来改善——正如身体上的缺陷，可能通过适当的运动来改善一样。例如打球有利于腰背，射箭可扩胸利肺，散步则有助于消化，骑术使人反应敏捷，等等。同样道理，一个思维不集中的人，他可以研习数学，因为数学稍不仔细就会出错；缺乏分析判断的人，他可以研习形而上学，因为这门学问最讲究细琐的辩证；不善于推理的人，可以研习法律案例，如此等等。这种心灵上的缺陷，都可以通过学习而得到改善。

诵读全文，思考：
①本文中心思想是什么？论述了哪些问题？
②本文的中心论点是什么？

驰惰：松懈懒惰。

第4自然段用比喻的论证方法论证了什么观点？

轻鄙：轻视，看不起。鄙，看不起。

咀嚼（jǔ jué）：用牙齿磨碎食物。比喻对事物反复体会。

"浅尝"、"吞咽"、"咀嚼"各比喻什么？用的是什么论证方法？

用"已被蒸馏过的水"比喻内容被删减过的好书。

第9自然段中"读书"、"讨论"、"写作"的作用是什么？

狡黠（xiá）：狡诈。

采用归纳论证方法，并引用名言警句。

"不仅如此"一句中"如此"指什么？这句话的作用是什么？

用"运动可以改善身体上的缺陷"作类比；用举例论证法论证"求知可以改善精神和心灵的缺陷"。

形而上学：哲学史上指哲学中探究宇宙根本原理的部分。

1~6自然段：主要阐述读书的目的。

第2自然段阐述在什么情况下"读书"可以用于"消遣"、"装饰"、增长"才干"。用排比句，加强语言气势，增强了论证力度。

第3自然段阐述了读书中的三种错误倾向。

第5自然段分析不同的人对待学问的不同态度。读书的关键在于学会应用，且在运用知识的过程中获得个人体会。

第6自然段归纳读书的目的。

7~10自然段：主要阐述读书有哪些方法。

11~12自然段：主要阐述知识的重要作用。

第11自然段用排比的修辞手法，论述了知识对人的重要促进作用。

 我手我心

古今中外，不同人对读书有着不同的看法。培根说："知识就是力量。"有人说："知识改变命运。"还有人说："知识就是金钱。"请你结合自己成长经历的时代特点，谈谈你对读书有什么新的认识。

 学海拾贝

下列词语中加点字注音有误的一项是（　　）

A. 运筹（chóu）　　弛（chí）惰
B. 轻鄙（bǐ）　　　咀（zǔ）嚼
C. 狡黠（xiá）　　　塑（sù）造
D. 挑剔（tī）　　　吹嘘（xū）

 牛刀初试

（1）弗兰西斯·培根的《论读书》被公认为是谈读书的经典名篇，文中许多语句已经成为人们耳熟能详的名言警句。请从文章中摘录出自己喜欢的句子，并做到能诵会背。

（2）请模仿下面句子的句式，写一段文字。

读史使人明智，读诗使人聪慧，学习数学使人精密，物理学使人深刻，伦理学使人高尚，逻辑修辞使人善辩。总之，"知识能塑造人的性格。"

 推窗望月

读一读，背一背。

关于读书的名人名言

书籍是青年人不可分离的生命伴侣和导师。　　　　　　——高尔基多读书，读好书，然后写出自己的感想，这是写好作文的开始。

——冰心

书，能保持我们的童心；书，能保持我们的青春。　　——严文井

书籍是在时代的波涛中航行的思想之船，它小心翼翼地把珍贵的货物运送给一代又一代。　　——培根

不去读书就没有真正的教养，同时也不可能有什么鉴别力。——赫尔岑

任务七　情人节的玫瑰绽开在教室里

曾宏燕

山高为峰

（1）学习本文通过对人物的眼神、神态、表情、动作的捕捉，来显示人物内心世界变化的描写手法，感受场面描写的作用；

（2）感受人物高超的说话艺术，理解文中人物的"言外之意"；

（3）认识爱情的美好和崇高，懂得爱情的真谛和责任，树立正确的爱情观。

阅读导航

当情人节的玫瑰绽开在教室里，老师与学生们进行了爱的对话。没有刻意的说教，爱情教育的理念却已渗进了学生的心灵。读了本文，我们领悟到什么？

本文语言通俗易懂，记叙的六要素交代得十分清楚。作者通过对人物的眼神、神态、表情、动作的捕捉，来显示人物内心世界的变化。阅读时，需要反复感受与品味。

曾宏燕，女，上海人。曾被誉为"中国爱情教育首创人"。本文选自《向着太阳歌唱——青少年美德天地（修订版）》（商务印书馆2003年版）。

我惊呆了，当我迈进教室的瞬间。

玫瑰，红色的玫瑰在学生的课桌上绽放着笑靥。

今天？噢，我猛地记起，今天是情人节。

情人节，这一西方人的节日，不知何时，也成了中国人的时尚，更想不到，竟也成了中学生的节日。

红色的玫瑰花，将一丝惊诧掠过我的心头。而我这瞬间的心理活动也丝

点石成金

阅读全文，找出课文中的记叙六要素。

"我惊呆了，当我迈进教室的瞬间。"这是一个什么句式？

笑靥（yè）：笑时脸上露出的酒窝，也指笑脸。靥，面颊上的酒窝。

惊诧（chà）：惊讶，觉得奇怪地。

毫没有躲过孩子们的眼睛，教室里有了些许的骚动，有的互递眼色，有的窃窃私语，还有的左顾右盼。看来，这是他们给我这班主任准备的一份情人节"礼物"啊！好吧，我还是坦然地面对这"精心"准备的礼物吧。

"哦，你们用这么美丽的玫瑰花来装点这节语文课，我真有点受宠若惊了。"我笑呵呵地说。也许是我的话出乎他们的意料，也许是我的幽默让他们不知所措，教室里出现了瞬时的安静。我信步走下了讲台，顺手从一个学生的课桌上拿起一支玫瑰："好漂亮的红玫瑰呀！"我一边欣赏着手中的玫瑰，一边赞叹着。

此时，我感觉到学生对我投来异样的目光，于是将目光从手中的玫瑰移向学生，缓缓地对他们说："你们在一个非常的日子，选择了具有特定意义的花，置于一个特殊的场合，给我出了一道即兴的教育话题。是不是啊？"学生们被我这一口气说出的话逗乐了，教室里的气氛也一下子轻松了。

"那我先问问你们，是否听说过有关红玫瑰的传说？"只见学生们纷纷摇头，我接着说："其实，看过《希腊的神话与传说》的同学应该记得：在古希腊，一位爱与美的女神阿芙罗狄蒂爱上了美少年阿多尼斯神。有一天，阿多尼斯出外打猎被野猪咬伤，阿芙罗狄蒂闻讯后，急忙赶来，当她奔向奄奄一息的阿多尼斯时，却在匆忙中不小心一脚踩在白玫瑰上，白玫瑰刺把女神的脚刺伤了，殷红的鲜血滴落在泥土上。后来，在女神鲜血滴落的地方，长出了一丛丛鲜红欲滴的美丽的红玫瑰。"

"源于这个古老的神话传说，后来的西方人便开始用红色的玫瑰来象征爱情。当然，那是西方的神话演绎的关于红玫瑰的故事。在我们中国的传统中，不是以玫瑰象征爱情，而是以红梅、凤仙、红莲、红牡丹等象征爱情。用红色的玫瑰来表达爱情，在中国是近代的事，这也是西方文化影响的结果。"

我停了一下，看到同学们听得全神贯注，何不将有关的文化传递给他们呢？"大家都知道，今天是西方人的情人节，但你们知道这个节日的来历吗？相传这个节日源自于英国。公元270年，一个名叫瓦伦泰因的年轻基督徒，因为反抗罗马统治者的专制而遭到逮捕。狱中，他和监狱长的女儿发生了恋情。随着刑期的临近，和自己心爱的姑娘诀别的日子也迫近了。就在2月14日临刑之前，他给自己的心上人写了一封情书，述说了自己的情怀，之后便昂首走上了刑场。从此，基督教徒们为纪念这位为了自由而献出生命的年轻人，就把2月14日这一天定为情人节。还有，你们知道我们中国的情人节是哪一天？我们中国是将传统的元宵节作为情人节。我想，我们在接受西方文化的时候也不应该忘记自己民族的传统文化，你们说对吗？"在孩子们的眼神里，我看到了他们的心悦诚服。我顺手把手中的那支玫瑰放回课桌，并意味深长地说了句：<u>"玫瑰花很美，不过，玫瑰的枝条上有刺，拿的时候要小心喔！"</u>话音刚落，学生们都会意地笑了。

"互递眼色"、"窃窃私语"、"左顾右盼"表现了学生对我"惊诧"后会采取怎样的行动的一种等待、猜测和惴惴然的心理。

左顾右盼：向左右两边看。顾、盼，看。

"我笑呵呵地说"后，为什么"教室里出现了瞬时的安静"？

"教室里出现了瞬时的安静"是场面描写，具有烘托课堂气氛，推动情节发展等作用。

试从文中找出场面描写的语句，并说说其作用。

"异样的目光"说明学生对我"一边欣赏着手中的玫瑰，一边赞叹"的行为感到意外和不理解。

"纷纷摇头"表现了学生急于了解未知事物的迫切心情。

殷（yān红）：黑红色。

"全神贯注"、"会意地笑"表现出学生对"我"的爱情教育十分认同，说明因势利导的教育非常必要。

"好，这堂语文课我们改成口头作文课，以玫瑰为话题，文体不限，怎么样？"我又还给学生们一份意外的"礼物"。

下午的自习课，我像往常一样去教室巡视，发现讲台上有一束红色的玫瑰，下面压着一张纸条，展开纸条，见上面写着：

曾老师：

您是一位不同寻常的老师。我们原以为的暴风雨没有出现。

如果说以前我们还远远地观察着您，提防着您，那么，今天我们却主动向您走来，您富有诗意的短短几句话，您讲述的关于玫瑰的神话传说，还有您蕴含深意的友善的告诫，让我们感受到了您的宽厚，您的智慧，您的胸怀。

这束玫瑰花送给您，祝您永远年轻美丽。

您的学生

2月14日

我将这束红色的玫瑰轻轻地捧起，幸福随着淡淡的花香渗入我的心间，快乐伴着花朵灿烂的笑容萦绕着我的情感，在幸福和快乐簇拥下，我的心向孩子们的心贴近着。

孩子们的祝福是美好的，为什么，为什么我们不能以美好的心态来对待孩子们呢？

作为语文教师的"我"又不失时机地"还给学生们一份意外的'礼物'"，这"礼物"是什么？

"我像往常一样去教室巡视，发现讲台桌上有一束红色的玫瑰"，学生送给老师玫瑰有何用意？

"暴风雨"比喻什么？

萦（yíng）绕：缠绕。

"为什么我们不能以美好的心态来对待孩子们呢？"含义是什么？

反问、反复的修辞。

我手我心

文章中老师对学生说了这样一句话："玫瑰花很美，不过，玫瑰的枝条上有刺，拿的时候要小心喔！"你怎样理解这句话的含意，处在青春期的我们，该如何正确对待爱情呢？准备一下，班级口头交流。

学海拾贝

(1) 下列词语读音有误的一项是（　　）

A. 笑靥（yè）　　　惊诧（chà）　　　蕴涵（yùn）
B. 殷红（yīn）　　　骚动（sāo）　　　掠过（luè）
C. 绽开（zhàn）　　气氛（fēn）　　　巡视（xún）
D. 慎重（shèn）　　萦绕（yíng）　　簇拥（cù）

(2) 说出下列句子使用的修辞手法

A. 教室里有了些许的骚动，有的互递眼色，有的窃窃私语，还有的左

顾右盼。（　　　）

B. 孩子们的祝福是美好的，为什么，为什么我们不能以美好的心态来对待孩子们呢？（　　　）

C. 我又还给学生们一份意外的"礼物"。（　　　）

D. 我们原以为的暴风雨没有出现。（　　　）

 推窗望月

爱 情 小 语

要认清自己的情感。有人把一时的好奇当成爱情。也有人把同情与施舍和爱情混为一谈。假如你对对方没有一种魂牵梦绕的感觉，没有一种肯为他做任何牺牲的决心，那你恐怕就不是在爱他。

要想使你所爱的人觉得你尊贵，千万不要用哀求作为追求的手段。哀求会使一个好好的人忽然看来卑下和笨拙，而影响了你原有的风度和气概。

人与人之间靠一个"爱"字，会显得何等的融洽亲密，会鼓励多少颗心变得积极、进取、乐观、无畏！我们一定要好好地运用它，不要污蔑和亵渎了它！

当你不能得到你所爱的对象时，不要悲伤。应该好好地祝福他有一个美好的未来，并好好爱惜自己的前途。这样，虽然你们没有在一起，但彼此仍会以对方为荣，仍会永远敬爱并记得对方的。

任务八　路漫漫其修远

罗　洛

 山高为峰

（1）学习"多读"、"多写"、"多思"的语文学习法，认识求知是一个漫长的过程，养成良好的学习习惯；

（2）学习略读文章的方法和技巧，提高阅读水平；

（3）学习本文总—分—总的论证结构，运用多种论证方法来论证观点；

（4）培养坚持不懈、锲而不舍的学习态度。

阅读导航

本文是一篇谈语文学习方法的议论文。作者以语文学习为话题，开门见山地提出本文的中心论点，接着从三个方面阐述自己的学习体会，告诉我们语文学习的具体方法及学习语文所需的精神。

罗洛（1927—1998），四川人，当代诗人。本文选自《罗洛文集》（上海社会科学出版社2000年版）。

学习是一个过程，一个没有止境的过程。要学好语文，或者说，要不断提高语文素养，需要长期坚持不懈的努力。诗人屈原说过："路漫漫其修远兮，吾将上下而求索。"这种精神，也适用于语文学习。

为什么我要强调"求索"精神呢？一般说来，语文素养包括接受能力和表达能力，提高这两种能力的基本方法是多读、多写。不过，要真正读懂一篇文章，或者要写出一篇比较令人满意的文章，都不是一件容易的事。因而需要加上一条：多思。因为，写作是一种创造，阅读是参与作者的创造，因而需要思索，或者探索。

多读、多写、多思，这三者之间有很密切的联系。但为了叙述的方便，下面还是结合自己的体会，分作三个方面来说。

先谈多读。我是喜欢读书的，但比起一些前辈来，我读的书很少，也不够系统。不过，有时我和一些年轻的同志聊天，发现他们读的书比我还要少，这是令人感到遗憾的。

我小时候念的是私塾，读完了《四书》和《诗经》。虽然对内容的含意不甚了了，但基本上都能背诵。这也有一个好处：后来重读这些书时，仿佛似曾相识，读起来就省劲多了。上了中学，语文老师曾经中过举人，他禁止学生读白话文，用的课本是桐城派散文家姚鼐编的《古文辞类纂》。这部古文选集，虽然上起战国，下迄明清，大量入选的却是"唐宋八大家"之作。他们的文章吸取了先秦诸子的长处，而又有新的创造，有不少文情并茂之作。我现在仿佛还能记得每天清晨在校园里背诵这些文章的情景。

> 姚鼐（nài）
> 纂（zuǎn）

在初中二年级的时候，我读了鲁迅的《呐喊》、《彷徨》和巴金的《家》。他们为我打开了一个新的世界，使我不自觉地置身于其中。他们笔下的人物仿佛就活在我的身边。此后几年，我读了我能够找到的他们的全部著作，同时也读了大量的"五四"以来的新文学作品。当时我喜爱的作家有冰心、叶绍钧、老舍、沈从文、萧红、等等。还有一位我特别喜爱的作家，那就是李劼人。他的三部连续性的小说《死水微澜》、《暴风雨前》和《大波》，在广阔的历史背景上展现了四川在清朝末年的社会生活风貌。他以略带幽默的笔触绘声绘影地刻画出一个个人物，叙述一个个故事，而这些故事又大都发生在我的故乡成都。读他的书使我感到惊奇，他对成都的社会风习了解得那样细致深刻，又描绘得那样生动有趣。

> 李劼（jié）人

在高中三年级的时候，语文老师卢剑波是当时知名的散文家。他班上几个语文程度较好的学生不再上语文课，自己选一本书来读，学期末写一篇读书笔记作为考试成绩。我选了胡仲持译的《世界文学史纲》。当时我对外国文学正有浓厚的兴趣,便把它作为导游图,引我在世界文学的百花园中遨游。

> 遨游:远游;漫游。

总之,我觉得,学生时代是读书的最好时光,那时分心的事情较少,记忆力也强,多读点书,可以为以后的工作和学习打下较好的基础。至于读什么书,当然可以根据每个人的实际情况而有所不同。

为了提高语文素养,我想有几点是值得注意的。首先,我国有丰富的文化传统,许多经历过时间检验的古典作品,为学习语文提供了取之不尽的营养,为了能够利用这份丰富的遗产,需要对古代汉语有所了解,至少要能读懂一般的古籍。其次,我们现在讲话、写文章,用的都是现代汉语。要学好现代汉语,应该多读一些现当代的优秀文学作品。如果能把《鲁迅全集》通读一篇,不仅对于搞文学的,就是对于搞科学的,也会有莫大益处。此外,应该至少学好一门外语。一个国家、一个民族的语言和文化都不可能是封闭的,它必然要受到其它国家、其它民族的语言和文化的影响。许多优秀的作家同时也是优秀的翻译家,这绝不是偶然的。他们在翻译外国作品的过程中,同时也丰富了自己的语言表现能力。

现在谈谈多写的问题。

前面曾经提到,读书和写作有密切的关系。一般地说,读书愈多,愈有可能得心应手地写作。"读书破万卷,下笔如有神",说的就是这层意思。但还有另外一个方面,就是:写得愈多,愈有可能更深刻地理解别人写的文章。

除了多读,多写也是提高语文水平的有效途径。这当然不是要求每个人都成为作家,没有这个必要也没有这个可能。但即使是写一封信,一篇作文,能够写得文理通顺,明白晓畅,恰如其分地表达自己的思想和情感,也需要相当时间的刻苦磨炼。

我在学生时代,经常写读书笔记。写文章最忌无病呻吟,"少年不识愁滋味……为赋新词强说愁",这实际上是一种要不得的毛病。写读书笔记可以避免这种毛病。读完一本书,特别是一本好书,总会有点心得或感想,可以随意写来,长短不拘。兴之所至,可以写它几千字;短呢,写一两百字也未尝不可。

> 笔涩:文中指写文章不顺利、不应手。

最好能够养成每天写作的习惯。我年轻时候每天至少要写五百到一千字。习惯以后,就不会感到笔涩,拿起笔就很顺当地写下去了。

当然,要坚持每天写作并不容易。有时实在没有什么好写,我就搞点翻译,这既可以巩固学过的外语,也可以锻炼文字表达能力。

也许应该补充一点:语文毕竟只是一种工具,是知识、思想和感情的载体。真正要写出好文章,除了文字表达能力之外,还需要有一定的思想水平、丰富的知识和生活经历。不过这已涉及另外一些问题，不是本文所要论述的，这里就不多说了。

最后谈谈多思的问题。

读书需要多思，否则容易囫囵吞枣，食而不化；或者浮光掠影掩卷即忘。写作更需要多思。一般写文章，总是要先打个"腹稿"，即先在脑子里想好结构、立意、层次等等，然后再动笔。没有经过精心构思的文章，容易出现结构松散、层次不清、语言乏味等毛病。

就一篇文章而言，它有外在的东西，也有内涵的东西。诸如谋篇布局、遣词造句以至格律声韵等，大都属于外在的东西。更为重要的内涵的东西。"读书千遍，其义自见"，说的就是需要反复阅读，反复思索，才能掌握内涵的精华。至于写作，"新诗改罢自长吟"，一篇作品常常需要反复修改，反复思索，才能写得比较令人满意。

我年轻时候有个糊涂想法，认为凡是印在书上的东西，一定是不错的。后来书读得多了，才逐渐发现并不是这么回事。常常会遇到一些相互矛盾的说法，或是似是而非的观点，需要自己去比较、分析、鉴别。在读书中养成思索的习惯，有助于培养和形成自己的独立见解。至于写作，贵在去陈言，立新意；特别是文艺作品，更需要有自己的风格和独创性。在写作中养成思索的习惯，这是大有好处的。

前面曾提到过，语文学习是一个长期的没有止境的过程。在学校里，虽然主要的任务是读书学习，然而能够学到的，主要还是一些基础的东西。离开学校参加工作以后，就会发现已经学的那些知识是不够用的，需要继续不断地学习。我从事写作已有40多年了，但拿起笔来还是常常感到词不达意。几十年来，我也一直坚持利用业余时间读点书，但还是常常感到许多应该读的书却没有时间去读。总之一句话，还需要继续学习下去。路漫漫其修远……重要的是坚定地不停歇地向前走去。

囫囵（hú lún）吞枣：把枣整个儿吞下去，不加咀嚼，不辨滋味。比喻读书等不加分析地笼统接受。

浮光掠影：水面上的反光和一闪而过的影子。比喻观察不细致，没有深的印象；又指文章言论的肤浅，无真知实学。

腹稿：内心酝酿成熟以供表达的诗文构想。

说　　话

说话是人们在日常生活中进行交流信息的主要手段，也是一门艺术。培养良好的说话能力，对于自己的学习、生活和将来的工作都有非常重要的意义。怎样才能培养基本的说话方式呢？

典型案例

五岁的布鲁诺第一次跟妈妈进幼儿园，看见墙上贴着许多儿童画，大声问道："是谁画的？这么难看！"

妈妈感到难堪，对儿子说："这些图画画得多好呀！你偏说难看，这不对。"

老师却听懂了布鲁诺的意思，她微笑着说："在这儿不一定要画多么好的画。你可以随便画你喜欢画的东西。"

于是，一个真正的微笑出现在布鲁诺的小脸上，因为老师解决了他的问题，他知道即使画了难看的画，老师也不会生气，可以安心呆在这儿了。

【案例评析】 这个例子出自美国心理学家金诺特所著的《父母子女之间》一书。对于儿子的问话，妈妈仅是听懂了其表层意思，所说的话没有把握儿子的真正意图。老师则听懂了布鲁诺问话的深层含义，她根据儿童初次入学时的心理而答，说话有的放矢，再辅以"微笑"的体态语言，消除了小布鲁诺的后顾之忧。

 **相关知识**

说话的基本要求和方法

（1）说得对。说得对就是说话者说话意思要简洁明了，不能产生歧义，达到尽可能高的准确度并使人容易理解。具体而言，简洁是指用较少的话语，把最重要的意思说出来，不重复，不啰嗦。说话要简洁，必须围绕中心，抓住要点，把必要的叙述和概括结合起来，删除冗余重复的信息。明了，就是表达清楚，语意明确。说话要明了就是要说普通话，字音清晰，语调得当，语义没歧义。

（2）说得清。说得清就是指说话时要连贯，言之有序。

（3）说得好。说得好就是说话得体。得体指能够恰当地使用语言，符合语境和语体的要求。说话一要看对象说话。同一个意思的话，由于对象的性别、年龄、民族、文化程度等不同，说法就有区别。二要看场合说话。场合有庄重和一般之分，有喜庆和悲痛之分，有正式和非正式之分等，在不同的场合下，同样的话可能产生不同的效果。三要注意用恰当的表达方式。说话要注意把握不同语言特色；说话要注意恰当地运用表情、手势等肢体语言；说话要注意把握说话时的声音、语调、语气；说话要注意借助恰当的修辞手法等，增强说话的表达效果。

 实践活动

我的专业我做主

——了解专业、热爱专业、树立学习自信心的主题活动

 活动目的

（1）培养学生多角度了解专业相关信息的能力，增进对专业的认识能力；
（2）培养学生搜集和整理信息的能力、听话和说话的能力；
（3）使学生了解专业、认识专业，培养对学习的兴趣，提高学习的积极性。

 活动流程

一、活动准备

（1）以 5~8 人为单位划分学习小组，并确定组长。按问卷调查、信息收集整理、实地走访、毕业班学生资料整理等，使学生自由选择、分工。
（2）拟写访谈提纲，编制问卷调查表。
（3）通过网络、报刊等形式了解本专业的就业形势、行业新动态。
（4）收集本专业学生的学习生活、毕业后的就业情况等相关信息。
（5）走访校长、招生就业处的老师、相关专业的企业法人，了解专业的基本情况和就业需求。
（6）制定活动的方法步骤、评价表。

二、活动实施

1. 分组活动

（1）对访谈的提纲、问卷调查等内容进行讨论和总结。各组以讲故事、情境模拟、数据展示、图片展示、调查报告等多种形式，进行充分讨论，总结出本组观点。注重此过程的听、说要求和技巧。
（2）组内互评，推荐出优胜者参加班内展示活动。

2. 全班活动

（1）小组优胜者参加班级成果展示活动，相互交流，评价出班级优胜者。
（2）教师总结、评价。

三、成果展示

（1）自我剖析，分析自己的优势和劣势；
（2）设置职业目标；
（3）制定行动方案；
（4）汇编成册展示。

单元练习

第一部分　书　　写

请将"有志者自有千计万计，无计者只感千难万难。"写在书写格内。

第二部分　　基础知识与语言运用

一、单项选择题

1. 下列加点字读音完全相同的一组是（　　）

　　A. 提携　　　　提防　　　　提心吊胆　　　　提纲挈领
　　B. 数说　　　　数落　　　　数九寒天　　　　数典忘祖
　　C. 和睦　　　　和亲　　　　和衷共济　　　　曲高和寡
　　D. 给予　　　　参与　　　　与日俱增　　　　与人为善

2. 下列词语中，有错别字的一组是（　　）

　　A. 慰藉　痴情　踯躅　涟漪　　B. 威仪　崴脚　惆怅　佳肴
　　C. 娇媚　衣褶　陶醉　粗糙　　D. 慷慨　彷徨　泯灭　受益匪浅

3. 在下面句子横线处依次填入的词语，最恰当的一组是（　　）

母亲在头上打了一巴掌，骂道："穷种啊！"然后她就_____着小脚，_____着两只胳膊，小心翼翼但又十分匆忙地_____到沟底，将那棵白菜_____了上来。

　　A. 颠；乍；下；抱　　　　B. 挪；乍；下；捡
　　C. 颠；乍；跑；拾　　　　D. 挪；乍；跑；抱

4. 在下列句子中标点符号完全正确的一句是（　　）

　　A. "听他说，鬼子要在同口安据点"……水生的女人说。
　　B. 据王粲的《英雄记钞》说：诸葛亮与徐庶、石广元、孟公威等人一道游学读书，"三人务于精熟，而亮独观其大略。"
　　C. 《红楼梦》里茗烟骂金荣说："你是个好小子，出来动一动你茗大爷!"

　　D. 孔乙己睁大眼睛说,"你怎么这样凭空污人清白……"

　5. 下列各句中有语病的一项是（　　）

　　A. 我白色风衣的大口袋里有一封要寄给南部的母亲的信。

　　B. 哦,你们用这么美丽的玫瑰花来装点这节语文课,我真有点受宠若惊了。

　　C. 降价促销是一种低层次的竞争手段,通过降价来促销,有如饮鸩止渴。

　　D. 大批灾区儿童重新走进了宽敞明亮的教室,坐上了崭新的桌椅,广大家长对此十分满意。

　6. 下列问句中,属于反问的一项是（　　）

　　A. 小屋点缀了山,什么来点缀小屋呢？那是树！

　　B. 有时深夜,我会突然想起那些高原上的原住民,它们的魂魄,如今栖息在何处云端？

　　C. 没有绿色哪有生命？没有生命哪有爱情？没有爱情哪有歌声？

　　D. 你们是否听说过有关红玫瑰的传说？

二、填空题

　7. 不积跬步,_____；不积小流,_____。

　　静女其娈,_____。

　　今我来思,_____。

三、语言运用与表达

　8. 下例中姑娘的问语为什么引起了老大爷的不满？请帮助姑娘纠正过来。

　　一个姑娘向老大爷问路："喂！老头子,往张村去还有多远？"连问三次,老大爷才开口说："三拐杖。"姑娘奇怪地说："路不是论里嘛,怎么论拐杖啊？"老大爷说："论'里'（礼）呀,你应该叫我一声'大爷',正因为你不懂'里'（礼）,我才拿拐杖教训教训你！"

　　(1) 老大爷不满的原因：_____
_____。

　　(2) 符合礼仪规范的问语：_____
_____。

　9. 张明匆匆走进教室,习惯地用卫生纸把自己的座位擦干净,随手将纸扔在地上,同学王晓敏看见后说："你很讲究个人卫生哩！"张明不好意思地笑了笑,说："_____"。随手将纸团拾起来,扔进了教室外面的垃圾箱。

　　(1) 王晓敏的话言外之意是：_____
_____。

　　(2) 张明该怎样说才得体？_____
_____。

第三部分　现代文阅读

阅读下面课文中的文字，完成 10～14 题。

（一）

人们从读书学做人，从那些往哲先贤以及当代才俊的著述中学得他们的人格。人们从《论语》中学得智慧的思考，从《史记》中学得严肃的历史精神，从《正气歌》中学得人格的刚烈，从马克思学得入世的激情，从鲁迅学得批判精神，从列夫托尔斯泰学得道德的执著；歌德的诗句刻写着睿智的人生，拜伦的诗句呼唤着奋斗的热情。一个读书人，是一个有机会拥有超乎个人生命体验的幸运人。

10. 这段文字有三个句子，第一句和第二句是_____关系，第二句和第三句是_____关系。

11. 《论语》的作者是_____，《史记》的作者是_____。

12. 这段文字主要使用了_____的修辞手法。

（二）

海有多宽，一排排的碧峰就有多宽，乐此不疲地向这边推进。远处，可见细小的白浪，像一条条白色的美人鱼，横着向这边游来。一圈圈白浪扑到礁石的脚下，热吻着礁石黑亮的脚趾头，吻遍礁石的脚趾。

大海对礁石矢志不渝的爱，令我对礁石也刮目了。礁石，一无虚饰的袒露着。礁石就是礁石，不是大理石，不是钟乳石，而是最不起眼的礁石。用不着开采，用不着珍藏，用不着保护，用不着雕琢。率真自然就是美，就是无价，就是叫人珍爱的。礁石说不爱大海就不爱，不暧昧，不矫情。于是反叫大海越发的爱个不停。

13. 这是一篇以《读海》为题的散文的节选，写出了作者对大海的理解，海的感情折射出作者的思想情感。从上文中找出能概括大海感情的词语是_____；能概括礁石感情的词语是_____。

14. 这段散文语言优美形象，运用了多种修辞手法：主要有_____、_____和_____。

第四部分　写　　作

15. 请以"送你一支玫瑰花"为题，写一篇字数不少于 500 字的文章。内容自定，文体不限。

项目三

朋友与友谊

主题描述

人世间最珍贵的莫过于"朋友与友谊"。如果懂得奉献和珍惜友谊,学会宽容,谦和地与人相处,必将获得无比的幸福和财富。

为了帮助同学们获得幸福和财富,本项目选取了4篇有关朋友与友情的文学作品,从不同角度诠释了朋友与友谊的内涵。散文《好雪片片》通过描写一位卖奖券的流浪汉老人的几个生活片段,刻画了"我"从一个外表脏污的老人那里感受到了人生温暖的本质。小说《项链》借助围绕项链展开的几个故事,启发我们认真地思考:一个社会的风气,一个人的生活态度和价值观对人的生活质量和生活意义的影响是何等巨大,何等深刻!一个人愿意付出十年的艰辛来坚守对朋友的诚信是何等高贵!小说《永远的蝴蝶》讲述了一个凄美的爱情故事,通过细节描写,将主人公失去恋人之后的那种悲痛、悔恨、自责、和眷恋之情表露无遗,表现出震撼人心的友爱和深情。小说《藏者》讲述了一个收藏家收藏书画古董却不为金钱所惑的故事,表现了生命的美丽在于过程,在于追求对朋友的热情、执著和真诚。

本项目口语交际的内容是"自我介绍"。

本项目实践活动是组织全班同学开展一次"一分钟自我介绍"。

知识目标

(1) 本项目重点是阅读和欣赏散文和小说,能在整体把握作品思想内容的基础上品味作品的语言;

(2) 明确小说三要素的意义和作用,通过对人物、情节、环境的认识,把握作品所反映的生活本质;

(3) 学习塑造人物的方法。

能力目标

(1) 能够抓住文章的重要词语、关键句子和具体段落进行揣摩,体会语言风格;

(2) 能够把握人物、情节和环境,从中了解人物性格,理解作品主旨;

(3) 能够进行自我介绍,人物片段描写。

任务九　好雪片片

林清玄

　山高为峰

（1）欣赏人物描写语段，把握流浪老人的形象，体会作者在流浪老人身上寄寓的情感；

（2）理解"好雪片片，不落别处"的深意；

（3）学习流浪老人善良的本性和优良品质。

　阅读导航

本文是台湾著名作家林清玄的一篇散文，作品描写了一位卖奖券的流浪老人，居无定所，食不果腹，却没有磨灭善良本性的故事。肮脏的外表，遮不住他明净的善意，挡不住他温情的传递。标题"好雪片片"，隐含生活处处都有美的深意，仔细阅读课文，品味好雪的象征意义，揣摩作者借助描绘流浪老人的言行举止旨在说明怎样的做人道理。

林清玄（1953—），生于台湾，当代著名作家、散文家、诗人、学者。

点石成金

默读1～6段，找出文中描写流浪老人外貌、动作和生活情况的词语，概括出流浪老人的形象特点。

在信义路上，常常会看到一位流浪的老人，即使在热到摄氏三十八度的盛夏，他也着一件很厚的中山装，中山装里还有一件毛衣。那么厚的衣物使他肥胖笨重有如水桶。平常他就蹲坐在街角歪着脖子，看来往的行人，也不说话，只是轻轻地摇动手里的奖券。

很少的时候，他会站起来走动。当他站起，才发现他的椅子绑在皮带上，走的时候，椅子摇过来，又摇过去。他脚上穿着一双老式的牛伯伯打游击的大皮鞋，摇摇晃晃像陆上的河马。

如果是中午过后，他就走到卖自助餐摊子的前面一站，想买一些东西来吃，摊贩看到他，通常会盛一盒便当送给他。他就把吊在臀部的椅子对准臀部，然后坐下去。吃完饭，他就地睡午觉，仍是歪着脖子，嘴巴微张。

臀（tún）

到夜晚，他会找一块干净挡风的走廊睡觉，把椅子解下来当枕头，和衣，甜甜地睡去了。

我观察老流浪汉很久了，他全部的家当都带在身上，几乎终日不说一句话，可能他整年都不洗澡的。从他的相貌看来，应该是北方人，流落到这南方热带的街头，连最燠热的夏天都穿着家乡的厚衣。

对于街头的这位老人，大部分人都会投以厌恶与疑惑的眼光，小部分人则投以同情。

我每次经过那里，总会向老人买两张奖券，虽然我知道即使每天买两张奖券，对他也不能有什么帮助，但买奖券使我感到心安，并使同情找到站立的地方。

记得第一次向他买奖券的那一幕，他的手、他的奖券、他的衣服同样的油腻污秽，他缓缓地把奖券撕下，然后在衣袋中摸索着，摸索半天掏出一个小小的红色塑胶套，这套子竟是崭新的，美艳得无法和他相配。

老人小心地把奖券装进红色塑胶套，由于手的笨拙，使这个简单动作也十分艰困。

"不用装套子了。"我说。

"不行的，讨个喜气，祝你中奖！"老人终于笑了，露出缺几颗牙的嘴，说出充满乡音的话。

他终于装好了，慎重地把红套子交给我，红套子上写着八个字："一券在手，希望无穷。"

后来我才知道，不管是谁买奖券，他总会努力地把奖券装进红套子里。慢慢我想到了，小红套原来是老人对买他奖券的人一种感激的表达。每次，我总是沉默耐心等待，看他把心情装进红套子，温暖四处流动着。

和老人逐渐认识后，有一年冬天黄昏，我向他买奖券，他还没有拿奖券给我，先看见我穿了单衣，最上面的两个扣子没有扣。老人说："你这样会冷吧！"然后，他把奖券夹在腋下，伸出那双油污的手，要来帮我扣扣子，我迟疑一下，但没有退避。

老人花了很大的力气，才把我的扣子扣好，那时我真正感觉到人明净的善意，不管外表是怎么样的污秽，都会从心的深处涌出，在老人为我扣扣子的那一刻，我想起了自己的父亲，鼻子因而酸了。

老人依然是街头的流浪汉，把全部的家当带在身上，我依然是我，向他买着无关紧要的奖券。但在我们之间，有一些友谊，装在小红套，装在眼睛里，装在不可测的心之角落。

燠（yù）热：炎热、闷热。

第一部分（1～6段）概括描写流浪老人的衣着、外貌及生活情况，目的是说明流浪老人的身份和人们对他的态度。说说人们对他是什么态度？

第二部分（7～15）写了哪两件有关流浪老人内心善良的事情？

结合课文内容谈谈你对"把心情装进红套子"的理解。

写老人为"我"扣扣子时，为什么"我迟疑一下，但没有退避"？

齐读第三部分（16～18）说说文章以什么方式表达了作者对老人的看法，揭示文章的中心？

文章以"好雪片片"为题,又以"好雪片片,不落别处"收束全文,你觉得这样安排有什么好处?

我向老人买过很多很多奖券,从未中过奖,但每次接过小红套时,我觉得那一时刻已经中奖了,真的是"一券在手,希望无穷"。我的希望不是奖券,而是人的好本质,不会被任何境况所淹没。

我想到伟大的禅师庞蕴说的:"好雪片片,不落别处!"我们生活中的好雪,明净之雪也是如此,在某时某地当下即现,美丽地落下,落下的雪花不见了,但灌溉了我们的心田。

 学海拾贝

(1) 书写没有错误的一组是(　　　)

A. 厌恶　　蹲坐　　便当　　奥热
B. 疑惑　　斩新　　笨拙　　油腻
C. 坚困　　慎重　　沉默　　耐心
D. 迟疑　　退避　　污秽　　灌概

(2) 跟随课文观点,填写下列句子内容

生活处处都有美,美好的事物不在_____,就在我们_____。

 牛刀初试

(1) 文章以"好雪片片"为题,又以"好雪片片,不落别处"结束全文,你觉得这样安排有什么好处?

_____
_____

(2) 你能结合本文跟大家说说散文的特点吗?

_____
_____

 推窗望月

欣赏小故事,完成故事的结尾。

一位教授为未来的神父们讲《圣经》后,安排学生们到教室试讲。学生们经过一个坐着乞丐的走廊,却没有任何人停下来给乞丐一点表示,而是急着去宣讲"爱"和"同情"。教授对此大为不满,说了如下一席话:"我饥饿时,你却讨论饥饿问题;我衣不蔽体时,你们大谈是否违反了道德规范;我无故被人打伤时,你却对犯罪义愤填膺;我无家可归时,你却对我宣讲上帝仁慈。你看来如此神圣、善良,可我怎么还是饿得发昏、冻得哆嗦、孤独无依呢?"

真正的善良不是_____,而是_____。

任务十　项　　链

［法］莫泊桑

 山高为峰

（1）理解细腻、深刻的心理描写对刻画人物的作用；
（2）分析体会小说精心的构思和巧妙的布局；
（3）体会主人公追求社会时尚的虚伪和对朋友的真诚的多主题性对比。

 阅读导航

　　本小说是法国著名小说家莫泊桑的经典之作。故事讲述女主人公马蒂尔德有一次为了体面地参加部长举办的晚会，向贵妇人朋友借了一条项链，舞会上她大出风头，后来项链在舞会上不慎丢失，为了赔给朋友一模一样的项链，马蒂尔德和她的丈夫节衣缩食、辛苦劳作，整整花了十年的时间。当她们为还清债务如释重负的时候，偶遇那位贵妇人告诉她那条项链是假的。
　　如此结构精巧、出乎意料的结尾，令人回味无穷。阅读时要揣摩文中细腻的心理描写、丰富的人物形象及人物性格的发展变化。理解主人公悲剧产生的原因和为朋友付出如此代价的意义。
　　莫泊桑（1850—1893），19世纪后半期法国优秀的批判现实主义作家，与契诃夫、欧·亨利并列为世界三大短篇小说巨匠，对后世产生极大影响，被誉为"短篇小说之王"。

　　她也是一个美丽动人的姑娘，好像由于命运的差错，生在一个小职员的家里。她没有陪嫁的资产，也没有什么法子让一个有钱的体面人认识她、了解她、爱她、娶她，最后只得跟教育部的一个小书记结了婚。

　　她不能够讲究打扮，只好穿得朴朴素素，但是她觉得很不幸，好像这降低了她的身份似的。因为在妇女，美丽、丰韵、娇媚，就是她们的出身；天生的聪明，优美的资质，温柔的性情，就是她们唯一的资格。

　　她觉得她生来就是为着过高雅和奢华的生活，因此她不断地感到痛苦。住宅的寒伧，墙壁的黯淡，家具的破旧，衣料的粗陋，都使她苦恼。这些东西，在别的跟她一样地位的妇人，也许不会挂在心上，然而她却因此痛苦，因此伤心。她看着那个替她做琐碎家务的勃雷大涅省的小女仆，心里就引起悲哀的感慨和狂乱的梦想。她梦想那些幽静的厅堂，那里装饰着东方的帷

点石成金

　　快速阅读全文，找出贯穿全文的线索。按照序幕、借项链、丢项链、赔项链四个部分理清小说故事情节。

　　阅读第一部分，找出描写女主人公玛蒂尔德外貌、生活状态、心理状态的句子，体会这样写有何作用。

寒伧（hán chen）

幕，点着高脚的青铜灯，还有两个穿短裤的仆人，躺在宽大的椅子里，被暖炉的热气烘得打盹儿。她梦想那些宽敞的客厅，那里张挂着古式的壁挂，陈设着精巧的木器，珍奇的古玩。她梦想那些华美的香气扑鼻的小客室，在那里，下午五点钟的时候，她跟最亲密的男朋友闲谈，或者跟那些一般女人所最仰慕最乐于结识的男子闲谈。

每当她在铺着一块三天没洗的桌布的圆桌边坐下来吃晚饭的时候，对面，她的丈夫揭开汤锅的盖子，带着惊喜的神气说："啊！好香的肉汤！再没有比这更好的了！……"这时候，她就梦想到那些精美的晚餐，亮晶晶的银器；梦想到那些挂在墙上的壁挂，上面绣着古装人物、仙境般的园林、奇异的禽鸟；梦想到盛在名贵的盘碟里的佳肴；梦想到一边吃着粉红色的鲈鱼或者松鸡翅膀，一边带着迷人的微笑听客人密谈。

阅读第一部分，完成下列填空：

第一部分是小说的＿＿＿＿，介绍了人物＿＿＿＿的性格，交代了故事的＿＿＿＿背景，为故事情节发展和人物命运作了铺垫。

她没有漂亮服装，没有珠宝，什么也没有。然而她偏偏只喜爱这些，她觉得自己生在世上就是为了这些。她一向就向往着得人欢心，被人艳羡，具有诱惑力而被人追求。

她有一个有钱的女朋友，是教会女校的同学，可是她再也不想去看望她了，因为看望回来就会感到十分痛苦。由于伤心、悔恨、失望、困苦，她常常整日地哭好几天。

然而，有一天傍晚，她丈夫得意洋洋地回家来，手里拿着一个大信封。

"看呀，"他说，"这里有点东西给你。"

她高高兴兴地拆开信封，抽出一张请柬，上面印着这些字：

"教育部部长乔治•郎伯诺及夫人，恭请路瓦栽先生与夫人于一月十八日（星期一）光临教育部礼堂，参加夜会。"

她不像她丈夫预料的那样高兴，她懊恼地把请柬丢在桌上，咕哝着：

"你叫我拿着这东西怎么办呢？"

第二部分写借项链，是故事的开端。阅读本部分，判断本部分讲述的是：

1. 借项链的原因（ ）
2. 借项链的经过（ ）
3. 借项链的原因和经过（ ）

"但是，亲爱的，我原以为你一定很喜欢的。你从来不出门，这是一个机会，这个，一个好机会！我费了多大力气才弄到手。大家都希望得到，可是很难得到，一向很少发给职员。你在那儿可以看见所有的官员。"

她用恼怒的眼睛瞧着他，不耐烦地大声说：

"你打算让我穿什么去呢？"

他没有料到这个，结结巴巴地说：

"你上戏园子穿的那件衣裳，我觉得就很好，依我……"

他住了口，惊惶失措，因为看见妻子哭起来了，两颗大大的泪珠慢慢地顺着眼角流到嘴角来了。他吃吃地说：

"你怎么了？你怎么了？"

她费了很大力气才抑制住悲痛，擦干她那润湿的两腮，用平静的声音回答：

"没有什么。只是，没有件像样的衣服，我不能去参加这个夜会。你的同事，谁的妻子打扮得比我好，就把这请柬送给谁去吧。"

他难受了，接着说："好吧，玛蒂尔德。做一身合适的衣服，你在别的场合也能穿，很朴素的，得多少钱呢？"

她想了几秒钟，合计出一个数目，考虑到这个数目可以提出来，不会招致这个俭省的书记立刻的拒绝和惊骇的叫声。

末了，她迟疑地答道：

"准数呢，我不知道，不过我想，有四百法郎就可以办到。"

他脸色有点发白了。他恰好存着这么一笔款子，预备买一杆猎枪，好在夏季的星期天，跟几个朋友到南代尔平原去打云雀。然而他说："就这样吧，我给你四百法郎。不过你得把这件长衣裙做得好看些。"

夜会的日子近了，但是路瓦栽夫人显得郁闷、不安、忧愁。她的衣服却做好了。她丈夫有一天晚上对她说："你怎么了？看看，这三天来你非常奇怪。"她回答说："叫我发愁的是一粒珍珠、一块宝石都没有，没有什么戴的。我处处带着穷酸气，很不想去参加这个夜会。"

他说：

"戴上几朵鲜花吧。在这个季节里，这是很时新的。花十个法郎，就能买两三朵别致的玫瑰。"

她还是不依。

"不成……在阔太太中间露穷酸相，再难堪也没有了。"

她丈夫大声说："你多么傻呀！去找你的朋友佛来思节夫人，向她借几样珠宝。你跟她很有交情，这点事满可以办到。"

她发出惊喜的叫声。

"真的！我倒没想到这个。"

第二天，她到她的朋友家里，说起自己的烦闷。

佛来思节夫人走近她那个镶着镜子的衣柜，取出一个大匣子，拿过来打开了，对路瓦栽夫人说：

"挑吧，亲爱的。"

她先看了几副镯子，又看了一挂珍珠项链，随后又看了一个威尼斯式的镶着宝石的金十字架，做工非常精巧。她在镜子前边试这些首饰，犹豫不决，不知道该拿起哪件，放下哪件。她不断地问着：

"再没有别的了吗？"

"还有呢。你自己找吧，我不知道哪样合你的意。"

忽然她在一个青缎子盒子里发现一挂精美的钻石项链，她高兴得心都快跳出来了。她双手拿着那项链发抖。她把项链绕着脖子挂在她那长长的高领上，站在镜前对着自己的影子出神好半天。

随后，她迟疑而焦急地问：

"你能借给我这件吗？我只借这一件。"

"当然可以。"

她跳起来，搂住朋友的脖子，狂热地亲她，接着就带着这件宝物跑了。

夜会的日子到了，路瓦栽夫人得到成功。她比所有的女宾都漂亮、高雅、迷人，她满脸笑容，兴高采烈。所有的男宾都注视她，打听她的姓名，求人给介绍；部里机要处的人员都想跟她跳舞，部长也注意她了。

她狂热地兴奋地跳舞，沉迷在欢乐里，什么都不想了。她陶醉于自己的美貌胜过一切女宾，陶醉于成功的光荣，陶醉在人们对她的赞美和羡妒所形成的幸福的云雾里，陶醉在妇女们所认为最美满最甜蜜的胜利里。

她是早晨四点钟光景离开的。她丈夫从半夜起就跟三个男宾在一间冷落的小客室里睡着了。那时候，这三个男宾的妻子也正舞得快活。

她丈夫把那件从家里带来预备给她临走时候加穿的衣服，披在她的肩膀上；这是件朴素的家常衣服，这件衣服的寒伧味儿跟舞会上的衣服的豪华气派很不相称。她感觉到这一点,为了避免那些穿着珍贵皮衣的女人看见,想赶快逃走。

路瓦栽把她拉住,说:"等一等,你到外边要着凉的。我去叫一辆马车来。"但是她一点也不听,赶忙走下台阶。他们到了街上,一辆车也没看见,他们到处找,远远地看见车夫就喊。

他们在失望中顺着塞纳河走去,冷得发抖,终于在河岸上找着一辆拉晚儿的破马车。这种车,巴黎只有夜间才看得见;白天,它们好像自惭形秽,不出来。

车把他们一直拉到马丁街寓所门口,他们惆怅地进了门。在她,一件大事算是完了。她丈夫呢,就想着十点钟得到部里去。

她脱下披在肩膀上的衣服,站在镜子前边,为的是趁这荣耀的打扮还在身上,再端详一下自己。但是,她猛然喊了一声。脖子上的钻石项链没有了。

她丈夫已经脱了一半衣服,就问:"什么事情?"

她吓昏了,转身向着他说:

"我……我……我丢了佛来思节夫人的项链了。"

他惊惶失措地直起身子,说:"什么!……怎么啦!……哪儿会有这样的事!"

他们在长衣裙褶里、大衣褶里寻找,在所有口袋里寻找,竟没有找到。

他问:"你确实相信离开舞会的时候它还在吗?"

"是的,在教育部走廊上我还摸过它呢。"

"但是,如果是在街上丢的,我们总听得见声响。一定是丢在车里了。"

"是的,很可能。你记得车的号码吗?"

"不记得。你呢,你没注意吗?"

"没有。"

他们惊惶地面面相觑。末后,路瓦栽重新穿好衣服。

"我去,"他说,"把我们走过的路再走一遍,看看会不会找着。"

> 第三部分写丢项链,是故事的发展。

> 项链丢了,她一下子从狂热的高峰跌入沮丧的低谷,想一想"丢了项链"看似偶然,为什么又真实可信?

他出去了。她穿着那件参加舞会的衣服，连上床睡觉的力气也没有，只是倒在一把椅子里发呆，精神一点也提不起来，什么也不想。

七点钟光景，她丈夫回来了。什么也没找着。

后来，他到警察厅去，到各报馆去，悬赏招寻，也到所有车行去找。总之，凡有一线希望的地方，他都去过了。

她面对着这不幸的灾祸，整天等候着，整天在惊恐的状态里。

晚上，路瓦栽带着瘦削苍白的脸回来了，一无所得。

"应该给你的朋友写信，"他说，"说你把项链的搭钩弄坏了，正在修理。这样，我们才有周转的时间。"

她照他说的写了封信。

过了一个星期，他们所有的希望都断绝了。

路瓦栽，好像老了五年，他决然说："应该想法赔偿这件首饰了。"

第二天，他们拿了盛项链的盒子，照着盒子上的招牌字号找到那家珠宝店。老板查看了许多账簿，说"太太，这挂项链不是我卖出的；我只卖出这个盒子。"

于是他们就从这家珠宝店到那家珠宝店，凭着记忆去找一挂同样的项链。两个人都愁苦不堪，快病倒了。

在皇宫街一家铺子里，他们看见一挂钻石项链，正跟他们找的那一挂一样，标价四万法郎。老板让了价，只要三万六千。

他们恳求老板，三天以内不要卖出去。他们又订了约，如果原来那一挂在二月底以前找着，那么老板可以拿三万四千收回这一挂。

路瓦栽现有父亲遗留给他的一万八千法郎。其余的，他得去借。

他开始借钱了。向这个借一千法郎，问那个借五百法郎，从这儿借五个路易，从那儿借三个路易。他签了好些债券，订了好些使他破产的契约。他跟许多放高利贷的人和各种不同国籍的放债人打交道。他顾不得后半世的生活了，冒险到处签着名，却不知道能保持信用不能。未来的苦恼，将要压在身上的残酷的贫困，肉体的苦楚，精神的折磨，在这一切的威胁之下，他把三万六千法郎放在商店的柜台上，取来那挂新的项链。

路瓦栽夫人送还项链的时候，佛来思节夫人带着一种不满意的神情对她说：

"你应当早一点还我，也许我早就要用它了。"

佛来思节夫人没有打开盒子。她的朋友正担心她打开盒子。如果她发觉是件代替品，她会怎样想呢？会怎样说呢？她不会把她的朋友当作一个贼吗？

路瓦栽夫人懂得穷人的艰难生活了。她一下子显出了英雄气概，毅然决然打定了主意。她要偿还这笔可怕的债务。她就设法偿还。她辞退了女仆，迁移了住所，租赁了一个小阁楼住下。

她懂得家里的一切粗笨活儿和厨房里的讨厌的杂事了。她刷洗杯盘碗碟，在那油腻的盆沿上和锅底上磨粗了她那粉嫩的手指。她用肥皂洗衬衣，洗抹布，晾在绳子上。每天早晨，她把垃圾从楼上提到街上，再把水从楼下提到楼上，走上一层楼，就站住喘气。她穿得像一个穷苦的女人，胳膊上挎着篮子，到水果店里，杂货店里，肉铺里，争价钱，受嘲骂，一个铜子一个铜子地节省她那艰难的钱。

月月都得还一批旧债，借一些新债，这样来延缓清偿的时日。

她丈夫一到晚上就给一个商人誊写账目，常常到了深夜还在抄写五个铜子一页的书稿。

这样的生活继续了十年。

第十年年底，债都还清了，连那高额的利息和利上加利滚成的数目都还清了。

路瓦栽夫人现在显得老了。她成了一个穷苦人家的粗壮耐劳的妇女了。她胡乱地挽着头发，歪斜地系着裙子，露着一双通红的手，高声大气地说着话，用大桶的水刷洗地板。但是有时候，她丈夫办公去了，她一个人坐在窗前，就回想起当年那个舞会来，那个晚上，她多么美丽，多么使人倾倒啊！

要是那时候没有丢掉那挂项链，她现在是怎样一个境况呢？谁知道呢？谁知道呢？人生是多么奇怪，多么变幻无常啊，极细小的一件事可以败坏你，也可以成全你！

有一个星期天，她到极乐公园去走走，舒散一星期来的疲劳。这时候，她忽然看见一个妇人领着一个孩子在散步。原来就是佛来思节夫人，她依旧年轻，依旧美丽动人。

路瓦栽夫人无限感慨。她要上前去跟佛来思节夫人说话吗？当然，一定

> 第四部分写赔项链，是故事的高潮，也是全文的结尾。

> 阅读本部分，说说女主人公发生了哪些变化，你认为十年艰辛值得吗，命运的转折怨谁？

得去。而且现在她把债都还清,她可以完全告诉她了。为什么不呢?

她走上前去。

"你好,珍妮。"

> 珍妮:佛来思节夫人的名字。

那一个竟一点也不认识她了。一个平民妇人这样亲昵地叫她,她非常惊讶。她磕磕巴巴地说:

"可是……太太……我不知道……你一定是认错了。"

"没有错。我是玛蒂尔德·路瓦栽。"

她的朋友叫了一声:"啊!……我可怜的玛蒂尔德,你怎么变成这样了!……"

"是的,多年不见面了,这些年来我忍受着许多苦楚……而且都是因为你!……"

"因为我?……这是怎么讲的?"

"你一定记得你借给我的那挂项链吧,我戴了去参加教育部夜会的那挂。"

"记得。怎么样呢?"

"怎么样?我把它丢了。"

"哪儿的话!你已经还给我了。"

> 本段玛蒂尔德说的"不过事情到底了结了,我倒很高兴了。"从这句话能看出玛蒂尔德对朋友有一种怎样的美德?

"我还给你的是另一挂,跟你那挂完全相同。你瞧,我们花了十年工夫,才付清它的代价。你知道,对于我们这样什么也没有的人,这可不是容易的啊!……不过事情到底了结了,我倒很高兴了。"

佛来思节夫人停下脚步,说:

"你是说你买了一挂钻石项链赔我吗?"

"对呀。你当时没有看出来?简直是一模一样的啊。"

于是她带着天真的得意的神情笑了。

> 小说的结尾出人意料地说出项链是假的,这样写有什么作用?

佛来思节夫人感动极了,抓住她的双手,说"唉!我可怜的玛蒂尔德!可是我那一挂是假的,至多值五百法郎!……"

我手我心

请从对朋友诚实守信、负责任的角度写一句你对玛蒂尔德的评价。

_____
_____

 学海拾贝

(1) 注音不正确的一项是（　　）

A. 租赁（lìn）　　衣褶（zhě）　　脸腮（sāi）　　惊骇（hài）
B. 手镯（zhuó）　寒伧（chen）　亲昵（nì）　　菜肴（yáo）
C. 小觑（qù）　　唠嗑（kē）　　瘦削（xuē）　　削（xiāo）皮
D. 折（shé）本　　散（sǎn）漫　　散（sàn）步　　打盹（dèn）

(2) 补充完整课文选段

她不能够讲究打扮，只好穿得朴朴素素，但是她觉得很不幸，好像这降低了她的身份似的。因为_____；天生的_____，优美的_____，温柔的_____，就是她们唯一的资格。

 牛刀初试

(1) "赔项链"中得知项链是假的，是否符合情理，请结合课文中三次伏笔说明。

_____
_____

(2) 总结出玛蒂尔德悲剧命运产生的两个主要原因。

_____
_____

推窗望月

世界三大短篇小说巨匠及代表作：
(1) 法国的莫泊桑，代表作有《羊脂球》、《项链》等；
(2) 俄国的契诃夫，代表作有《变色龙》、《套中人》等；
(3) 美国的欧·亨利，代表作有《最后一片常春藤叶》等。

任务十一　永远的蝴蝶

陈启佑

 山高为峰

（1）了解小小说的特点，感悟文章精巧的构思，优美的语言；
（2）通过诵读、探究，提高对小小说的鉴赏能力；
（3）体会人物热爱生活、珍爱友情的思想感情。

 阅读导航

本文是台湾作家陈启佑的一篇优美的短篇小说。作品叙述了在一个雨天，"我"的恋人樱子自愿帮"我"到马路对面去寄信，意外车祸夺去了樱子年轻生命的爱情故事，抒写了"我"失去恋人之后的悲痛、悔恨、自责、惋惜和眷恋之情。凄美的爱情故事展现出散文美、诗歌美和人间的真爱美，值得我们学习和品味。

本文仅 451 个字，故事情节简单，但有关人物和环境的细节描写十分感人，深深地拨动了每一个读者的心弦。阅读时重点欣赏悲剧因什么而发生，细节描写具体表现在哪些地方，结尾才告诉读者信的内容有何艺术性。

陈启佑（1953—），笔名渡也、江山之助，台湾省嘉义市人。散文以小品为主。

那时候刚好下着雨，柏油路面湿冷冷的，还闪烁着青、黄、红颜色的灯火。我们就在骑楼下躲雨，看绿色的邮筒孤独地站在街的对面。我白色风衣的大口袋里有一封要寄给在南部的母亲的信。

樱子说她可以撑伞过去帮我寄信。我默默点头，把信交给她。

"谁叫我们只带一把小伞哪。"她微笑着说，一面撑起伞，准备过马路去帮我寄信。从她伞骨滑落下来的小雨点溅在我眼镜玻璃上。

随着一阵拔尖的刹车声，樱子的一生轻轻地飞了起来，缓缓地，飘落在湿冷的街面上，好像一只夜晚的蝴蝶。

虽然是春天，好像已是深秋了。

她只是过马路去帮我寄信。这简单的动作，却要叫我终生难忘了。我缓

点石成金

默读全文，请用简洁的语言概述小说讲述的是一个什么故事？

阅读第 1 段思考：本段主要描写了什么，这样描写有何作用？

阅读 2、3 段，找出描写樱子热情、温柔、善良、体贴的语句，体会细节描写的作用。

前 3 段作为第一部分，为全文定下了悲剧的基调，抓住了一个什么字写出了悲剧的起因？

仔细阅读第 4 段，你发现本段写车祸有何特点？

春天本是生机盎然、无限美好的，却说它仿佛像枯寂的秋天，是为了凸显作者怎样的心情？

缓睁开眼，茫然站在骑楼下，眼里裹着滚烫的泪水。世上所有的车子都停了下来，人潮涌向马路中央。没有人知道那躺在街面的，就是我的蝴蝶。这时她只离我五米，竟是那么遥远。更大的雨点溅在我的眼镜上，溅到我的生命里来。

为什么呢？只带一把雨伞？

然而我又看到樱子穿着白色的风衣，撑着伞，静静地过马路了。她是要帮我寄信的，那，那是一封写给在南部母亲的信。我茫然站在骑楼下，我又看到永远的樱子走到街心。其实雨下得并不大，却是一生一世中最大的一场雨。而那封信是这样写的，年轻的樱子知不知道呢？

"妈：我打算下个月和樱子结婚。"

第6段中的"更大的雨点"是一语双关的手法，你能说出有哪两方面的含义吗？

两个问句结束小说的第二部分，表达了"我"怎样的情感？

第8段再次描写樱子外貌和撑伞过马路的动作有什么作用？

你能说出"却是一生一世中最大的一场雨"的含义吗？

小说不仅以"雨"收尾，还点明了信的内容，这样构思的艺术效果是什么？

 我手我心

爱一个人不一定要拥有，但拥有一个人就一定要好好地去爱。结合课文谈谈你对人间真爱的理解。

 学海拾贝

(1) 课文中我最喜欢的词语：_____
(2) 课文中我最喜欢的一个语段：_____

 牛刀初试

(1) 文章在回忆时，"雨"象征什么，樱子死后的"雨"象征什么？
_____
_____

(2)《永远的蝴蝶》这个标题蕴含着什么意思？
_____
_____

 推窗望月

在对的时间，遇到对的人，是一生幸福；
在对的时间，遇到错的人，是一场伤心；
在错的时间，遇到错的人，是一场荒唐；
在错的时间，遇到对的人，是一声叹息。

任务十二 藏　　者

贾平凹

山高为峰

（1）了解小小说的写作特点；
（2）学习人物描写方法；
（3）体会作者借故事所表达的思想情感。

阅读导航

本文是一篇优美的短篇小说。小说通过"我"的观察与活动来叙写主人公，给人耳目一新的感觉。层层推进的情节，令读者不自觉陷入作者布下的局，直到主角妻子的抱怨，一个真正"藏者"的形象才跃然纸上。收藏书画古董却不为书画古董所累的故事，表现了生命的美丽在于过程，在于追求的热情、执著和真诚。

贾平凹（1952—　），原名贾平娃，陕西丹凤人。全国政协委员，陕西省作家协会主席，中国作家协会第八届主席团委员，第七届茅盾文学奖获得者。

我有一个朋友，是外地人。一个月两个月就来一次电话，我问他在哪儿，他说在你家楼下，你有空没空？不速而至，偏偏有礼貌，我不见他也没了办法。

他的脸长，颧骨高，原本是强项角色，却一身的橡皮，你夸他，损他，甚至骂他，他都是笑。这样的好脾气像清澈见底的湖水，你一走进去，它就把你淹了。

我的缺点是太爱吃茶，每年春天，清明未到，他就把茶送来，大致五斤至十斤。给他钱，他是不收的，只要字，一斤茶一个字，而且是一张纸上写一个字。我把这些茶装在专门的冰箱里，招待天南海北的客人，没有不称道的。这时候，我就觉得我是不是给他写的字少了？

到了冬天，他就穿着那件宽大的皮夹克来了。皮夹克总是拉着拉链，他从里边掏出一张拓片给我显摆。我要的时候，他偏不给，我决定不要了，他却说送你吧，还有同样的一张，你在上边题个款吧。我题过了，他又从皮夹克里掏出一张，比以前一张更好，我便写一幅字要换。才换了，他又从皮夹克里掏出一张。我突然把他抱住，拉开了拉链，里边竟还有三四张，一张比一张精彩，接下来倒是我写好字去央求他了。整个一晌，我愉快地和他争闹，待他走了，就大觉后悔，我的字是很能变做钱的，却成了一头牛，被他一小勺一小勺巧妙吃了。

有一日与一帮书画家闲聊，说起了他，大家竟与他熟，都如此地被他打劫了许多书画，骂道：这贼东西！却又说：他几时来啊，有一月半不见！

我去过他家一次，要瞧瞧他一共收藏了多少古董字画，但他家里仅有可怜的几张。问他是不是做字画买卖，他老婆抱怨不迭：他若能存一万元钱，我就烧高香了！他就是千辛万苦地采买茶叶，收集本地一些碑刻和画像拓片，到西安的书画家那里嘻嘻哈哈地换取书画，又慷慷慨慨地分送给另一些朋友。他生活需要钱却不为钱所累，他酷爱字画亦不做字画之奴，他是真正的字画爱好者和收藏者。

真正的爱好者和收藏者是不把所爱之物和藏品藏于家中而是藏于眼中，凡是收藏文物古董的其实都是被文物古董所收藏。人活着最大的目的是为了死，而最大的意义却在生到死的过程中。朋友被朋友们骂着又爱着，是因为他的真诚和有趣。

自 我 介 绍

在社交活动中，互不相识的人总免不了作自我介绍。自我介绍是用语言或文字向他人展示自己的一个重要时刻，是每一个职场中人都必然要经历的一个重要环节，是日常学习工作中与陌生人建立关系、打开局面的一种非常重要的交际艺术。因此我们有必要学习自我介绍的相关知识。通过练习，达到通过自我介绍得到对方认识或认可的目的。

 典型案例

开学初，中职计算机一班班主任为了让同学们相互认识了解，利用周三班会时间，在班上组织了"认识你我他"的主题班会，有一位同学是这样介绍自己的。

老师好、同学们好：

我与孙悟空同姓，与大作家丁玲同名。

年龄已到二八年华。

说到模样，应该大家比我清楚。他们说：远看像爸爸，近看像妈妈。总评是美丽而不动人。

我的优点，爸爸说："爱劳动，人缘好，一放假，比她大的小的都跑到家里找她玩，像个蜂王。"妈妈说："爱整洁，讲卫生，不挑食，体贴人，这优点来之不易，是细条子教出来的。"老师说："语文成绩好，聪明，点子多，是班上搞活动的军师，是班主任的左膀右臂。"同学们说："喜欢唱歌，歌声动听；喜欢讲故事，幽默，喜欢交友，真诚，和她同窗，缘分啊！"

我的兴趣爱好比较广泛，琴棋书画会而不精，读课外书和上网玩游戏是我的最爱。

我的缺点多于优点，除了老师的评语"上课不专心，严重偏科，有点骄傲自满"以外，爸爸还给我总结了"学习要用鞭子抽，脑子聪明不中用"的特点。

苦海无涯，回头是岸；亡羊补牢，为时不晚。今天我向老师、同学们保证，改正缺点，自觉认真地学好计算机专业知识，掌握专业技能，三年后做比尔·盖茨的徒弟的徒弟的徒弟。请老师、同学们帮助我，监督我。

谢谢！

【案例分析】　孙玲同学介绍自己，采用了近乎列表式的方法，不仅简单明了，而且条理清晰，语言幽默，颇具特色。在妥善处理内容详略上，做到了基本情况略说、缺点略说、优点详说。给听众留下逻辑严密、言简意赅、风趣幽默的深刻印象。

 技能技巧

自我介绍是表现自己的一次极好机会，把握机会的关键是懂得讲究介绍的技能技巧。自我介绍的技能可以从以下四个方面进行训练，进而达到熟能生巧。

（1）用真诚的态度和彬彬有礼的语言作自我介绍。恰当的尊称，适宜的谦辞，敬语的运用，能够营造谦和有礼的气氛，给听者留下美好的第一印象。

（2）善于用自己的笑容和眼神表达自己的友善、关怀及渴望沟通的心情。眼睛是心灵的窗户，真诚的眼神，有时会胜过千言万语，在一瞬间拉近彼此的距离。尤其是你有一双美丽动人、脉脉含情的大眼睛时。

（3）明确自我介绍的内容和顺序。自我介绍通常首先介绍自己的基本情况，包括姓名、年龄、籍贯、学历、简历等；其次重点介绍自己突出的成绩、优点和特长，最好是通过自己做过什么、取得什么来验证，增强可信度；再次介绍自己的性格和兴趣爱好；最后概述自己的缺点和愿望等。

（4）落实自我介绍的基本要求。自我介绍时要有诉求的重点，即你介绍的正好是别人想知道的。具体要求是：内容客观、真实，重点突出，富有个性；语言简洁、明白，语速适当；礼貌得体，落落大方，充满自信。

 实战练习

全班分成四个小组进行自我介绍任务分解练习。
（1）一小组：介绍自己的基本情况。
（2）二小组：介绍自己的成绩、优点和特长。
（3）三小组：介绍自己的性格和兴趣爱好。
（4）四小组：介绍自己的缺点和愿望。

 实践活动

认识自我　悦纳自我

——一分钟自我介绍

 活动目的

（1）促进同学们快速相识相知，培养正确认识和评价自己的品质。
（2）创设介绍自己的环境，提高口头表达能力，促进交流合作，培养责任感。

 活动流程

一、活动准备

（1）收集整理个人资料：搜集自我介绍方法和案例——确定自我介绍范围——筛选自我介绍材料——拟写自我介绍提纲——撰写自我介绍演讲稿——修改并熟悉演讲稿。
（2）秘书组分工情况：秘书撰写活动规则——主持人撰写主持词——班长撰写活动总结发言稿。

二、分组活动

（1）小组活动（全班分 6 个组）：交流自我介绍方法——交流自我介绍——评议自我介绍——集体修改自我介绍。

（2）秘书组活动：交流准备材料——评议材料——修改并熟悉材料。

三、班集体活动

一分钟自我介绍活动程序：主持人开场白——宣读活动规则——一分钟自我介绍——班长作活动小结——教师评价。

四、成果展示

汇编《××班自我介绍专辑》。

单元练习

第一部分　书　　写

请将"旧书不厌百回读，熟读深思子自知。"写在书写格内。

第二部分　基础知识与语言运用

一、选择题

1. 下列加点字的读音全部正确的一组是（　　）

   A. 蹩进（bié）　　峰峦（lán）　　勾当（gòu）　　短小精悍（hàn）

   B. 札记（zhá）　　租赁（lìn）　　俯瞰（kān）　　数见不鲜（shù）

   C. 湍急（chuān）　发酵（xiào）　　谛听（dì）　　为人处世（chǔ）

   D. 模样（mú）　　遏制（è）　　祖护（tǎn）　　含情脉脉（mò）

2. 下列各组词语中没有错别字的一项是（　　）

   A. 松弛　　晌午　　硝烟　　计日程功

   B. 真缔　　辐射　　出奇不意　　卑躬屈膝

   C. 脉膊　　沉湎　　杀戮　　膛目结舌

   D. 囊括　　暮蔼　　袅娜　　再接再励

3. 选出标点正确的一句（　　）

   A. 山海关，这号称天下"第一关"的山海关！

B. 山海关，这号称："天下第一关"的山海关！
C. 山海关，这号称"天下第一关"的山海关！
D. 山海关！这号称"天下第一关"的山海关！

4. 依次填入下列各句横线上的词，最恰当的一组是（　　）

①前两年，他还到四川谷地_____，一天内攀登了500米高的山岭。
②必须坚决打击不法商人制假贩假，_____暴利的犯罪行为。
③他把分散在各处的资料卡片_____在一起，加以分类，使用起来非常方便。
④这样做_____稳妥，但是太费事，太耗时间。

A. 考查、牟取、收集、固然　　B. 考察、谋取、搜集、虽然
C. 考查、谋取、搜集、虽然　　D. 考察、牟取、收集、固然

5. 下边横线处应填的关联词语恰当的一组是（　　）

有些批评家说，中国的文人学士，_____是诗人，_____带着浓厚的颓废色彩，_____中国的诗文里，赞颂秋的文字特别多。

A. 虽然　却　所以　　B. 如果　都　因为
C. 即使　也　因为　　D. 尤其　都　所以

6. 下列各句中，加点的成语使用恰当的一句是（　　）
A. 近年来，我国的城市"夜景观"建设琳琅满目，发展十分迅速。
B. 我们都司空见惯了那种"违者罚款"的告示牌。
C. 他在外地工作二十多年，直到今年才回到家乡，享受天伦之乐。
D. 今天天气真好，我们在操场上真有如沐春风之感。

7. 下列句子没有语病的一句是（　　）
A. 在常规能源中，水电的优越性是无可比拟的、取之不竭的再生能源。
B. 新物总是给人以一种惊喜，旧物却如细软悠长的棉线，平凡朴素，一旦被其纠缠就会在心头绕成结，很难解开。
C. 摇滚乐那强烈快速的节奏和迷离闪烁的灯光效果，让人看得眼花缭乱。
D. 经过老主任再三解释，才使他怒气逐渐平息，最后脸上勉强露出了笑容。

8. 关于"说服"的说法，错误的选项是（　　）
A. 说服要掌握重点和难点。
B. 说服要掌握对方的心理。
C. 说服就是要对方接受自己的观点，不说点假话是难以让对方接受的。
D. 说服要建立信任的关系。

9. 下列各句中，修辞手法不同于其他三句的是（　　）

A. 崇高的友谊是人生乐章的一个音符，没有它，不成曲调。

B. 冯志汉说出的话能冲倒一堵墙，一点弯也不知道拐。

C. 一见家乡的美酒，还没等开瓶，他的心就先醉了几分。

D. 巴掌大的地方，你叫我怎么跳舞？

10. 下面文学常识的表述，正确的一项是（　　）

A.《呐喊》是鲁迅的第一部小说集，《祝福》就选自《呐喊》。

B.《史记》是我国第一部编年体史书，作者司马迁是西汉人。

C.《诗经》是我国第一部诗歌总集，它的艺术表现手法分为风、雅、颂。

D.《劝学》是《荀子》的第一篇，作者荀况是战国时期思想家。

二、填空题

11. 唐代大诗人中，小李杜是指_____和_____。

12. 人生如梦，_____。

13. 锲而舍之，_____；锲而不舍，_____。

14. 微风过处，_____，仿佛远处高楼上渺茫的歌声似的。

第三部分　现代文阅读

一、阅读下面的文字，完成后面题目。

秋天，无论在什么地方的秋天，总是好的；可是啊，北国的秋，却特别地来得清，来得静，来得悲凉。我的不远千里，要从杭州赶上青岛，更要从青岛赶上北平来的理由，也不过想尝一尝这"秋"，这故都的秋味。

江南，秋当然也是有的；但草木凋得慢，空气来得润，天的颜色显得淡，并且又时常多雨而少风；一个人夹在苏州上海杭州，或厦门香港广州的市民中间，混混沌沌地过去，只能感到一点点清凉，秋的味，秋的色，秋的意境与姿态，总是看不饱，尝不透，赏玩不到十足。秋并不是名花，也并不是美酒，那一种半开半醉的状态，在领略秋的过程上，是不合适的。

15. 作者不远千里，赶到北平的理由是_____。

16. 故都的秋的特点是_____，江南的秋的特点是_____。

17. 作者写江南之秋的目的是_____。

二、阅读下面的文字，完成后面习题。

美丽如初

月色皎洁，一如闪亮的白绸，宁静而安详地弥漫。我握着母亲的手站在街口，等放晚学的弟弟归家。并不冷，然而街静人空，我等得焦急不耐，母亲却等得耐心又耐心，遥望着那条很宽很白的路，母亲说："一直这样等，惯了。"我的心悚然一动，目光在母亲单薄的身影里模糊了。

我也曾让母亲这样地等待过,并不是小的时候,女儿大了,反而更让母亲牵挂。那些个月朗星稀的夜晚,和学友们一路高歌神侃地回家,一个人转进僻静的街口,却望见母亲的衣衫和着树影飘动,一样的迷离,心忽地跳快了,跑过去,却只叫了一声"妈妈!"母亲也不说什么,很欣慰地笑着,拍拍我的手,一起走回家去。

而今我去了异地,只在假期里归来,母亲的身影却依然准时地站在街口树下,等待不久也要离家求学的弟弟。我忽然很羡慕母亲,可以把那么深沉的爱包容在静静的等待中。

清脆的铃声响过来,弟笑嘻嘻立在我和母亲面前:"妈!姐!""怎么才回来,让妈等那么久?"我半是欢喜半是埋怨。"回家吧!"母亲还是那么欣慰地笑着,拍拍弟的手。弟冲我做个鬼脸。看弟高大的身影在母亲的身边,我忽然觉得失去了什么,起航的船只能留恋温暖的港湾,却不能永远停泊。

返校之前,母亲安静地替我整理行囊,见我跟着她走来走去,却不开口,母亲说:"从前你外婆也是这样送我走。"啊,我默默地望着母亲,仿佛看见外婆的双手在忙碌。我忽然明白了,从前外婆一定也曾站在街口,等母亲回家,就像母亲今天等我们回家,而我也会有那么一天,让深深的爱溶在等待中。

眼前晃动着月光里母亲静立的身影,才知道不论经过什么,我记忆中的那些夜晚永远美丽如初。

18. 文章首段的景物描写写出了景物什么特点?在文中主要起什么作用?

答:(1) _____
(2) _____

19. 第4段中写到,"我忽然觉得失去了什么","我"觉得失去了什么呢?

_____

20. 首段中,在等放晚学的弟弟时,为什么我会"等得焦急不耐",母亲却"等得耐心又耐心"?

_____

21. 纵观全文,(1)写出在全文结构上与末段中"眼前晃动着月光里母亲静立的身影"这个句子相呼应的一句话。(2)说说为什么"我记忆中的那些夜晚永远美丽如初"?

答：(1) _____
　　(2) _____

第四部分　写　作

22. 以"理解"为话题写一篇文章，题目自拟，文体自选，立意自定，不少于 600 字。

项目四

兴趣与爱好

  主题描述

兴趣与爱好，是一个人力求认识、研究、获得某种事物的稳定倾向。爱因斯坦说："兴趣是最好的老师。"这就是说一个人一旦对某事物有了浓厚的兴趣，就会主动去求知、去探索、去实践，并在求知、探索、实践中产生愉快的情绪和获得成功的体验。如牛顿对苹果落地产生兴趣，创立了"万有引力"学说，瓦特对壶水沸腾产生兴趣，发明了蒸汽机。

本项目选取了 4 篇有关兴趣与爱好的作品，通过古今中外名人成长，诠释了兴趣与爱好的意义。《谈兴趣》告诉我们兴趣是成功的钥匙。《讲故事的人》让我们从著名作家莫言所讲述的爱听故事、爱讲故事、爱写故事到登上诺贝尔文学奖殿堂的故事中领悟到了普通人成功的秘诀：珍惜和培养自己的兴趣爱好，克服困难，执著追求，就能实现自己的奋斗目标。《张衡少年趣事》讲述张衡少年时对天体现象好奇、好问、好学的三个趣味故事，说明了一个道理：兴趣是最好的老师。《大发明家爱迪生》较全面地介绍了爱迪生的成长和发明创造。他的发明创造离不开他的兴趣爱好，他的发明创造，告诉世人一个真理：成功＝99％的汗水＋1％的灵感。

本项目口语交际的内容是"赞美他人"。

本项目实践活动是"有一种神奇的力量叫做赞美——艺术地赞美他人竞赛"。

 知识目标

（1）学习议论文的结构和论证方法；
（2）明确围绕中心论点展开论证；
（3）体会并吸收作品的思想观念。

 能力目标

（1）能够阅读理解、分析议论文；
（2）掌握提炼文章主旨的技巧和方法；
（3）会委婉地赞美他人，会用几件事写一个人物。

任务十三　谈　兴　趣

佚　名

（1）学习本文总分总的写作结构；
（2）理清作者围绕中心论点展开论证的思路；
（3）明确培养兴趣的意义。

本文是一篇通俗易懂的议论文，文章围绕"兴趣是成功的钥匙"这一中心论点，层层深入地展开论述。学习的重点是理清文章的结构，明确论证方法的运用。理解作品阐述的道理：兴趣在于培养，兴趣和成功之间具有必然的联系，兴趣以成功为指导，成功以兴趣为动力；兴趣孕育成功，成功刺激兴趣。

点石成金

齐读本段，思考：本文的中心论点是什么？

本段列举小孩对堆积木产生兴趣的例子是为了证明什么观点？

本段运用了什么论证方法论证兴趣的重要性？

本段引用孔子和林肯的话是为了论述一个什么观点？

　　兴趣是人获得成功的先决条件，无论做什么事，要想做得好，一定得对该事有浓厚的兴趣。有人说，兴趣是成功的钥匙，一点也不假。

　　小孩子堆积木，在我们看来无聊得很，可是他们塌了又堆，堆好了又塌，往往堆上千百回，可以耗上大半天的时间，也不觉得疲倦。在你看来是毫无意义的事，他却心神专注，玩得兴致淋漓，这没有别的理由，因为兴趣使他入神而已。

　　我们要成功做一件事，也少不了兴趣。做一件事，智慧和才能固然重要，如果没有兴趣，勉强去做，毅力和信心得不到热情的支持，一旦遇到困难，就会放弃；相反，如果有浓厚的兴趣，不管遇到多大的困难，由热情支持信心，由信心产生勇气和毅力。再大的困难，也可以凭勇气和毅力来克服，到达成功的彼岸。

　　为学更需要兴趣，孔子曾说："知之者不如好之者，好之者不如乐之者。"我们都知道为学的重要，唯有喜好念书，对为学有兴趣的人，才能专心致志，学而不倦。有人曾问林肯："先生，您怎么这么好学？"林肯笑着回答："没什么，只是兴趣而已。"

兴趣不是一时兴起，绝非凭空而得，它总是潜伏在努力工作中。只有我们主动去挖掘它，才能理解它的好处。打个比方，同学们最头疼的就是数学了，在演算的时候，遇到不解的难题，就会觉得兴致索然，如果这样就放弃，便会自绝兴趣。如果不轻言放弃，发现要领，懂得演算的方法后，难题一旦迎刃而解，兴趣便会油然而生。无论哪一门学科，不要埋怨它烦躁乏味，因为兴趣靠我们自己去寻找。

用简洁的语言概括本段的主要内容。

兴趣是我们最真挚的朋友。

文章最后一句话在全文有何作用？

学海拾贝

根据课文内容，在横线中填写相关词句。
(1) 无论哪一门学科，不要埋怨它烦躁乏味，因为＿＿＿＿＿＿寻找。
(2) 兴趣是我们＿＿＿＿＿＿朋友。
(3) 兴趣是人获得成功的＿＿＿＿＿条件。
(4) 兴趣是成功的＿＿＿＿＿。

牛刀初试

(1) 用简洁的语言概括文章的主旨。

(2) 总结文章的论证结构和论证方法。

推窗望月

读名人谈兴趣语录，仿写一句自己的名言。

工作有了浓厚的兴趣，遇到困难、挫折，才能顽强攻克，百折不挠。
——童第周

兴趣是指挥我们行动的上帝。——乔治·萨顿

有重要的独创性贡献的科学家，常常是兴趣广泛的人。——贝弗里奇

兴趣是最好的老师。——爱因斯坦

仿写：＿＿＿＿＿＿＿＿＿＿＿＿＿＿＿＿＿＿＿＿

任务十四　讲故事的人（节选）

莫　言

 山高为峰

（1）学习和欣赏演讲词的结构及语言特色；
（2）理解不厌其烦地讲故事的意义；
（3）领悟作者成功的真谛，激发对个人爱好和兴趣的培养。

 阅读导航

本文是我国著名作家莫言获诺贝尔文学奖时在瑞典学院的演讲词。作品追忆了母亲对"我"的教育和影响，回顾了兴趣和爱好使之走上文学创作之路并取得成就的过程，采用了与听众讲述多个意味深长故事的形式，突出"讲故事的人"这一演说主题。

阅读课文，明确母亲对"我"的成长有哪些影响，"我"对文学创作的实质有怎样的认知？

点石成金

阅读课文回答问题：

第 1 个故事讲"我感到，我的母亲是大地的一部分"，这句话对下文有什么作用？

墓穴（mù xué）

阅读第 2 个故事，谈谈你对母亲"长长叹息"的理解。

尊敬的瑞典学院各位院士，女士们、先生们：

通过电视或者网络，我想在座的各位，对遥远的高密东北乡，已经有了或多或少的了解，你们也许看到了我的九十岁的老父亲，看到了我的哥哥姐姐我的妻子女儿和我的一岁零四个月的外孙女。但有一个我此刻最想念的人，我的母亲，你们永远无法看到了。我获奖后，很多人分享了我的光荣，但我的母亲却无法分享了。

我母亲生于1922年，卒于1994年，她的骨灰，埋葬在村庄东边的桃园里。去年，一条铁路要从那儿穿过，我们不得不将她的坟墓迁移到距离村子更远的地方。掘开坟墓后，我们看到，棺木已经腐朽，母亲的骨殖，已经与泥土混为一体。我们只好象征性地挖起一些泥土，移到新的墓穴里，也就是从那一时刻起，我感到，我的母亲是大地的一部分，我站在大地上的诉说，就是对母亲的诉说。

我是我母亲最小的孩子。

我记忆中最早的一件事，是提着家里唯一的一把热水瓶去公共食堂打开水。因为饥饿无力，失手将热水瓶打碎，我吓得要命，钻进草垛，一天没敢出来。傍晚的时候，我听到母亲呼唤我的乳名。我从草垛里钻出来，以为会受到打骂，但母亲没有打我也没有骂我，只是抚摸着我的头，口中发出长长的叹息。

我记忆中最痛苦的一件事，就是跟随着母亲去集体的地里捡麦穗，看守麦田的人来了，捡麦穗的人纷纷逃跑，我母亲是小脚，跑不快，被捉住，那个身材高大的看守人搧了她一个耳光。她摇晃着身体跌倒在地。看守人没收了我们捡到的麦穗，吹着口哨扬长而去。我母亲嘴角流血，坐在地上，脸上那种绝望的神情让我终生难忘，多年之后，当那个看麦田的人成为一个白发苍苍的老人，在集市上与我相逢，我冲上去想找他报仇，母亲拉住了我，平静地对我说："儿子，那个打我的人，与这个老人，并不是一个人。"

> 阅读第3个故事，说说"我"真的认错了人吗，为什么？

我记得最深刻的一件事是一个中秋节的中午，我们家难得地包了一顿饺子，每人只有一碗。正当我们吃饺子时，一个乞讨的老人，来到了我们家门口，我端起半碗红薯干打发他，他却愤愤不平地说："我是一个老人，你们吃饺子，却让我吃红薯干，你们的心是怎么长的？"我气急败坏地说："我们一年也吃不了几次饺子，一人一小碗，连半饱都吃不了！给你红薯干就不错了，你要就要，不要就滚！"母亲训斥了我，然后端起她那半碗饺子，倒进老人碗里。

> 在第4个故事中母亲是怎样通过自己的言行对"我"进行教育？

我最后悔的一件事，就是跟着母亲去卖白菜，有意无意地多算了一位买白菜的老人一毛钱。算完钱我就去了学校。当我放学回家时，看到很少流泪的母亲泪流满面。母亲并没有骂我，只是轻轻地说："儿子，你让娘丢了脸。"

> 在第5个故事中为什么说这是"我"最后悔的一件事？

我十几岁时，母亲患了严重的肺病，饥饿，病痛，劳累，使我们这个家庭陷入困境，看不到光明和希望。我产生了一种强烈的不祥之感，以为母亲随时都会自寻短见。每当我劳动归来，一进大门，就高喊母亲，听到她的回应，心中才感到一块石头落了地。如果一时听不到她的回应，我就心惊胆战，跑到厨房和磨坊里寻找。有一次，找遍了所有的房间也没有见到母亲的身影，我便坐在院子里大哭，这时，母亲背着一捆柴草从外边走进来。她对我的哭很不满，但我又不能对她说出我的担忧。母亲看透我的心思，她说："孩子，你放心，尽管我活着没有一点乐趣，但只要阎王爷不叫我，我是不会去的。"

> 第6个故事中母亲的话让"我"明白了什么？

我生来相貌丑陋，村子里很多人当面嘲笑我，学校里有几个性格霸蛮的同学甚至为此打我。我回家痛哭，母亲对我说："儿子，你不丑。你不缺鼻子缺眼，四肢健全，丑在哪里？而且，只要你心存善良，多做好事，即便是丑，也能变美。"后来我进入城市，有一些很有文化的人依然在背后甚至当面嘲弄我的相貌，我想起了母亲的话，便心平气和地向他们道歉。

> 丑陋（chǒu lòu）
> 第7个故事中母亲的话对"我"以后做人有什么样的影响？

第8个故事是对母亲的赞美，你认为它赞美了母亲的什么品质？

我母亲不识字，但对识字的人十分敬重。我们家生活困难，经常吃了上顿没下顿，但只要我对她提出买书买文具的要求，她总是会满足我。她是个勤劳的人，讨厌懒惰的孩子，但只要是我因为看书耽误了干活，她从来没批评过我。

第9个故事是关于说书人的故事，莫言从说书人那里获得了第一次编造故事和讲述故事的机会，是他创作的起源。但是，更重要的是，母亲对儿子讲故事的态度发生了变化，这变化说明了什么？

有一段时间，集市上来了一个说书人。我偷偷地跑去听书，忘记了她分配给我的活儿。为此，母亲批评了我。晚上，当她就着一盏小油灯为家人赶制棉衣时，我忍不住地将白天从说书人那里听来的故事复述给她听，起初她有些不耐烦，因为在她心目中，说书人都是油嘴滑舌、不务正业的人，从他们嘴里，冒不出什么好话来。但我复述的故事，渐渐地吸引了她。以后每逢集日，她便不再给我排活儿，默许我去集上听书。为了报答母亲的恩情，也为了向她炫耀我的记忆力，我会把白天听到的故事，绘声绘色地讲给她听。

很快的，我就不满足复述说书人讲的故事了，我在复述的过程中，不断地添油加醋。我会投我母亲所好，编造一些情节，有时候甚至改变故事的结局。我的听众，也不仅仅是我的母亲，连我的姐姐，我的婶婶，我的奶奶，都成为我的听众。我母亲在听完我的故事后，有时会忧心忡忡地，像是对我说，又像是自言自语："儿啊，你长大后会成为一个什么人呢？难道要靠耍贫嘴吃饭吗？"

读了本段话，你能用一句话概括莫言成功的原因吗？

我理解母亲的担忧，因为在村子里，一个贫嘴的孩子，是招人厌烦的，有时候还会给自己和家庭带来麻烦，我在小说《牛》里所写的那个因为话多被村里人厌恶的孩子，就有我童年时的影子。我母亲经常提醒我少说话，她希望我能做一个沉默寡言、安稳大方的孩子。但在我身上，却显露出极强的说话能力和极大的说话欲望，这无疑是极大的危险，但我的说故事的能力，又带给了她愉悦，这使她陷入深深的矛盾之中。

俗话说"江山易改，本性难移"，尽管有我父母亲的谆谆教导，但我并没改掉我喜欢说话的天性，这使得我的名字"莫言"，很像对自己的讽刺。

小结：演讲的第一个部分，讲母亲对"我"的影响，闪烁着教子的智慧。

第10个故事讲"我"小学未毕业就辍学放牛羊。孤独和寂寞的自然环境陪伴着"我"，却培养了"我"的文学创造能力，你认为培养了哪些创造能力？

我小学未毕业即辍学，因为年幼体弱，干不了重活，只好到荒草滩上去放牧牛羊。当我牵着牛羊从学校门前路过，看到昔日的同学在校园里打打闹闹，我心中充满悲凉，深深地体会到一个人哪怕是一个孩子离开群体后的痛苦。

到了荒滩上，我把牛羊放开，让它们自己吃草。蓝天如海，草地一望无际，周围看不到一个人影，没有人的声音，只有鸟儿在天上鸣叫。

我感到很孤独，很寂寞，心里空空荡荡。有时候，我躺在草地上，望着天上懒洋洋地飘动着的白云，脑海里便浮现出许多莫名其妙的幻想。我们那地方流传着许多狐狸变成美女的故事。我幻想着能有一个狐狸变成美女与我来做伴放牛,但她始终没有出现。但有一次,一只火红色的狐狸从我面前的草丛中跳出来时,我被吓得一屁股蹲在地上。狐狸跑没了踪影,我还在那里颤抖。有时候我会蹲在牛的身旁,看着湛蓝的牛眼和牛眼中的我的倒影。有时候我会模仿着鸟儿的叫声试图与天上的鸟儿对话,有时候我会对一棵树诉说心声。但鸟儿不理我,树也不理我。许多年后,当我成为一个小说家,当年的许多幻想,都被我写进了小说。很多人夸我想象力丰富,有一些文学爱好者,希望我能告诉他们培养想象力的秘诀,对此,我只能报以苦笑。

就像中国的先贤老子所说的那样:"福兮祸所伏,祸兮福所倚",我童年辍学,饱受饥饿、孤独、无书可读之苦,但我因此也像我们的前辈作家沈从文那样,及早地开始阅读社会人生这本大书。前面所提到的到集市上去听说书人说书,仅仅是这本大书中的一页。

辍学之后,我混迹于成人之中,开始了"用耳朵阅读"的漫长生涯。二百多年前,我的故乡曾出了一个讲故事的伟大天才蒲松龄,我们村里的许多人,包括我,都是他的传人。我在集体劳动的田间地头,在生产队牛棚马厩,在我爷爷奶奶的热炕头上,甚至在摇摇晃晃地行进着的牛车上,聆听了许许多多神鬼故事,历史传奇,逸闻趣事,这些故事都与当地的自然环境、家族历史紧密联系在一起,使我产生了强烈的现实感。

> 第 11 个故事讲"我"辍学之后,混迹于成人之中,开始了"用耳朵阅读"故事。听家乡的民间故事对"我"的创作,有怎样的意义?
>
> 厩(jiù)

我做梦也想不到有朝一日这些东西会成为我的写作素材,我当时只是一个迷恋故事的孩子,醉心地聆听着人们的讲述。那时我是一个绝对的有神论者,我相信万物都有灵性,我见到一棵大树会肃然起敬。我看到一只鸟会感到它随时会变化成人,我遇到一个陌生人,也会怀疑他是一个动物变化而成。每当夜晚我从生产队的记工房回家时,无边的恐惧便包围了我,为了壮胆,我一边奔跑一边大声歌唱。那时我正处在变声期,嗓音嘶哑,声调难听,我的歌唱,是对我的乡亲们的一种折磨。

我在故乡生活了二十一年,期间离家最远的是乘火车去了一次青岛,还差点迷失在木材厂的巨大木材之间,以至于我母亲问我去青岛看到了什么风景时,我沮丧地告诉她:什么都没看到,只看到了一堆堆的木头。但也就是这次青岛之行,使我产生了想离开故乡到外边去看世界的强烈愿望。

> 第 12 个故事是讲"我"第一次出远门去青岛却什么都没看到的故事。这个故事对我们有何启发?

1976 年 2 月,我应征入伍,背着我母亲卖掉结婚时的首饰帮我购买的四本《中国通史简编》,走出了高密东北乡这个既让我爱又让我恨的地方,开始了我人生的重要时期。我必须承认,如果没有 30 多年来中国社会的巨大发展与进步,如果没有改革开放,也不会有我这样一个作家。

在军营的枯燥生活中,我迎来了八十年代的思想解放和文学热潮,我从一个用耳朵聆听故事,用嘴巴讲述故事的孩子,开始尝试用笔来讲述故事。起初的道路并不平坦,我那时并没有意识到我二十多年的农村生活经验是文

> 第 13 个故事是讲"我"当兵后从一个用耳朵聆听故事,用嘴巴讲述故事的孩子,开始尝试用笔来讲述故事。此时的"我"对文学的理解是什么?

学的富矿。那时我以为文学就是写好人好事,就是写英雄模范,所以,尽管也发表了几篇作品,但文学价值很低。

1984年秋,我考入解放军艺术学院文学系,在我的恩师著名作家徐怀中的启发指导下,我写出了《秋水》、《枯河》、《透明的红萝卜》、《红高粱》等一批中短篇小说。在《秋水》这篇小说里,第一次出现了"高密东北乡"这个字眼,从此,就如同一个四处游荡的农民有了一片土地,我这样一个文学的流浪汉,终于有了一个可以安身立命的场所。我必须承认,在创建我的文学领地"高密东北乡"的过程中,美国的威廉·福克纳和哥伦比亚的加西亚·马尔克斯给了我重要启发。我对他们的阅读并不认真,但他们开天辟地的豪迈精神激励了我,使我明白了一个作家必须要有一块属于自己的地方。一个人在日常生活中应该谦卑退让,但在文学创作中,必须颐指气使,独断专行。我追随在这两位大师身后两年,即意识到,必须尽快地逃离他们,我在一篇文章中写道:他们是两座灼热的火炉,而我是冰块,如果离他们太近,会被他们蒸发掉。根据我的体会,一个作家之所以会受到某一位作家的影响,其根本是因为影响者和被影响者灵魂深处的相似之处。正所谓"心有灵犀一点通"。所以,尽管我没有很好地去读他们的书,但只读过几页,我就明白了他们干了什么,也明白了他们是怎样干的,随即我也就明白了我该干什么和我该怎样干。

我该干的事情其实很简单,那就是用自己的方式,讲自己的故事。我的方式,就是我所熟知的集市说书人的方式,就是我的爷爷奶奶、村里的老人们讲故事的方式。坦率地说,讲述的时候,我没有想到谁会是我的听众,也许我的听众就是那些如我母亲一样的人,也许我的听众就是我自己,我自己的故事,起初就是我的亲身经历,譬如《枯河》中那个遭受痛打的孩子,譬如《透明的红萝卜》中那个自始至终一言不发的孩子,我的确曾因为干过一件错事而受到过父亲的痛打,我也的确曾在桥梁工地上为铁匠师傅拉过风箱。当然,个人的经历无论多么奇特也不可能原封不动地写进小说,小说必须虚构,必须想象,很多朋友说《透明的红萝卜》是我最好的小说,对此我不反驳,也不认同,但我认为《透明的红萝卜》是我的作品中最有象征性、最意味深长的一部。那个浑身漆黑、具有超人的忍受痛苦的能力和超人的感受能力的孩子,是我全部小说的灵魂,尽管在后来的小说里,我写了很多的人物,但没有一个人物,比他更贴近我的灵魂。或者可以说,一个作家所塑造的若干人物中,总有一个领头的,这个沉默的孩子就是一个领头的,他一言不发,但却有力地领导着形形色色的人物,在高密东北乡这个舞台上,尽情地表演。

自己的故事总是有限的,讲完了自己的故事,就必须讲他人的故事。于是,我的亲人们的故事,我的村人们的故事,以及我从老人们口中听到过的祖先们的故事,就像听到集合令的士兵一样,从我的记忆深处涌出来。他们

第14个故事讲恩师徐怀中和美国的威廉·福克纳、哥伦比亚的加西亚·马尔克斯对"我"的文学创作产生的影响。莫言从此明白了什么?

小结:演讲的第二部分,讲"高密东北乡"、恩师、著名作家、改革开放的机遇对莫言文学创作路程的影响。

用期盼的目光看着我,等待着我去写他们。我的爷爷、奶奶、父亲、母亲、哥哥、姐姐、姑姑、叔叔、妻子、女儿,都在我的作品里出现过,还有很多的我们高密东北乡的乡亲,也都在我的小说里露过面。当然,我对他们,都进行了文学化的处理,使他们超越了他们自身,成为文学中的人物。

……

我获得诺贝尔文学奖后,引发了一些争议。起初,我还以为大家争议的对象是我,渐渐地,我感到这个被争议的对象,是一个与我毫不相关的人。我如同一个看戏人,看着众人的表演。我看到那个得奖人身上落满了花朵,也被掷上了石块,泼上了污水,我生怕他被打垮,但他微笑着从花朵和石块中钻出来,擦干净身上的脏水,坦然地站在一边,对着众人说:

> 本段形象生动地阐述了作者正确对待表扬与批评的态度。找出精彩的语句,品味其艺术的表达方法。

对一个作家来说,最好的说话方式是写作。我该说的话都写进了我的作品里,用嘴说出的话随风而散,用笔写出的话永不磨灭。我希望你们能耐心地读一下我的书。

即便你们读了我的书,我也不期望你们能改变对我的看法,世界上还没有一个作家,能让所有的读者都喜欢他。在当今这样的时代里,更是如此。

尽管我什么都不想说,但在今天这样的场合我必须说话,那我就简单地再说几句。

我是一个讲故事的人,我还是要给你们讲故事。

上世纪六十年代,学校里组织我们去参观一个苦难展览,我们在老师的引领下放声大哭,为了能让老师看到我的表现,我舍不得擦去脸上的泪水,我看到有几位同学悄悄地将唾沫抹到脸上冒充泪水,我还看到在一片真哭假哭的同学之间,有一位同学,脸上没有一滴泪,嘴巴里没有一点声音,也没有用手掩面,他睁着眼看着我们,眼睛里流露出惊讶或者是困惑的神情。事后,我向老师报告了这位同学的行为。为此,学校给了这位同学一个警告处分。多年之后,当我因自己的告密向老师忏悔时,老师说,那天来找他说这件事的,有十几个同学。这位同学十几年前就已去世,每当想起他,我就深感歉疚,这件事让我悟到一个道理,那就是:当众人都哭时,应该允许有的人不哭,当哭成为一种表演时,更应该允许有的人不哭。

> 第15个故事在我们生活中也时有发生,作者讲这个故事的目的是什么?

我再讲一个故事:三十多年前,我还在部队工作,有一天晚上,我在办公室看书,有一位老长官推门进来,看了一眼我对面的位置,自言自语道:"噢,没有人?"我随即站起来,高声说:"难道说我不是人吗?"那位老长官被我顶得面红耳赤,尴尬而退,为此事,我洋洋得意了许久,以为自己是个英勇的斗士,但事过多年后,我却为此深感内疚。

> 读第16个故事,概括作者是怎样的一个人?

第 17 个故事既幽默又有讽刺意味，用这个故事结尾具有怎样的艺术效果？

请允许我讲最后一个故事，这是许多年前我爷爷讲给我听过的：有八个外出打工的泥瓦匠，为避一场暴风雨，躲进了一座破庙，外边的雷声一阵紧似一阵，一个个的火球，在庙门外滚来滚去，空中似乎还有吱吱的龙叫声，众人都胆战心惊，面如土色，有一个人说："我们八个人中，必定一个人干过伤天害理的坏事，谁干过坏事，就自己走出庙接受惩罚吧，免得让好人受到牵连。"自然没有人愿意出去，又有人提议道："既然大家都不想出去，那我们就将自己的草帽往外抛吧，谁的草帽被刮出庙门，就说明谁干了坏事，那就请他出去接受惩罚。"于是大家就将自己的草帽往庙门外抛，七个人的草帽被刮回了庙内，只有一个人的草帽被卷了出去，大家就催这个人出去受罚，他自然不愿出去，众人便将他抬起来扔出了庙门，故事的结局我估计大家都猜到了那个人刚被扔出庙门，那座破庙轰然坍塌。

我是一个讲故事的人。

小结：演讲的第三部分，用巧妙的方法与读者沟通，委婉地表达了自己的创作立场。

因为讲故事我获得了诺贝尔文学奖。

我获奖后发生了很多精彩的故事，这些故事，让我坚信真理和正义是存在的。

今后的岁月里，我将继续讲我的故事。

谢谢大家！

 我手我心

有人认为莫言是因为"会讲故事"而成为著名的作家，进而获得诺贝尔文学奖。请结合选文有关内容谈一谈，莫言讲故事的能力是怎样形成的，对你学习语文有何启发？

 学海拾贝

按课文内容完成下面的填空。

（1）我感到很_____，很_____，心里空空荡荡。有时候，我躺在草地上，望着天上_____地飘动着的白云，脑海里便_____出许多莫名其妙的幻想。

（2）我看到那个得奖人身上_____满了花朵，也被_____上了石块，_____上了污水，我生怕他被_____，但他微笑着从花朵和石块中_____出来，_____干净身上的脏水，坦然地_____在一边，对着众人说。

牛刀初试

(1) 回忆作者成长中的故事,可以看出母亲是个怎样的人?
_____
_____

(2) 莫言在演讲中是以故事的形式告诉大家他的成长经历,没有用华丽的装饰来感染听众,却赢得了掌声和鲜花,他是以什么赢得掌声和鲜花的?
_____
_____

(3) 莫言的演讲,以故事为线索贯穿,你能概括出文章的主旨吗?
_____
_____

 推窗望月

读莫言《讲故事的人》有感

最近读了莫言在瑞典学院的演讲词——《讲故事的人》,这篇朴实无华的演讲词里,满含着人生智慧,映见着文学心灵。

在这篇演讲词里,我们看到了莫言孤独、苦难的少年生活。那些凄惨的遭际却让他得以从容穿越20世纪中国的历史和社会。孤独与穷苦,使他沉浸到各种各样的民间传说、历史故事中,滋生了无限的想象力,获得了敏锐体察人生与人性的艺术之心——恰恰是这些,成就了他的文学创作,给他带来了丰富的文学素材与创作灵感。

这篇演讲词通篇讲故事,却通篇都在讲故事之外的世界。拆解恶意的险招,讲述文学内外的驳杂,洞悉人类丰富的心灵,这是莫言的智慧,也给我们带来了启示。

任务十五 张衡少年趣事

星 欣

 山高为峰

(1) 了解散文形散神聚的特点;
(2) 学习围绕中心选材的方法;
(3) 体会故事中作者所表达的思想情感。

阅读导航

本文是一篇通俗易懂的叙事散文,叙述了张衡少年时对天体现象好奇、好问、好学的故事。张衡是我国东汉时期伟大的天文学家,发明了世界上第一台地动仪,第一台漏水转浑天仪,第一台候风仪,为我国天文学的发展作出了不可磨灭的贡献。

学习怎样围绕中心组织素材,安排事件先后顺序的写作方法。从张衡的少年趣事中体会成功者的秘诀。

点石成金

阅读本段概括出张衡的性格特点。

衡(héng)

皎洁(jiǎo jié):明亮而洁白。

阅读第 1 个故事,你认为故事描绘了张衡什么样的品质?

阅读第 2 个故事,我们应该学习张衡怎样的精神?

苍穹(cāng qióng)

傻(shǎ)

张衡少年时天资聪明,态度谦虚,特别喜欢思考问题。他对自然界中的万事万物都充满了兴趣。早上带着露珠的花朵,中午高悬天空的太阳,晚上天空中皎洁的月亮、一闪一闪的星星都让他产生无穷无尽的联想,他总要向爸爸妈妈问个究竟和原由。

一次,他和母亲一起到田野挖野菜。出去的时候,太阳刚刚从东方升起,红艳艳的,煞是可爱。他不经意间看见了自己的影子是那么长。他想,我要是长得像影子那样高大多好哇!不知不觉到了中午,母亲挖了满满一篮子野菜,他跟在母亲后面,一蹦一跳地走着。"咦!影子哪里去了呢?"他惊奇地叫道。低头一看,影子缩成了一团,踩在脚底下。张衡赶忙问母亲这是怎么回事,母亲说这是由于中午到了,太阳升得最高,影子就会变短缩成一团,到了傍晚太阳快要落山的时候,影子还会变长的。

回到家里,张衡一直关注着自己的影子的长度。他发现真的像母亲说的那样:傍晚时分,自己的影子又变得像早晨时那样长。他感觉自己又学到了一点新知识,高兴极了。

一个夏天的晚上,父母带着小张衡一起到打谷场上纳凉,这是人们一天当中最快乐的时光。大人们一边摇着扇子,一边海阔天空地聊天;孩子们则叽叽喳喳地玩得不亦乐乎,一会儿捉迷藏,一会儿过家家。只有张衡一个人不声不响地呆在旁边,望着茫茫夜空,嘴里还小声默念着"一个,两个……"母亲以为他白天跟自己出去累着了,就说:"衡儿,你要是累了就自己回屋里歇着吧,不要愣在那里,像丢了魂似的。"张衡好像没听见,依然站在那里,目不转睛地望着苍穹。

父母见他没吱声,也就不再管他。又过了好一会儿,大人们都困倦了,接二连三地回家睡觉了,他还在那里望着天空。这时,一个大点儿的孩子过来拍了拍他的肩膀,说:"咳!傻了,老瞅着天上干什么,那上边又不会掉金豆子。"张衡这才回过神来,揉一揉酸痛的脖子说:"谁指望天上掉金豆子了,我在数星星。"此语一出,大家都愣住了。"什么,什么,数星星?真新鲜,还有数星星的傻瓜。那我问你,数清了吗?"那位大哥哥问。"我还没有数完呢，不过现在已经数到一千多颗了。"

旁边的一位老爷爷插话道："孩子呀，别数了，天上的星星是数不完的。这些星星无穷无尽，飘忽不定……"张衡却打断老爷爷的话："才不是呢，那一片天空就只有一千多颗，只要我坚持数下去，肯定会数完的。"老爷爷被张衡的执著精神打动了，一下子不知道说什么好。

张衡的父亲赶紧过来打圆场："不许这样跟老爷爷说话。"张衡意识到自己的不对，连忙向老爷爷道歉。但他回过头来，还是想跟父亲辩解一番。父亲早看出他的心思，就说："衡儿，我知道你的想法，但你这样挨个数是不行的。天上的星星分布是有规律的，你要按规律把它们分成一个个星座，这样才会把它们弄清、记住。"

小张衡点了点头，按照父亲说的去做，果然又认识了许多新的星星。

还有一次，少年张衡偶然在一本书名为《冠子》的诗集中发现了一首小诗："斗柄指东，天下皆春；斗柄指南，天下皆夏；斗柄指西，天下皆秋；斗柄指北，天下皆冬。"他不觉心中一动：小时候，奶奶讲北斗星的时候，说凭着它可以辨认方向，并没有说起它和季节有关呀。而这首诗分明是在告诉：北斗星既然能在不同的季节指着不同的方向，那它肯定是在不停地运转着！

> 你觉得第3个故事和前两个故事选材的角度有什么不同？

这个发现使少年张衡兴奋极了。他马上找来几张纸，根据诗中描述的情形，分别画成4张图。从那天开始，只要是晴空，他夜夜都要拿着图站到院里，目不转睛地观测北斗星的运转情况。有时候望着望着，把什么都忘记了，直到东方泛出鱼肚白色，他才猛然发觉，已经站了整整一夜！就这样观察了一年，这个倔强的少年，终于弄清楚了"斗转星移"的道理。原来，北斗星是绕着一个中心转的，每年转一圈。正因为如此，我们四季见到的北斗星的位置才各不相同。接着，他又在书中查到这样一条资料：北斗星绕着转的那个中心，就是北极。北极上空有颗小星，叫做北极星；北斗和其他星都在绕着北极星转。而且，继续观察下去，张衡还发现：即使在同一季节中，北斗星的位置也不完全相同。比如，早春时节，北斗星的斗柄指向东北，而到晚春就指向东南了。

> 第1个故事讲好问，第2个故事讲好思考，第3个故事讲好学习。这三个故事都是围绕一个什么中心选材的？

> 倔强（jué jiàng）

时光荏苒，在浩瀚的书海和有趣的观察实验之中，张衡不知不觉度过了他的少年时代。

> 荏苒（rěn rǎn）：时光渐渐过去。

 学海拾贝

（1）张衡少年时天资_____，态度_____，特别喜欢思考问题。

（2）他对自然界中的万事万物都充满了_____。太阳刚刚从东方升起，_____的，煞是可爱。

牛刀初试

(1) 谈谈对散文形散神聚的理解。
(2) 结合课文故事内容,概括出小张衡的学习品质。

 推窗望月

阅读下面一段文字,猜一猜答案。

2001年5月,美国内华达州的一所中学在入学考试时出了这么一个题目:比尔·盖茨的办公桌有五只带锁的抽屉,分别贴着财富、兴趣、幸福、荣誉、成功五个标签,盖茨总是只带一把钥匙,而把其他的四把锁在抽屉里,请问盖茨带的是哪一把钥匙?其他的四把锁在哪一只或哪几只抽屉里?

任务十六　大发明家爱迪生

丁　园

 山高为峰

(1) 学习本文详略得当的写法;
(2) 学习介绍人物的写作方法;
(3) 体会作者成为大发明家的原动力是兴趣的意义。

 阅读导航

本文是一篇通俗易懂的人物小传,较为详细地介绍了爱迪生少年时的三件趣闻轶事,略写了爱迪生一生的发明创造,彰显了爱迪生对世界科学作出的特殊贡献。学习课文,重点了解爱迪生对人类的巨大贡献有哪些,体会爱迪生的"成功等于百分之九十九的汗水加百分之一的灵感"。理解"兴趣是最好的老师"对我们成长的意义。

爱迪生于1847年2月11日,诞生于美国中西部的俄亥俄州的米兰小市镇。父亲是荷兰人的后裔,母亲曾当过小学教师。爱迪生在8岁时入学读书,因爱提出各种问题惹恼了算术老师,在校只读书3个月就被以头脑愚笨为理由赶出校门,其后在其母亲的教育下自学,对读书和实验产生浓厚兴趣。爱迪生一生共有约两千项创造发明,为人类的文明和进步作出了巨大的贡献。

爱迪生在童年时代就爱动脑筋，好奇心特别强，凡事都爱寻根究底，都要动手试一试。有一次，他看到母鸡在孵蛋，就好奇地问妈妈："母鸡为什么卧在蛋上？"妈妈告诉他"这是在孵小鸡，过一些日子，蛋壳里就会钻出鸡宝宝来。"听了妈妈的话，爱迪生感到新奇极了，他想，母鸡卧在鸡蛋上就能孵出小鸡来，鸡蛋是怎样变成小鸡的呢？人卧在上边行不行？他决定试一试。爱迪生从家里拿来几个鸡蛋，在邻居家找了个僻静的地方，他先搭好一个窝，在下边铺上柔软的茅草，再把鸡蛋摆好，然后就蹲坐在上边，他要亲眼看一看鸡蛋是怎样孵成小鸡的。天快黑下来了，还不见爱迪生回家，家里的人都非常着急，于是到处去找他。找来找去，才在邻居的后院找到了爱迪生。只见他坐在一个草窝上一动也不动，身上、头上沾有不少草叶。家里人见了，又生气又好笑，问他："你在这儿干什么呢？""我在这儿孵蛋啊！"他回答到。"孵什么蛋，快点出来！"爸爸大声呵斥道。

　　妈妈却没有责怪和取笑他，因为她知道这孩子的性格，微笑着说："人的体温没有鸡的体温高，你这样孵是孵不出来的。"爱迪生虽然没有孵出鸡来，但是通过这次孵蛋活动增长了知识。

　　有一次，爱迪生看到鸟儿在天空中自由地飞翔，心想，鸟能飞，人为什么不能飞？能不能给人加上翅膀？他忽然又想到，气球没翅膀也能飞上天，那么在人的身体里充上气行不行？于是找来一种能产生气体的药粉，让一个小伙伴喝了下去，看看他能不能像气球一样飞起来。可是过了一会儿，小伙伴肚子疼了起来，大声哭喊，差点儿送了命。为了这件事，爸爸狠狠揍了他一顿，还说不准他以后搞什么实验了。可是爱迪生还是不服气地说："我不做实验，怎么会知道人能不能飞起来呢？"

　　还有一次，爱迪生看到铁匠将铁在熊熊的烈火中烧红，然后锤打成各式各样的工具时，就晃着大脑袋提出一个又一个问题：火是什么东西？火为什么会燃烧？火为什么这么热？铁在火中被烧之后为什么会发红？铁红了为什么就软了？回到家，小爱迪生在自家的木棚里开始了他最初的实验。他抱来干草，并将其点燃，他想弄明白火究竟是什么。然而，小爱迪生的第一次实验就引来了一场火灾，将家中的木棚烧掉了。邻居们说："这孩子是中邪了，连自家的房子也要放火烧掉！"于是，爱迪生免不了受一阵皮肉之苦。大人们哪里会想到，天真的爱迪生是在做"试验"呀！

　　爱迪生12岁那年，就开始在火车上卖报，他每天赶早班火车到达底特律，然后晚上9点钟再搭晚班火车赶回休伦港。小小年纪的爱迪生之所以上火车卖报，一来他对学校的学习感到枯燥，二来上火车卖报可以积存一笔由自己支配的研究实验资金，利用在底特律下午休息的时间也可到市图书馆阅读众多的科学书籍。12岁的小爱迪生在列车员的帮助下，在行李车厢的一角建了一个属于他自己的小小实验室。直到一次实验中失火，才结束了爱迪生在火车实验室的这段初期的科学实验。

爱迪生在他年仅二十三岁时就做出了他的首项发明——电子投票记录器，这样的仪器没有销路，爱迪生就专心致志地发明他预计能够打入市场的东西。不久，爱迪生发明了一种改进的股票行情自动收录器，以此换取了四万美元，这在当时是一笔巨大的收入。有了这笔实验经费，爱迪生随之做出了一系列发明，很快就名利双收。

他第一个最有创造性的发明是留声机，1877年他获得该项发明的专利权。1879年他发明了一种实用的白炽灯泡，1882年他发现在接近真空状态下，电流可以在彼此不相接触的电线之间通过，这个现象叫做爱迪生效应，它不仅有重大的理论意义，而且有重要的实际应用，促使了真空管和电子工业的创立。同年他的公司在纽约市开始生产家用电，建立了第一家输电公司，爱迪生的灯泡连同他所发明的输电装置一起使普通家庭实现了用电照明，此后电的使用迅速传遍了整个世界。

爱迪生对电影、照相机和放映机的发展也做出了巨大的贡献。他对电话、电报和打字机均做了重要的改进，他还发明了油印机和蓄电池。总计起来，爱迪生获得了一千三百二十八项发明的专利权，他还发明了许多没有申请专利的东西。这些都献给了公众。

爱迪生一生以罕见的热情及惊人的毅力，完成了2000多项发明，人们颂扬他："他虽不发明历史，却为历史锦上添花。"1931年10月18日清晨3时24分，爱迪生带着宽慰的微笑，闭目辞世，享年84岁。临终时他坦然地说："我为人类的幸福，已经尽力了；没有什么可遗憾的了。"

举行葬礼的那天，全美国熄灭电灯一分钟，以示哀悼。这是人们表达对爱迪生无限怀念之情的最隆重的方式，也是人们献给这位伟大发明家的一曲无言的赞歌。

 口语交际

赞 美 他 人

一句不经意的赞美，其实有着哲学的深意。威廉·詹姆士说过："人类本质里最深远的驱动力是希望具有重要性。人类本质中最殷切的需求是渴望得到他人的肯定。"正是这种需求使人区别于其他动物，也正是这种需求，

产生了丰富的人类文化。赞美正是抓住了人性深处的这一"渴望重要"的软肋。

生活在这个市场竞争愈来愈紧张与烦躁的社会中，你是不是总会感到无端的迷惘与不安？你是不是常常会问自己：我们活着是为什么？我们整天如此心力交瘁又是为什么？在迷茫困惑中，倘若旁人奉上一句赞美，哪怕十分简单，也可以让我们释怀。

赞美是一种有效的交际方法，能缩短人与人之间的心理距离；赞美是深交的敲门砖，是处世的一门功课。赞美别人，仿佛用一支火把照亮别人的生活，也照亮自己的心田。学会赞美不仅是张扬美德，更是推动彼此友谊健康地发展的艺术技巧。

 典型案例

（一）

有个笑话，某甲是拍马屁专家，连阎王都知道他的大名，死后见阎王，阎王拍案大怒，说："你为什么专门拍马屁？我最恨这种人！"马屁鬼叩头回答："因为世人都爱拍马屁，不得不如此，可大王公正廉明，明察秋毫，谁敢说半句恭维的话？"阎王听了，连说："是啊是啊，谅你也不敢！"

（二）

有一个小故事，讲甲乙两个猎人，各猎得两只兔子回来，甲的妻子看见了，冷漠地说："你一天只打到两只小野兔，真没用！"甲猎人不高兴地说道："你以为很容易打到吗？"第二天他故意空手回家，让妻子知道打猎是件不容易的事情。乙猎人遇到的则恰恰相反，他的妻子看到他带回了两只兔子，欢天喜地的说："你今天打了两只野兔，真了不起！"乙猎人听了满心喜悦，心想两只算什么，结果第二天他打了四只野兔回来。

【案例分析】 案例（一）委婉地讲出阎王也爱听恭维话，因为马屁鬼讲究了说恭维话的技巧。这个故事告诉我们，世人都爱听恭维话，只不过说恭维话要有分寸，不流于谄媚，做到这样，才能得人欢心。

案例（二）告诉我们一个道理，赞美与指责，表扬与批评产生的效果是截然相反的。要想产生正能量，我们应该学会赞美，多用赞美。

 技能技巧

赞美是一件好事，可赞美绝不是一件易事，因为要讲究一定的技能技巧。赞美技巧主要有四种。

1. 真诚地赞美

真诚地赞美是赞美的先决条件。只有名副其实、发自内心地赞美，才能显示出它的光辉，它的魅力。其一，赞美的内容应该是对方拥有的、真实的，而不是无中生有，更不能将别人的缺陷、不足作为赞美的对象，比如，对一个嘴巴大的人，你夸他："瞧，你的小嘴多可爱！"或对一个胖子说："呀，你多苗条！"这种赞美不但不会换来好感，反而会使人反感，甚而造成彼此间的隔阂、误解。其二，赞美要发自肺腑，情真意切。言不由衷地赞美无疑是一种谄媚，只能招来他人的厌恶和唾弃。

2. 适时地赞美

在交际中把握时机，恰到好处地赞美，是十分重要的。一是当你发现对方有值得赞美的地方，就要善于并及时大胆地赞美，千万不要错过机会。二是在别人成功之时，送上一句赞语，就犹如锦上添花，其价值可"抵万金"。考了好成绩，评上先进，受到奖励……这时，人的心情格外舒畅，如果再能听到一句真诚的夸赞，其欣喜之情可想而知。比如，如果一个人升官了，第一次见到他，一定要用大官的称呼去叫他，用大官的职权去恭维他。同学、同事竞赛得奖了，第一时间恭维他，比如说，你发挥得真好，你真棒！

3. 适度地赞美

赞美的尺度往往直接影响赞美的效果。恰如其分、点到为止的赞美才是真正的赞美。使用过多的华丽辞藻，过度的恭维、空洞的吹捧，只会使对方感到不舒服、不自在，甚至难受、厌恶，结果适得其反。假如你的一位同学歌唱的不错，你对他说："你唱歌真是全世界最动听的。"这样赞美的结果只能使双方都难堪，但若换个说法："你的歌唱的真不错，挺有韵味的。"你的同学一定很高兴，说不定会情不自禁地一展歌喉向你送上一曲呢！所以赞美之言不能滥用，一旦过头变成吹捧，赞美者不但收获不到交际成功的微笑，反而要吞下被置于尴尬地位的苦果。

4. 因人而异地赞美

有特点的赞美比一般化的赞美能收到更好的效果。老年人总希望别人不忘记他"想当年"的业绩与雄风，同其交谈时，可多称赞他引以为豪的过去；对年轻人，不妨语气稍为夸张地赞扬他的创造才能和开创精神，并举出几点实例证明他的确前程似锦；对于经商的人，可称赞他头脑灵活，生财有道；对于有地位的干部，可称赞他为国为民，廉洁清正；对于知识分子，可称赞他知识渊博、宁静淡泊等。当然这一切要依据事实，切不可虚夸。

 实战练习

（1）正确完成下面的赞美语。

好朋友考试成绩进步了赞美他说：_____

同学穿了一件新衣服赞美他说：_____

同学在竞赛中得奖了赞美他说：_____

长得瘦了点赞美他说：_____

长得胖了点赞美他说：_____

穿得整齐赞美他说：_____
穿得随意赞美他说：_____

（2）联欢会上，小君唱了一首《深呼吸》，虽唱得很投入，但是明显跑了调。同学们都鼓掌表示赞美。小明对小君说："你唱得太棒了，简直比雨泉唱得都好。"小明是个很善于赞美他人的人。你同意这个观点吗，为什么？

_____
_____
_____

有一种神奇的力量叫做赞美

——艺术地赞美他人竞赛

活动目的

（1）培养学生组织语言材料的能力，掌握赞美的技巧和方法。
（2）激发学习口语交际的兴趣，提高口头表达能力。

活动流程

一、活动准备

（1）材料准备：按赞美对象搜集资料——制作赞美语卡片——编制赞美他人的赛题。
（2）说话准备：熟悉赞美他人的技巧和方法——熟悉对不同对象的赞美用语。

二、分组活动

小组活动（6个组）：交流赞美语卡片——模拟赞美他人竞赛——推荐参赛代表。

三、班集体活动

班内竞赛——代表评议——教师小结。

四、成果展示

编辑《日常赞美语手册》。

单元练习

第一部分 书 写

请将"天生我材必有用,千金散尽还复来。"写在书写格内。

第二部分 基础知识与语言运用

一、单项选择题

1. 下列加点字的注音完全正确的一项是（   ）

　A. 颤动（chàn）　乘凉（chéng）　点缀（zhuì）　怨气冲天（chòng）

　B. 酣睡（hān）　参差（cī）　袅娜（nuó）　蓊蓊郁郁（wěng）

　C. 爪牙（zhǎo）　提防（tí）　羞涩（sè）　金石可镂（lòu）

　D. 拮据（jū）　纶巾（lún）　憔悴（qiáo）　古陌荒阡（mò）

2. 下列词语没有错别字的一项是（   ）

　A. 惊惶、惊慌失措、急燥、戒骄戒躁

　B. 凄惨、残无人道、规矩、目光如炬

　C. 掎角、掎角之势、蜷缩、两情缱绻

　D. 呆笨、笨口拙舌、水槽、剔除糟粕

3. 下列句子，没有语病的一项是（   ）

　A. 以损人利己手段牟取财富的，无论多少，都是肮脏的，可耻的；而损人利己的致富者，应视为"社会公敌"。

　B. 现在，展现在我们眼前的是各式各样的沙柱，它们在旋转，在移动，在不断产生着难测的变化。

　C. 巍巍长城连绵万里，雄伟壮观。她是我国劳动人民汗水和智慧的结晶，是伟大祖国的天然屏障。

　D. 调查表明，目前学生社会公德意识偏低，大学生状况最差，中学生次之，小学生又次之。

4. 对下列句中的词解释有误的一项是（   ）

　A. 作《师说》以贻之（贻：赠送）

　B. 参差荇菜，左右流之。（参差：长短不齐）

　C. 树色一律是阴阴的，乍看像一团烟雾。（乍看：突然看去）

　D. 斗酒十千恣欢谑。（恣：放纵）

5. 下面的理解和分析，不正确的一项是（   ）

A. 《边城》是沈从文的代表作，寄寓着作者"美"与"爱"的美学理想，是他表现人性美的最突出的作品。

B. 《关雎》用比喻的手法，语言简练而淳朴。如开头"关关雎鸠，在河之洲"诵起来琅琅上口，易于流传。

C. 中国古代戏曲，主要是指元曲和明清传奇。元曲涵盖了散曲和杂剧；同时，宋元时代的"南戏"，也包涵于其中。

D. 词牌是指词的曲调名称。词的题目指填词用的题目，词的分段为上片、下片，或称上阕、下阕，因为一曲便是一阕。

6. 选出对下列句子修辞手法判断无误的一组（   ）

①烹羊宰牛且为乐，会须一饮三百杯。
②微风过处，送来缕缕清香，仿佛远处高楼上渺茫的歌声似的。
③可爱的，我将什么来比拟你呢？我怎么比拟得出呢？
④根，紧握在地下。叶，相触在云里。

A. ①夸张   ②通感   ③反问   ④对偶
B. ①夸张   ②比喻   ③设问   ④顶针
C. ①排比   ②比喻   ③设问   ④对偶
D. ①排比   ②通感   ③反问   ④顶针

7. 下列标语的运用得体的一项是（   ）

A. 某图书馆的门口帖有一则标语：经济搞上去，人口降下来。

B. 某公园前写着：外来人员请到门房登记。

C. 某学校的走廊上写着：学而不思则罔，思而不学则殆。

D. 某机关的墙上写着：春来小草醒，请您绕道行。

8. 美国莱特兄弟于 1903 年 12 月 17 日，驾驶动力飞机成功邀游蓝天。人们为此举行盛大酒会，主持人要莱特兄弟发表演说，兄弟俩再三推辞，主持人执意邀请，哥哥便发表了意味深长的一句话演说：（   ）

A. 据我所知，鸟中最会说话的是鹦鹉，而鹦鹉学舌是被人看不起的。

B. 据我所知，鸟中最会说话的是鹦鹉，而鹦鹉是永远飞不高的。

C. 据我所知，鸟中最会学人说话的是鹦鹉，而鹦鹉是永远不会变成人的。

D. 据我所知，鸟中最会学人说话的是鹦鹉，而鹦鹉是永远说不出人话来的。

9. 下列名句中，表述有误的一项是（   ）

A. 《边城》描绘了一幅由"一个老人，一个女孩，一只黄狗"构成的山村风俗画。

B. 宋词可分为豪放、婉约两大流派，苏轼是豪放派代表，而《念奴娇·赤壁怀古》则是苏轼豪放词的代表作。

C. 《致橡树》是朦胧诗派的代表作之一，是文革后最早的爱情诗。作者席慕容，是朦胧诗派的代表人物。

D.《窦娥冤》全称《感天动地窦娥冤》，写的是窦娥被无赖诬陷，又被官府错判斩刑的冤屈故事。

10. 下列对应用文的表述中，有误的一项是（   ）

A. 请假条的正文要写明请假的原因和请假的时间。
B. 便条中涉及到钱或物品时，数字要用汉字的大写。
C. 从单位或个人处领到钱或物品时，写给发放人的留存单据是领条。
D. 招领启事中要写明物品的数量和特征，以便别人前来认领。

二、填空题

11. ＿＿＿＿＿＿＿＿＿＿，在河之洲。＿＿＿＿＿＿＿＿；君子好逑。
12.《荷塘月色》第五段写的是荷塘上的月色：依次写了月＿＿＿＿＿＿＿、月＿＿＿＿＿＿＿，再写＿＿＿＿＿＿＿与＿＿＿＿＿＿＿。
13. ＿＿＿＿＿＿＿＿，莫使金樽空对月。＿＿＿＿＿＿＿＿，千金散尽还复来。
14.《林黛玉进贾府》节选自＿＿＿＿＿＿＿＿第3回。描写＿＿＿＿＿＿＿第一次进入贾府的情景。
15. 话剧＿＿＿＿＿＿＿＿是曹禺先生的成名作，也是他的代表作。曹禺原名＿＿＿＿＿＿＿。

三、语言运用与表达

16. 在画线部分填上恰当的话，使分号前后内容、句式对应，修辞方法相同。

① 悲观者说，希望是地平线，就算看得见，也永远走不到；
乐观者说，希望是＿＿＿＿＿＿＿＿＿＿，＿＿＿＿＿＿＿＿＿＿。
② 乐观者说，风是帆的伙伴，能把你送到胜利的彼岸；
悲观者说，风是＿＿＿＿＿＿＿＿＿＿，＿＿＿＿＿＿＿＿＿＿。

17. 下面是一条在教师节时一名同学给老师发的短信，表达了对老师的祝福。欣赏后，也请你给你的老师写一则节日短信，要求：感情真挚自然，语言连贯得体，至少使用一种修辞手法。(40字以内)

辛勤的汗水是您无私的奉献，桃李满天下是您最高的荣誉。祝您：节日快乐！

＿＿＿＿＿＿＿＿＿＿＿＿＿＿＿＿＿＿＿＿＿＿＿＿＿＿＿＿＿＿。

18. 根据相应的修辞手法，补充下面的广告语。

(1)"说＿＿＿＿＿＿普通话，做＿＿＿＿＿＿中国人！"推广普通话。(对偶)
(2)"来也＿＿＿＿＿，去也＿＿＿＿＿"厕所讲卫生宣传。(谐音双关)

第三部分　阅　　读

(一) 阅读下列文段，完成19～23题。

①　②的荷塘上面，弥望的是　③　的叶子。叶子出水很高，像　④

的舞女的裙。___⑤___的叶子中间，零星地点缀着些白花，有袅娜地开着的，有羞涩地打着朵儿的；正如一___⑥___的明珠，又如碧天里的星星，又如刚出浴的美人。微风过处，送来___⑦___清香，仿佛远处高楼上渺茫的歌声似的。这时候叶子与花也有一丝的颤动，像闪电般，霎时传过荷塘的那边去了。叶子本是肩并肩___⑧___地挨着，这便宛然有了一道凝碧的波痕。叶子底下是___⑨___的流水，遮住了，不能见一些颜色；而叶子却更见风致了。

19. ①～⑨依次填写的叠字形容词是：_____。
20. 与"弥望的是田田的叶子"中"弥"意义相同的一项是（　　）
　　A. 弥留之际　　B. 欲盖弥彰　　C. 弥天大谎　　D. 弥补过失
21. 把荷叶比作舞女的裙，荷叶给人的感受是（　　）
　　A. 翠绿欲滴　　B. 轻盈飘逸　　C. 舒然展放　　D. 高高耸立
22. 这一段描写荷塘，精彩的一笔是作者敏锐地捕捉并生动地描绘了"微风过处"的景色。下面对微风在这段景物描写中所起的作用进行分析，分析不当的一项是（　　）
　　A. 开头写叶和花的静态，微风过后才写它们的动态，使景色多样化。
　　B. 因微风吹开密密的挨着的叶子，才见到叶子底下脉脉的流水。
　　C. 因微风吹动叶和花，才宛然有了一道凝碧的波痕。
　　D. 因微风送来缕缕清香，才引出远处高楼上渺茫的歌声这个精彩的比喻。
23. 这一节依次写了荷_____、荷_____、荷_____、荷_____。

（二）阅读下列文段，完成24～27题。

贾母这边说声"请"，刘姥姥便站起身来，高声说道："老刘，老刘，食量大如牛；吃个老母猪不抬头！"说完，却鼓着腮帮子，两眼直视，一声不语。众人先还发怔，后来一想，上上下下都哈哈大笑起来。甲撑不住，一口茶都喷出来。乙笑岔了气，伏在桌子上只叫"哎哟！"宝玉滚到贾母怀里，贾母笑的搂着叫"心肝"。王夫人笑得用手指着凤姐儿，却说不出话来。薛姨妈也撑不住，口里的茶喷了探春一裙子。丙的茶碗都合在迎春身上。丁离了座位，拉着他奶母，叫"揉揉肠子"。地下无一个不屈背弯腰，也有躲出去蹲着笑去的，也有忍着笑替他姐妹换衣裳的。独有凤姐、鸳鸯二人撑着，还只管让刘姥姥。

24. 甲、乙、丙、丁四处的人物分别是（　　）
　　A. 湘云　黛玉　探春　惜春　　B. 黛玉　湘云　探春　惜春
　　C. 探春　黛玉　惜春　湘云　　D. 惜春　探春　黛玉　湘云
25. "上上下下都一齐哈哈大笑"，为什么"独有凤姐、鸳鸯二人撑着，还只管让刘姥姥"？（　　）
　　A. 凤姐、鸳鸯同情刘姥姥，不忍心与大家一起笑刘姥姥。

B. 她俩是宴席的主持人，要沉着大方，才不会使宴会大乱。

C. 此事是她俩一手策划的，但要装着若无其事的样子。

D. 在贾母面前不敢放肆大笑，以免失礼。

26. 对这段文字有四种分析，恰当的一项是（　　）

　　A. 采用语言、动作描写，栩栩如生地描绘了众人各不相同的笑态，显示了大观园中欢乐的日常生活情景。

　　B. 采用语言、动作、神态描写，在笑态各异中显示了个性的差异，展示了大观园中欢乐的日常生活片断。

　　C. 采用了语言、动作、神态描写，揭露了贵族阶级对劳动人民的讥笑和蔑视，同情劳动人民的遭遇。

　　D. 采用语言、动作的描写，揭露贵族阶级生活的糜烂，反衬出劳动人民生活的贫困。

27. 刘姥姥"鼓着腮帮子，两眼直视，一声不语"，众人先还发怔，后来一想，为什么"上上下下都一齐哈哈大笑起来"？

　　答：_____

第四部分　写　　作

28. 生活中，你也许会遇到许许多多：亲情、友情、幸福、快乐、成功、善良、丑陋……总有一些触动了你的心灵。请以"在我身边"为主题写一篇文章。

　　要求：①将文章题目补充完整；

　　　　　②400 字以上；

　　　　　③文体不限，诗歌除外；

　　　　　④文中不得出现真实的校名、人名。

项目五

团结与合作

主题描述

人是社会中的人，是群体中的一个部分，一个人要在社会中立足，离不开团结与合作。本项目阅读与欣赏部分主要学习关于团结与合作的一组文章。所选的4篇文章，从多个侧面揭示了团结与合作的丰富内涵。《一碗清汤荞麦面》讲述了"一家人共享一碗面"的故事，表现了母子三人在逆境中坚韧团结奋发的精神及人心间互相理解的温情。《学会合作》是一篇演讲稿，话题就是"合作"。文中的语言叙述清楚、规范、生动、通俗易懂，内容紧密联系实际生活，自主探究空间很大。《斑羚飞渡》这篇动物小说讲述的是一个有关动物的凄美故事，描写一群被逼至绝境的斑羚，为了赢得种群的生存机会，用牺牲一半挽救另一半的方法摆脱困境的壮举，场面描写完整、细致、有条不紊，详略得当。小说《士兵突击》，讲述了一个农村出身的普通士兵许三多的成长历程，从许三多身上，无疑会找到一个不错的答案——"集体胜于一切"的团队精神。

本项目口语交际的教学内容是"介绍工艺流程"。

本项目实践活动是"绿色伴我行——'走进生活 关注环保'宣传展"。

知识目标

（1）能根据课后提示给课文分段，概括段落大意；
（2）正确、流利、有感情地朗读课文，并在熟读的基础上当众复述课文内容；
（3）通过调查研究，提高搜集、筛选、分析和运用信息的能力。

能力目标

（1）能体会文章中的团结、积极向上的思想意义；
（2）培养阅读理解、分析概括和口头表达的能力；
（3）激发关爱动物、善待生命的情感，增强社会责任感；
（4）了解日益严重的环境污染情况，增强环保意识，培养社会责任感。

任务十七 一碗清汤荞麦面

[日] 栗良平

山高为峰

(1) 学习小说所表现地面对艰难而不屈服的精神及其社会根源性；
(2) 体会小说人物形象的真实性、复杂性、发展性和互动性；
(3) 体会本文体现出来的团结、积极向上的思想意义；
(4) 理解人物形象对塑造整体环境的作用。

阅读导航

日本在二战中失败，国内经济一片萧条，但在20世纪70年代的时候，日本就和美国、前联邦德国成为西方经济的"三驾马车"，经济实力跃居世界前几位。在日本实现这种跨越式发展中，日本人民发挥了怎样的作用呢？让我们一起走进日本作家栗良平根据战后社会状况写的小说——《一碗清汤荞麦面》来寻味吧。

栗良平（1943—），原名伊藤贡，日本作家。主要从事童话创作和演讲活动。

点石成金

对于面馆来说，生意最兴隆的日子，就是大年除夕了。北海亭每逢这一天，总是从一大早就忙得不亦乐乎。

平时到夜里十二点还很热闹的大街，大年夜晚上一过十点就很宁静了。北海亭面馆的顾客此时也像是突然失踪了似的。

就在最后一位顾客出了门，店主要说关门打烊的时候，店门被咯吱咯吱地拉开了。一位女人带着两个孩子走了进来。六岁和十岁左右的两个男孩，一身崭新的运动服。女人却穿着不合时令的斜格子的短大衣。

为什么母子三人在大年夜一定要吃面呢？

"欢迎光临。"老板娘上前招呼着。

"……唔……清汤荞麦面……一碗……可以吗？"那女人怯生生地问。

那两个小男孩躲在妈妈的身后,也怯生生地望着老板娘。

"行啊,请,请这边坐。"老板娘说着,领着母子三人让到靠暖气的二号桌子,一边向柜台里面喊着,"清汤荞麦面一碗——!"

听到喊声的老板,抬头瞥了他们三人一眼,应声道,"好——咧,清汤荞麦面一碗——!"

案板上早准备好的,堆成一座座小山似的面条,一堆是一人的份。老板抓起一堆面,继而又加了半堆,一起放到锅里。老板娘立刻领悟到,这是丈夫特意多给这母子三人的。

热腾腾香喷喷的清汤荞麦面放到桌上,母子三人立刻围着这碗面,头碰头地吃了起来。

"真好吃呀!"哥哥说。

"妈妈也吃呀。"弟弟夹了一筷面,送到妈妈的口中。

不一会儿,面吃完了,付了150元钱。

"承蒙款待。"母子三人一起点头谢过,出了店门。

"谢谢,祝你们过个好年!"老板和老板娘应声回答着。

过了新年的北海亭面馆,每天照样忙忙碌碌。一年很快过去了。转眼又是大年夜了。

和以前的大年夜一样,忙得不亦乐乎的这一天就要结束了。过了晚上十点,正想关门打烊,店门又被拉开了。一个女人带了两个男孩走了进来。

老板娘看到女人身上那件不合时令的斜格子短大衣,就想起了去年大年夜那三位最后的顾客。

"……唔……一碗清汤荞麦面……可以吗?"

"请,请里边坐。"老板娘将他们带到去年那同样的二号桌,"清汤荞麦面一碗——!"

"好——咧,清汤荞麦面一碗——!"老板应声回答着,并将已经熄灭的炉火重又点燃起来。

"喂,孩子他爹,给他们下三碗,好吗?"

"不行,如果这样做,他们也许会尴尬的。"

> 找出母亲四次要面的语言描写,这四次说话有什么区别?

老板说着，抓了一人半份的面下了锅。

桌上放着一碗清汤荞麦面。母子三人边吃边谈，柜台里的老板和老板娘能听到他们的声音。

"真好吃……"

"今年又能吃到北海亭的清汤荞麦面了。"

"明年还能来吃就好了……"

吃完后，付了150元钱。老板娘对着他们的背影说："谢谢，祝你们过个好年！"这一天，被这句话说过几十遍乃至几百遍的祝福送走了。

随着北海亭面馆的生意兴隆，又迎来了第三年的大年夜。

从九点半开始，老板和老板娘虽然谁都没说什么，但都显得有些心神不定。十点刚过，雇工们下班走后，老板和老板娘立刻把墙上挂着的各种面的价格牌一一翻了过来，赶紧写好"清汤荞麦面150元"。其实，从今年夏天起，随着物价上涨，清汤荞麦面的价格已经是200元一碗了。

二号桌上，在30分钟以前，老板娘已经摆好了"预约席"的牌子。

到十点半，店里已经没有客人了。但老板和老板娘还在等待着母子三人的到来。

他们来了。哥哥穿一身中学生制服，弟弟则穿着去年哥哥穿的那件略有些大的旧衣服，弟兄俩都长大了，有点认不出来了。母亲还是那身不合时令的有些褪色的短大衣。

"欢迎光临。"老板娘笑着迎上去。

"……唔……清汤面要两碗……可以吗？"女人怯生生地问。

"行，请，请里边坐。"

老板娘把他们领到二号桌，若无其事地把那个"预约席"牌藏了起来，对着柜台喊着：

"清汤荞麦面两碗！"

"好——咧，清汤荞麦面两碗——！"

老板答应道，把三碗面的分量放进了锅里。

母子三个人吃着两碗清汤荞麦面，说着，笑着。

"大儿，淳儿……今天我做母亲的要向你们道谢。"

"道谢？向我们……为什么？"

"实在是因为你们的父亲死于交通事故，生前欠下了八个人的钱，我把抚恤金全部还了债。还不够的部分，就每月五万元分期偿还。"

"这些我们都知道呀。"

老板和老板娘在柜台里，一动不动凝神听着。

"剩下的债，到明年三月就可以还清了。可实际上，今天就可全部还清。"

"啊，真的？妈妈。"

"是真的。大儿每天送报支持我，淳儿每天买菜烧饭帮助我，所以我能够安心工作。因为我努力工作，得到了公司的特别津贴，所以现在就能全部还清债款。"

"好呀！妈妈，哥哥，从现在起，每天烧饭的事还是包给我了。"

"我也继续送报，弟弟，我们一起努力吧！"

"谢谢！真是谢……谢……"

"我和弟弟也有一件事情瞒着妈妈，今天可以说了。这是在十一月的一个星期天，我到弟弟的学校去参加家长会。这时，弟弟已经藏了一封老师给妈妈的信……弟弟写的作文如果被选为北海道的代表，就能参加全国的作文竞赛。正是因为这样，家长会的那天，老师要弟弟自己朗读这篇作文。老师的信如果给妈妈看了，妈妈一定会向公司请假，去听弟弟朗读作文。于是弟弟就没有把这封信交给妈妈。这件事我还是从弟弟的朋友那里听来的。所以，家长会那天，是我去了。"

> 兄弟俩对妈妈保密的那件事，跟清汤荞麦面似乎没有多大关系，为什么要安排这个情节？

"哦，原来是这样……那后来呢？"

"老师的作文题目是'你将来想成为怎样的人'，全体学生都写了。弟弟的作文题是'一碗清汤荞麦面'。一听题目我就知道写的是北海亭面馆的事。弟弟这家伙，怎么能把这种为难的事写出来，我这么想着。"

"作文写的是，父亲死于交通事故，留下了一大笔债务。母亲每天从早到晚拼命工作，我去送早报和晚报……弟弟全都写了出来。接着又写十二月三十一日的晚上，母子三人吃一碗清汤荞麦面，非常好吃……三个人只买了一碗清汤荞麦面，可面馆的叔叔阿姨还是很热情地接待了我们，谢谢我们，还祝福我们过个好年。听到这声音，弟弟的心中不由得喊着，'不能失败！要努力！要好好活着！'因此弟弟长大成人后，想开一家面馆，也要对顾客说，'努力吧，祝你幸福，谢谢。'弟弟大声的朗读着作文……"

此刻柜台里竖着耳朵，全神贯注地听着母子三人说话的老板和老板娘不见了。柜台深处，只见他们两人面对面蹲着，一人一条手巾，各执一端，在擦那不断夺眶而出的泪水。

"作文读完后，老师说，'今天淳君的哥哥代替他母亲来参加我们的家长会，现在我们请他来说几句话……'"

"那时哥哥为什么……"弟弟疑惑地望着哥哥。

"因为突然被叫上去说话，一开始，我什么也说不出……'诸君一直和我弟弟很要好，在此，我谢谢大家。弟弟每天做晚饭放弃俱乐部的活动，中途回家。我做哥哥的感到很难为情。方才，弟弟的《一碗清汤荞麦面》刚开始读时，我心里更感到羞愧。这时我想，决不能忘记母亲买一碗清汤荞麦面的勇气。兄弟们齐心合力为保护我们的母亲而努力吧！从今以后，请大家更好的和我弟弟结成朋友。'我就说这些……"

母子三人，静静地，互相握着手，良久。继而欢快地笑起来。和去年比，像是完全变了模样。

作为年夜饭的清汤荞麦面吃完了，付了300元。

"承蒙款待。"母子三人深深地低头道谢后走出店门。

"谢谢，祝你们过个好年！"

老板和老板娘大声地向他们祝福着，且送着他们远去……

又是一年降临了。北海亭面馆里，晚上九点一过，二号桌上又摆上了"预约席"的牌，等待着母子三人的到来。可是，没看到那三个人的身影。

又是一年，二号桌始终默默等待着。可是母子三人还是没有出现。

北海亭面馆因为生意越做越兴隆，店面重又进行了装修。桌子，椅子都换了新的。可二号桌仍然如故。老板夫妇不但没感到不协调，反而把二号桌安排到店堂的中央。

"为什么把这张旧桌子放在店堂的中央？"有顾客感到奇怪。

于是老板就把一碗清汤荞麦面的事告诉他们，并说，看到这张桌子就是对自己的激励。而且，说不定哪天母子三人还会回来，这个时候，想用这张桌子迎接他们。

就这样，关于二号桌的故事，使二号桌成了"幸福的桌子"。顾客们到处传颂。有人特意从远方赶来。有女学生，也有年轻的情侣，都到二号桌上吃一碗清汤荞麦面。二号桌也因此名声大振。

时光流逝，年复一年，这一年的大年夜又到来了。

这时北海亭面馆已经是同一条街的商店会的会员。大年夜这天，亲如家人的朋友、近邻、同行、结束了一天的工作后，都来到北海亭。在北海亭吃过年面，听着除夕的钟声，然后亲朋好友聚集起来，一起到附近的神社去烧香磕头，以求神明保佑在新的一年里万事如意，厄运除开。这种情形有五六年的历史了。

今年大年除夕当然也不例外。九点半一过，以鱼店老板夫妇双手捧着装满生鱼片的大盆子进来为信号，平时亲如家人的朋友大约30多人，也是带着酒菜，陆陆续续地会集到北海亭。店里的气氛一下子热闹起来。

知道二号桌由来的朋友们，嘴里虽然没说什么，可心里在想，今年也许二号桌又要空等了吧。那块"预约席"的牌子，早已悄悄地站在二号桌上。狭窄的坐席间，客人们一点点移动着身子坐下，有人还招呼着迟到的朋友。吃着面，喝着酒，互相夹着菜。有人到柜台里去帮忙，有人随意拉开冰箱拿东西。什么廉价的生意啦，海水浴的艳闻轶事啦，什么添了孙子的事啦，十点半时，北海亭里的气氛达到了顶点。

就在这时，店门被咯吱咯吱拉开。人们都向门口望去，屋子里突然静了下来。

两位西装笔挺，手臂上搭着大衣的青年走了进来。这时，大伙松了口气，随着轻轻地叹息，店里又恢复了刚才的热闹。

"真不凑巧，店里已经坐满了。"老板娘面带歉意说。

就在她拒绝两位青年的时候，一位身穿和服的妇女，深深低着头走了进来，站在两位青年的中间。

"唔……三碗清汤荞麦面，可以吗？"穿着和服的妇人平静地说。

听了这话老板娘的脸色一下子变了。十几年前留在脑海中的母子三人的印象，和眼前这三个人的形象重叠起来了。

> 店老板夫妇将母子三人坐过的二号桌定为"预约席"，并让它出了名，成为"幸福的桌子"，这说明了什么？

> 他们已经好几年没有再来北海亭面馆吃面了，老板夫妇为什么还要年年将二号桌上摆好"预约席"的牌子？在老板夫妇身上，主要体现了怎样一种品质？他们主要给予了母子三人什么？

> 母亲由非常害羞地开口要一碗清汤荞麦面，到少一些害羞，再到非常平静地说出要三碗清汤荞麦面，这里面有一个变化发展，其原因是什么？

老板娘指着三位来客,目光和正在柜台里找韭菜的丈夫的目光撞到一处。

"啊!啊……孩子他爹!"

面对不知所措的老板娘,青年中的一位开口了。

"我们是14年前在除夕夜,母子三人吃一碗清汤面的顾客。那时,就是一碗清汤面的激励,使我们母子三人同心协力,度过了艰难的岁月。这以后,我们搬到了母亲的亲家滋贺县去了。"

"今年我已通过国家医师考试,现在是京都医科大学医院的医生,明年就要转往札幌综合医院。还没有开面馆的弟弟,现在在京都银行工作。我和弟弟商谈、计划着生平第一次的奢侈的行动。就这样今天我们母子三人特意来拜访,想麻烦你们烧三碗清汤荞麦面。"

边听边点头的老板夫妇,泪珠一串串地掉下来。

坐在靠近门口的桌上的蔬菜店老板,嘴里含着一口面听着,直到这是,才把面咽下去,站起来。

"喂喂!老板娘,你呆站着干什么!这十年的每一个大年夜,你都为等待他们地到来而准备着这十年的预约席,不是吗?快!快请他们入座,快!"

被蔬菜店的老板用肩一撞,老板娘这才清醒过来。

"欢……欢迎,请,请坐……孩子他爹,二号桌清汤荞麦面三碗——"
"好嘞——清汤荞麦面三碗——"可流泪的丈夫却应不出声来。

店里,突然爆发出一阵欢呼声和鼓掌声。

店外,刚才还纷纷扬扬飘扬着的雪,此刻也停了。皑皑白雪映着明净的窗子,那写着"北海亭"的布帘子,在正月的清风中,摇曳着,飘着……

"雪"、"窗子"、"布帘子"的描写有什么作用?

团结,不屈,向上,奋斗,是这个弱小家庭从逆境走向光明的关键因素。可是,除了这个关键因素,还有没有别的因素呢?

 我手我心

有一位记者因为拍摄一枝红玫瑰而名声大振。是因为这枝玫瑰开得特别鲜艳吗?是因为他的拍摄技巧高超、角度独特吗?都不是!真正的原因在于这枝鲜花盛开在二战后到处是一片战争废墟的德国的一个破败不堪的地下室里,这里正居住着一户饱受战争伤害的普通居民。

请思考:这一枝红玫瑰与文中的一碗清汤荞麦面有何异曲同工之妙?并联系中国的社会现实,谈谈你的感想写一段300字的短文。

牛刀初试

(1) 小说一共写了四个吃面的场面。分别是一碗、一碗、两碗和三碗。照理小说该以"清汤荞麦面"为题才是,但却名之为"一碗清汤荞麦面",为什么?

答:_____

_____

(2) 给下列加点的字注上拼音。

摇曳(　　　　)　　　奢侈(　　　　)

不知所措(　　　　)　　　札幌(　　　　)

艳闻轶事(　　　　)　　　厄除(　　　　)

 推窗望月

日本荞麦面

日本新年按照公历,在圣诞节之后,由头年12月27日至翌年1月3日。过年必吃糯米糕。除夕晚上全家团聚吃过年面。元旦早晨,欢聚一堂,先幼后长,依次饮屠苏酒。据传,这种酒是用中国三国时代的名医华佗的配方酿制的。新年饮之,能辟邪气,去灾保健康。饮完屠苏酒后,吃一种叫"御杂煮"的年糕汤。各家制法不同,风味也不一样。日本人在"正日"(即元旦当天)这一天,早餐是很丰盛的,吃砂糖芋艿、荞麦面等,喝屠苏酒。此后一连三天,则吃素以示虔诚,祈求来年大吉大利。

日本很多地区都种植荞麦,荞麦面的历史可以追溯到江户时代。当时的荞麦面是人们祈求幸福的食品,如今还有很多人常把荞麦面作为礼物送人。据说,按照传统风俗,除夕之夜,全家人要聚在一起吃荞麦面。正是因为荞麦面在日本人心里的特殊地位,所以它又被称为"年面"。

任务十八　学会合作

佚　名

 山高为峰

(1) 能根据课后提示给课文分段,概括段落大意;

(2) 正确、流利、有感情地朗读课文,并在熟读的基础上当众演讲;

(3) 激励学生树立团结协作、自我牺牲等可贵的合作精神。

阅读导航

本文是一篇演讲稿，话题是"合作"。"只有学会与别人合作，才能取得更大的成功"是这篇演讲稿要说明的观点。课文多处运用设问，既能引起听众注意，又使得纲目分明，如"什么是合作呢？""怎样才能卓有成效地合作呢？"等，都具有提纲挈领的作用。文中的语言叙述清楚、规范、生动、通俗易懂，内容紧密联系实际生活。

学习本文，感受"只有学会与别人合作，才能取得更大的成功"这句话的深刻含意，培养团结协作、自我牺牲的精神。

点石成金

你能说说什么是"合作"吗？

为什么说人离不开合作，合作有什么重要意义呢？

顾名思义：_____

你是否认同这个观点？你能举例说明吗？

思考：（第1～3自然段）说明了什么？

交响乐团：大型的管弦乐演奏团体。

倾泻：课文指美妙的乐曲好似从乐师的嘴唇边、指缝里飞扬出来。

幢（zhuàng）

思考：（第4～6自然段）通过具体_____，说明_____。

今天，我想跟大家谈一谈"合作"的话题。

我们任何人在这个世界上都不是孤立存在的，都要和周围的人发生各种各样的关系。你是学生，就要和同学一起学习，一起游戏，共同完成学业；你是工人，就要和同事一起做工，共同完成工厂的生产任务；你是军人，就要和战友一起生活，一起训练，共同保卫我们的祖国……总之，不论你从事什么职业，也不论你在何时何地，都离不开与别人的合作。

什么是合作呢？顾名思义，合作就是互相配合，共同把事情做好。世界上有许多事情，只有通过人与人之间的相互合作才能完成。一个人学会了与别人合作，也就获得了打开成功之门的钥匙。所以，人们常说：<u>小合作有小成就，大合作有大成就，不合作就很难有什么成就</u>。这是非常宝贵的人生道理，我们应该牢牢记住。

怎样才能卓有成效地合作呢？你一定在音乐厅或电视里看到过交响乐团的演奏吧，这可算得上是人与人合作的典范了。你瞧，指挥家轻轻一扬手里的指挥棒，悠扬的乐曲便从乐师的嘴唇边、指缝里倾泻出来，流向天宇，也流进人们的心田。是什么力量使上百位乐师，数十种不同的乐器合作得这样完美和谐？我想，这主要依靠高度统一的团体目标和为了实现这个目标每个人必须具有的协作精神。

这里还有一个小故事，也能说明这个问题。一位外国的教育家邀请中国的几个小学生做了一个小实验。一个小口瓶里，放着七个穿线的彩球，线的一端露出瓶子。这只瓶子代表一幢房子，彩球代表屋里的人。房子突然起火了，只有在规定的时间内逃出来的人才有可能生存。他请学生各拉一根线，听到哨声便以最快的速度将球从瓶中提出。实验即将开始，所有的目光都集中在瓶口上。哨声响了，七个孩子一个接着一个，依次从瓶子里取出了自己的彩球，总共才用了3秒钟！在场的人情不自禁地鼓起掌来。这位外国专家连声说："真了不起！真了不起！我在许多地方做过这个实验，从未成功，至多逃出一两个人，多数情况是几个彩球同时卡在了瓶口。我从你们身上看到了一种可贵的合作精神。"

可见，成功的合作不仅要有统一的目标，要尽力做好分内的事情，而且还要心中想着别人，心中想着集体，有自我牺牲的精神。

同学们，现代社会是一个充满竞争的社会，但同时也是一个更加需要合作的社会。作为一个现代人，只有学会与别人合作，才能取得更大的成功。

（第7自然段）：指出"只有学会合作，才能取得更大的成功"。

 我手我心

"有小合作就有小成就，大合作就有大成就，不合作就很难有什么成就"，请你说说你对这句话的理解。

 学海拾贝

学了这篇课文后，让你联想到的成语、名言有：

（1）二人同心，_____；同心之言，_____。
（2）天时不如地利，_____。
（3）同恶相助，_____，同情相成，_____，同利相死。
（4）土帮土成墙，_____。
（5）三个臭皮匠，_____。
（6）一个篱笆三个桩，_____。

 推窗望月

合作的小故事——"狼狈为奸"

狼和狈，是两种长相十分相似的野兽。同时，又是两种都喜欢偷吃猪、羊的野兽。它们唯一不同的是：狼的两条前脚长，两条后脚短；而狈却是两条前脚短，两条后脚长。

这两种野兽，经常一起去偷猪、羊等家畜。有一回，一只狼和一只狈共同来到一个羊圈外，看到羊圈中的羊又多又肥，就想偷吃。但是羊圈的墙和门，都很高，狼和狈都不能爬去。

于是，它们就想了一个办法。先由狼骑到狈的脖子上，然后狈站起来，把狼抬高，再由狼越过羊圈把羊偷出来。

商量过后，狈就蹲下身来，狼爬到狈的身上。然后，狈用前脚抓住羊圈的门，慢慢伸直身子。狈伸直身子后，狼将脚抓住羊圈的门，慢慢伸直身子，把两只长长的前脚伸进羊圈，把羊圈中的羊偷了出来。

这样偷羊的事，狼和狈经常合伙干。假如狼和狈不合作，就不能把羊偷走。养羊的农民也会少很多损失。然而，狼和狈却经常那样合作，而且走在一起的时候,显得非常亲密。

后来,人们就根据这种现象总结了"狼狈为奸"这个成语,用来形容那些相互勾结干坏事的人。

"狼狈为奸"的意思是:_____

任务十九 斑羚飞渡

沈石溪

 山高为峰

(1) 通过复述斑羚的故事,培养学生的阅读理解能力、分析概括能力和口头表达能力;

(2) 领会老斑羚们那种在危急关头勇于自我牺牲的悲壮精神,领会文章爱与生命的主题;

(3) 激发学生关爱动物、善待生命的情感,增强社会责任感。

 阅读导航

点石成金

带着疑问阅读:

在这篇文章中,人类充当了怎样的角色?

人类与动物共同拥有许多可贵的精神和品质,然而为什么会发生斑羚飞渡的悲剧?人性的亮点和生命的光彩为什么在人类进化的过程中逐渐遗失?人类和动物之间究竟该是一种怎样的关系?

这篇小说讲述的是一个多年以前发生在西南山区有关动物的凄美故事,描写了一群被逼至绝境的斑羚,为了赢得种群的生存机会,用牺牲一半挽救另一半的方法摆脱困境的壮举,场面写得完整、细致,有条不紊,详略得当。从文中我们可以读出对斑羚自我牺牲和对生命的礼赞,明白任何生物都有它生存的权利,我们在珍惜自己生命的同时,也要尊重其他的生命。

沈石溪(1952—),上海人,原籍浙江慈溪,动物小说作家。主要作品有长篇小说《狼王梦》、《盲孩与弃狗》、《一只猎雕的遭遇》,中篇小说《退役军犬黄狐》、《残狼灰满》、《鸟奴》,小说集《第七条猎狗》、《一只猎鹰的遭遇》、《当保姆的蟒蛇》、《圣火》等。他的作品多次获奖。现任中国作协会员,云南作协理事。

我们狩猎队分成好几个小组,在猎狗的帮助下,把这群斑羚逼到戛洛山的伤心崖上。

斑羚又名青羊,形似家养山羊,但颌下无须,善于跳跃,每头成年斑羚重约六七十斤。被我们逼到伤心崖上的这群斑羚约有七八十只。

斑羚是我们这一带猎人最喜爱的猎物,虽然公羊和母羊上都长着两支短小如匕首的尖利的半角，但性情温驯，死到临头也不会反抗，猎杀时不会有危险。斑羚肉肥腻细嫩，是上等山珍，毛皮又是制裘的好材料，价钱卖得很俏。所以，当我们完成了对斑羚群的围追堵截，猎狗和猎枪组成了两道牢不可破的封锁线，狩猎队的队长，也就是曼广弄寨的村长帕玖高兴得手舞足蹈："阿啰，我们要发财了！嘿，这个冬天就算其他猎物一只也打不着，光这群斑羚就够我们一年酒钱啦！"每位猎人都红光满面，脸笑成了一朵花。

腻（nì）

对付伤心崖上的斑羚，好比瓮中捉鳖。

伤心崖是戛洛山的一大景观，一座山峰，像被一把利斧从中间剖开，从山底下的流沙河抬头往上看，宛如一线天。其实隔河对峙的两座山峰相距约六米左右，两座山都是笔直的绝壁。到了山顶部位，都凌空向前伸出一块巨石，远远望去，就像一对彼此倾心的情人，正要热情地拥抱接吻。之所以取名伤心崖，是有一个古老的传说，说是在缅桂花盛开的那一年，有个名叫喃木娜雅的仙女看中了一个年轻猎人，偷了钥匙从天庭溜到人间与年轻猎人幽会，不幸被她保守的丈夫发现。戴着绿帽子的丈夫勃然大怒，悄悄跟踪，在仙女又一次下凡与年轻猎人见面、两人心急火燎张开双臂互相朝对方扑去眼瞅着就要拥抱在一起的节骨眼上，仙女的丈夫突施妖法，将两人点为石头，永远处在一种眼看就要得到却得不到的痛苦状态，使一对饥渴的情人咫尺天涯，以示惩罚天上人间都普遍存在的第三者插足。

对峙（zhì）

这群斑羚走到了伤心崖，算是走上了绝路。往后退，是咆哮的狗群和十几枝会喷火闪电的猎枪；往前走，是几十丈深的绝壁，而且朝里弯曲，除了壁虎，任何生命都休想能顺着倒悬的山壁爬下去。一旦摔下去，不管是掉在流沙河里还是砸在岸边的沙砾上，小命都得玩完。假如能跳到对面的山峰上去，当然就绝路逢生转危为安了。但两座山峰最窄的地方也有六米宽，且两山平行，没有落差可资利用。斑羚虽有肌腱发达的四条长腿，极善跳跃，是食草类动物中的跳远冠军，但就像人跳远有极限一样，在同一水平线上再健壮的公斑羚最多只能跳出五米的成绩；母斑羚、小斑羚和老斑羚只能跳四米左右，能一跳跳过六米宽的山涧的斑羚堪称超级斑羚，而超级斑羚还没有生出来呢。

我们将斑羚逼上伤心崖后，围而不打，迟迟没放狗上去扑咬，也没开枪射击，这当然不是出于怜悯，而是担心斑羚们被我们逼急了，会不顾三七二十一集体坠岩从悬崖上跳下去。它们跳下去假如摔在岸上，当然节省了我们的子弹，但不可能个个都按我们的心愿跳得那么准，肯定有许多落到流沙河，很快就会被湍急的河水冲得无影无踪。我们不想让到手的钱财再流失，我们要一网打尽。

村长帕玖让波农丁带五个人到悬崖底下的流沙河边去守着，负责在岸上捡拾和从水里打捞那些由山顶跳下去的斑羚。

从伤心崖到流沙河，地势很陡，要绕半座山才下得去，最快也要走半小时。村长帕珐和波农丁约定，波农丁到了悬崖底下后，吹响牛角号，我们就立即开枪，同时放狗去咬。

　　我仍留在伤心崖上。我埋伏的位置离斑羚群只有四五十米，中间没有遮挡视线的障碍，斑羚们的一举一动都看得一目了然。

　　开始，斑羚们发现自己陷入了进退维谷的绝境，一片惊慌，胡乱窜跳。有一只母斑羚昏头昏脑竟然企图穿越封锁线，立刻被早已等待不耐烦了的猎狗撕成碎片。有一只老斑羚不知是老眼昏花没有测准距离，还是故意要逞能，竟退后十几步一阵快跑奋力起跳，想跳过六米宽的山涧去。结果可想而知在离对面山峰还有一米多的空中做了个滑稽的挺身动作，哀咩一声，像颗流星似的笔直坠落下去，好一会儿，悬崖下才传来扑通的水花声。

　　可惜，少了一张羊皮，少了一锅羊肉。

　　过了一会儿，斑羚群渐渐安静下来，所有的目光集中在一只身材特别高大、毛色深棕油光水滑的公斑羚身上，似乎在等候这只公斑羚拿出使整个种群能免遭灭绝的好办法来。毫无疑问，这只公斑羚是这群青羊的头羊，它头上的角比一般公羚羊要宽得多，形状像把镰刀，姑妄称它为"镰刀头羊"。镰刀头羊神态庄重地沿着悬崖巡视了一圈，抬头仰望雨后湛蓝的苍穹，悲哀地咩了数声，表示自己也无能为力。

　　斑羚群又骚动起来。这时，被雨洗得一尘不染的天空突然出现一道彩虹，一头连着伤心崖，另一头飞越山涧，连着对面的那座山峰，就像突然间架起了一座美丽的天桥。斑羚们凝望着彩虹，有一头灰黑色的母斑羚举步向彩虹走去，神情缥缈，似乎已进入了某种幻觉状态。也许，它们确实因为神经高度紧张而误以为那道虚幻的彩虹是一座实实在在的桥，可以通向生的彼岸；也许，它们清楚那道色泽鲜艳远看像桥的东西其实是水汽被阳光折射出来的幻影，但既然走投无路了，那就怀着梦想与幻觉走向毁灭，起码可以减轻死亡的恐惧。

　　灰黑色母斑羚的身体已经笼罩在彩虹炫目的斑斓光带里，眼看就要一脚踩进深渊去，突然，镰刀头羊咩——发出一声吼叫。这叫声与我平常听到的羊叫迥然不同，没有柔和的颤音，没有甜腻的媚态，也没有绝望的叹息，音调虽然也保持了羊一贯的平和，但沉郁有力，透露出某种坚定不移的决心。

　　事后我想，镰刀头羊之所以在关键时刻想出这么一个挽救生存的绝妙办法来，或许就是受了那道彩虹的神秘启示。我总觉得彩虹那七彩光斑似乎与后来发生的斑羚群的飞渡有着一种美学上的沟通。

　　随着镰刀头羊的那声吼叫，整个斑羚群迅速分成两拨，老年斑羚为一

逞（chěng）

镰刀头羊是这场飞渡的组织者，文中重点写了它的哪些表现？

拨，年轻斑羚为一拨。在老年斑羚队伍里，有公斑羚，也有母斑羚，身上的毛色都比较深，两支羊角基部的纹轮清晰可见；在年轻斑羚队伍里，年龄参差不齐，有身强力壮的中年斑羚，也有刚刚踏入成年斑羚行列的大斑羚，也有稚气未脱的小斑羚。两拨分开后，老年斑羚的数量比年轻斑羚那拨少得多，大概还少十来只。镰刀头羊本来站在年轻斑羚那拨里的，眼光在两拨斑羚间转了几个来回，悲怆的轻咩了一声，迈着沉重的步伐走到老年斑羚那一拨去了。有几只中年斑羚跟着镰刀头羊，也自动从年轻那拨里走出来，归进老年斑羚的队伍。这么一倒腾，两拨斑羚的数量大致均衡了。

怆（chuàng）

我看得很仔细，但弄不明白这是怎么回事。以年龄为标准划分出两拨来，这些斑羚究竟要干什么呢？

"波农丁这个老酒鬼，爬山比乌龟还爬得慢，怎么还没到悬崖底下？"村长帕珐小声咒骂道。他的两道剑眉拧成了疙瘩，显出内心的焦躁和不安。

村长帕珐是位有经验的猎手，事后我想，当时他一定已预感到会发生惊天动地的不平常的事，所以才会焦躁不安的，但他想像不出究竟会发生什么事。

我一面观察斑羚群的举动，一面频繁地看表，二十分钟过去了，二十二分钟过去了，二十五分钟过去了……按原计划，如果一切顺利的话，顶多再有三五分钟，悬崖底下就会传来牛角号闷沉的呜呜咽声，伤心崖上十来枝猎枪就会喷吐出耀眼的火光。

这将是一场辉煌的狩猎，对人类而言。

这将是一场灭绝性的屠杀，对这群斑羚而言。

作者是怎样描写这七八十只斑羚飞渡的？

就在这时，我看见，从那拨老斑羚里走出一支老公斑羚来，颈上的毛长及胸部，脸上褶皱纵横，两支羊角早已被岁月风尘弄得残缺不全，一看就知道快到另一个世界去报到了。公斑羚走出队列，朝那拨年轻斑羚示意性地咩了一声，一只半大斑羚应声走了出来。一老一少走到了伤心崖，后退了几步，突然，半大的斑羚朝前飞奔起来，差不多同时，老斑羚也扬蹄快速助跑，半大的斑羚跑到悬崖边缘，纵身一跃，朝山涧对面跳去，老公羊紧跟在半大斑羚后面，头一钩，也从悬崖上蹿跃出去；这一老一少跳跃的时间稍分先后，跳跃的幅度也略有差异，半大斑羚角度稍高些，老斑羚角度稍低些，等于是一前一后，一高一低。我吃了一惊，怎么，自杀也要老少结成对子，一对一对去死吗？这只大斑羚和这只老公羊除非插上翅膀，是绝对不可能跳到对面那座山崖上去！果然，半大斑羚只跳到四米左右的距离，身体就开始下倾，从最高处往下降落，空中划出一道可怕的弧形。我想，顶多再有一两秒钟，它就不可避免地要坠进深渊，坠进死亡的地狱去了。我正这样想着，

勾画动词并画出飞渡示意图：

如：飞奔—助跑—_____—_____。

在这个部分中为什么要加入"我"的心理描写？（"我吃了一惊""一个我做梦都无法想象的镜头出现了"）

娴（xián）

这句用了两个_____句。

磐（pán）

回头再看"试跳"，你能画一画斑羚飞渡的示意图吗？

为什么说那座桥是"用死亡做桥墩"？

"从头至尾没有一只老斑羚调换位置"一事为什么让"我"感到震惊？

突然一个我做梦都无法想象的镜头出现了，老斑羚凭着娴熟的跳跃技巧，在半大斑羚从最高点往下落的瞬间，身体出现在半大斑羚的蹄下。老公羊的跳跃能力显然要比半大斑羚略胜一筹，当它的身体出现在半大斑羚的蹄下时，刚好处在跳跃弧线的最高点，就像两艘宇航飞船在空中完成了对接一样。半大斑羚的四只蹄子在老斑羚宽阔结实的背上猛蹬了一下，就像免费享受一块跳板一样，它在空中再度起跳，下坠的身体奇迹般地再度升高；而老斑羚就像燃料已输送完了的火箭残壳，自动脱离宇宙飞船，不，比火箭残壳更悲惨，在半大斑羚的猛力踢蹬下，像只突然折断了翅膀的鸟笔直坠落下去。虽然这第二次跳跃力度远不如第一次，高度也只有地面跳跃的一半，但足以够跨越剩下的最后两米路程了；瞬间，只见半大斑羚轻巧地落在了对面山峰上，兴奋地咩叫了一声，钻到磐石后面不见了。

试跳成功，紧接着，一对对斑羚凌空跃起，在山涧上空画出了一道道令人眼花缭乱的弧线。每一只年轻斑羚的成功飞渡，都意味着有一只老年斑羚摔得粉身碎骨。山涧上空，和那道彩虹平行，架起了一座桥，那就是一座用死亡做桥墩架设起来的桥。没有拥挤，没有争夺，秩序井然，快速飞渡。我十分注意盯着那群注定要去送死的老斑羚，心想，或许有个别滑头的老斑羚会从死亡的那拨偷偷溜到新生的那拨去。但让我震惊的是，从头至尾没有一只老斑羚调换位置。

它们心甘情愿用生命为下一代搭起一条生存的道路。

绝大部分老斑羚都用高超的跳跃技艺，帮助年轻斑羚平安地飞渡到对岸的山峰。只有一头衰老的母斑羚，在和一只小斑羚空中衔接时，大概力不从心，没能让小斑羚踩上自己的背，一老一小一起坠进深渊。

我没有想到，在面临种群灭绝的关键时刻，斑羚群竟然想出牺牲一半挽救另一半的办法来赢得种群的生存机会。我没想到，老斑羚们会那么从容地走向死亡。

我看得目瞪口呆，所有的猎人都看得目瞪口呆，连狗也惊讶地张大嘴，长长的舌头拖出嘴外，停止了吠叫。

就在这时，呜—呜——悬崖下传来牛角号声，村长帕珐如梦初醒，连声高喊："快开枪！快，快开枪！"。

但已经晚了，伤心崖上只剩下最后一只斑羚，唔，就是那只成功地指挥了这场斑羚群集体飞渡的镰刀头羊。这群斑羚不是偶数，恰恰是奇数，镰刀头羊孤零零地站在山峰上，既没有年轻的斑羚需要它做空中垫脚石飞到对岸去，也没有谁来帮它飞渡。

砰，砰砰，猎枪打响了。我看见，镰刀头羊宽阔的胸部冒出好几朵血花,它摇晃了一下,但没有倒下去,迈着坚定的步伐,走向那道绚丽的彩虹。弯弯的彩虹一头连着伤心崖,一头连着对岸的山峰,像一座美丽的桥。

它走了上去,消失在一片灿烂中。

 我手我心

用规范、简洁的语言表述本文的内容和主题。

提示形式:本文描写了_____,表现_____,告诫_____。

文中几次描绘了美丽的"彩虹",只是为真实地再现大自然的景色吗?这里的"彩虹"有怎样的意义?

从镰刀头羊最后的悲壮献身中,你有何感悟?

谈谈你对最后一句话的理解。

全文主题究竟是什么?

 学海拾贝

(1) 补全下列成语。

( )舞( )蹈　　　　( )瞪( )呆

力不从( )　　　　　粉( )碎( )

( )甘( )愿　　　　秩序( )( )

眼花( )( )　　　　一( )不染

(2) 名句积累。

①所有的动物都有它们的尊严,如果我们能得到动物的理解和喜爱,那将是我们人类的荣誉。　　——《动物世界》拍摄者金·沃尔哈特

②人固有一死,因而人们总是热爱后代。　　——霍桑

③善的本质是:保持生命,促进生命,使生命达到其最高度的发展。恶的本质是:毁灭生命,损害生命,阻碍生命的发展。　　——史怀泽

 推窗望月

斑羚

别名:青羊、山羊。

分布:东北、华北、西南、华南等地。国家二级保护动物。体大小如山羊,但无胡须。体长110～130厘米,肩高70厘米左右,体重40～50千克。

雌雄均具黑色短直的角，长 15～20 厘米。四肢短而匀称，蹄狭窄而强健。毛色随地区而有差异，一般为灰棕褐色，背部有褐色前纹，喉部有一块白斑。生活于山地森林，单独或小群生活。多在早晨和黄昏活动，极善于在悬崖峭壁上跳跃、攀登，视觉和听觉也很敏锐。以各种青草和灌木的嫩枝叶、果实等为食。秋末冬初发情交配。孕期 6 个月左右，每胎 1 仔，有时产 2 仔。

任务二十　士兵突击（节选）

兰晓龙

 山高为峰

（1）在整体感知小说内容的基础上，把握曲折的故事情节和极具个性的人物形象；

（2）通过分析文中语言、肖像、动作描写的作用，体会文章的主旨和人物形象；

（3）理解、阅读当代军人善良、执著、坚毅的宝贵品格，体会他们"不抛弃，不放弃"、生死与共的战友情。

 阅读导航

本文节选自小说《士兵突击》，讲述了一个农村出身的普通士兵许三多的成长历程，不抛弃不放弃，最终成为一名出色的侦察兵的故事。《士兵突击》塑造了一群血气方刚，各具性格特点的当代军人形象——关心他人、甘于奉献的班长史今，铮铮铁骨、自强上进的班副伍六一，意气风发、神采飞扬的钢七连连长高成，睿智狡黠、风趣幽默的老 A 队长袁朗，迷途知返、挑战命运的成才……

兰晓龙（1973—　），湖南邵阳人。1997 年毕业于中央戏剧学院，后进入北京军区战友话剧团成为一名职业编剧。曾创作话剧《红星照耀中国》，电视剧《石磊大夫》、《步兵团长》、《士兵突击》、《我的团长我的团》、《生死线》等。

东方已经晨光熹微。

又一个兵头上冒出了白烟。

这支小部队实在已经是强弩之末了。他们看起来和许三多他们一样，一样脏，一样累，一样饿，一样狼狈也一样的默契。地图上终于标出了最后一个火力点，这时候他们已经只剩下三个人。一个人跳起来进行火力掩护，两个人撤离。轰鸣的枪声终于哑了，那个掩护的兵也被射中了。

那两个兵最后看了一眼，开始了他们精疲力竭的奔跑。

许三多三个也在狂奔，一开始在最前边的伍六一已经落到了最后，因为前面两人看不见他，他已经是仅仅用一只脚在发力了。

许三多再一次停住，然后向伍六一跑去，成才也停了下来，但是停在原地。

许三多跑到了伍六一面前："你的脚到底怎么啦？"

"我没事，你们先跑。"

成才看着，看看前边，又看看后方，一脸焦急。

"让你们先跑啊！我没事！"伍六一简直是要炫耀一下地开始冲刺，第一步便重重摔在地上，然后，他开始挣扎，竭力避开要来扶他的许三多和成才。

伍六一摇着头，说："我没事啊！我知道我没事的！"

许三多几乎是在跟这个人搏斗，然后撕开他的裤腿。

他傻了，伍六一的脚踝已经扭得不成形状，整条小腿都是肿胀的。

许三多的嘴唇有些发抖："你就拿这条腿跑啊！"

"它还是条腿！不是吗？它长我身上我自己知道！"

声嘶力竭，两个人都沮丧而又愤怒。

成才面色忽然沉了下来，他看见了地平线上赶过来的那两名士兵。

"他们赶上来了！"他朝他们吼道。

伍六一拼命地推开了许三多，他说："快给我走啊！"

许三多示意成才，一个拉住伍六一的一只手，拖着他往前狂奔。

伍六一愤怒了："干什么？这样跑得过吗？你们放开啊！"

成才："三个人，三个位，三个位都是我们的。"

许三多平静地对他说："用力跑，别用力嚷嚷。"

伍六一不嚷了,他竭力地跟上他们的步子,伤腿的每一次着地,都让他痛得一脸的扭曲,但伤了就是伤了,他把那两个人的速度都拖下来了。

后面那两个士兵也在摇摇欲坠地狂奔,但他们没有负担,他们一点点拉短了与许三多他们的距离。

天已经完全亮了,很难说那奔跑在山丘上的五个人,现在已经成了什么样子。浑身的泥水和汗水,一张张脸上的神情已经接近虚脱,两天三夜没吃没喝地打拼,加上最后这场疯狂的冲刺,所有的人都已经濒临了极限。

他们有一段是平行的,这平行维持了很长一段时间,因为谁也没有能力把自己的步子再加快一点点,但后来者在漫长的僵持中终于超前了半个身子,然后是一个身子,一米,两米……

伍六一又愤怒了,他声嘶力竭地吼道:"你们放开我!我自己跑!"

这一声等于是没有效果。

"我不行啦!你们放开我!"

成才开始吼叫,在吼叫声中喊出了最后的力气,五个人又渐渐在拉短距离。

"我自己跑,我自己能跑到的!许三多,成才,我求你们了!"

"槲树林!那是槲树林!"

成才说得没错,前边是槲树林,林边停着一辆越野车和一辆救护车,袁朗和几个卫生兵正等在那里。

成才咬着牙,喊着:"再加把劲就到啦!我们三个!我们三个人!"

三个人多少是振奋了一下,他们超过了那两名已经油尽灯枯的士兵,一口气把人拉下了几十米。

那个终点已经只是八百来米的事情了,槲树林中忽然跑出一个跌跌撞撞的士兵,摔倒在了袁朗的脚下,那是第一个到达的士兵,医护人员立刻上前救护。

三个人的步子一下慢了下来,三个人对望了一眼。伍六一又开始挣扎,这回他的挣扎接近于厮打,一下狠狠地甩开了两人。

"就剩两个名额了!你们还拖着我干什么?三个人!只要三个人!"

两个人呆呆地看着伍六一,身后两名士兵正缓慢但固执地赶了上来。

成才忽然掉头就跑，往终点奔跑。

许三多却看也不看跑去的成才，他将背包背在了身子前边，抢上来抓住伍六一，他不想丢下他，他要背着他走。伍六一强挣着就是不让，但那条腿已经吃不上劲了，大半拉沉重的身子被许三多架在肩上。

许三多拖着伍六一，向终点做拼命的冲刺。

一个三十公斤的背包，加上一个成年男子的大部分体重，即使精力充沛的壮汉，也会被压倒。许三多慢得出奇，但他没有丢下，他一步一步地往前冲着。

伍六一不敢再挣了，他一只腿竭力地往前蹦着，因为现在的速度很重要，他得为许三多想点什么。

后边的那两名士兵，慢慢地超过了他们了。

伍六一受不了了，他又开始愤怒地吼了起来了："他们超过你了！放开呀！你又要搞什么？还想在那空屋里做看守吗？我们热闹你就看着！晚上捂了被子哭？你这个天生的杂兵！"

伍六一的声音里都有了哭声了。

前边的那两名士兵，已经离他们越来越远了。

成才已经到达了槲树林终点，那股子猛冲的劲头让他几乎撞在了袁朗的身上。

袁朗一把揪住了他的背包带，成才站住了。

精疲力竭的成才没有倒下，他立刻转过身看着自己那两名战友："许三多快跑！许三多，你加油啊！"

袁朗意味深长地看看他，又看看远处的许三多和伍六一，他的眼神里充满了一种钦佩。

对于那还在争夺中奔跑的四个人来说，这剩下的几百米简直遥不可及，几个人的速度都慢得出奇，几个人都瞪着对手，但要超出哪怕再多一米已经很难。

"成才已经到了！只剩下一个名额了！你看见没有？！"伍六一望着绿意葱葱的槲树林对许三多说。

许三多根本就没抬头看，他的力气依然用在对伍六一的拖拉上。

"只剩一个名额！你把我拖到也不算！脑子进水啦！"

"加把劲……再加把劲。"

伍六一盯着那张汗水淋漓的虚脱的脸，忽然间恍然大悟："我知道你要干什么了？你想拖着我跑到头，你自己装蛋趴窝是不是？"

许三多还是没吱声，他只管在脚下使劲。

伍六一想突然挣开他，却发现那小子手上劲大得出奇，横担在他肩上的一只手臂简直已经被许三多的手掐到了肉里。

"蠢货……你不是笨是蠢了……我用得着你施舍吗？……我会去告你的！……你放开……求你放开……到嘴的馒头我们都不吃，现在为什么干这种事？"伍六一已经哭了。

"跑了好远……从家跑到这……前边都是你们推着扛着……最后这一下……我帮一下，又算什么？"

伍六一已经完全没力气可用了，他只能看着许三多往前一步步挣扎。

伍六一本来是狂怒加无奈的眼神也慢慢平和下来，他说："许三多，你说得对。咱们不是朋友，又是什么呢？"

近在咫尺的砰的枪响，把许三多吓了一跳。

是伍六一手中的信号枪，枪口还在冒着烟。

信号弹正缓缓地升上天空。

伍六一一瘸一拐地高举着双臂，向着终点挥舞着，他说："我跑不动了！我弃权！"

他真的是跑不动了，刚走出两步，便轰然倒地。

救护车是随时准备的，几名卫生兵已经发动汽车过来。

许三多呆呆地看着伍六一。

伍六一瞪着他，挥着拳头喊着："跑啊！许三多！"

许三多掉头开始他的最后一段狂奔。那领先的两个兵意识到了身后的威胁，也使出了最后的力气狂奔了起来。

许三多喊叫了，他在喊叫中开始了不可能的加速，第一次加速就超过了那两人。

一个被超过的士兵终于丧失了信心,在许三多超过他的同时摔在了地上。然而,他那位战友却不管不顾地回身拉起了他。

许三多仍在喊叫着,喊叫声中救护车与他交错而过,喊叫声中许三多的声音将所有人的声音淹没,喊叫声中许三多刚流出的眼泪被风吹干,他在喊叫声中跨越了终点。

喊叫声中,许三多的双手砰的撑在那辆越野车的保险杠上。

成才欢天喜地地跑过来,他想与许三多拥抱,许三多抬起头,那双眼睛里的冷淡让成才愣住了。

许三多回头看着刚刚跑过的路,他看到那两名士兵正互相地搀扶着跨越终点。

远处的伍六一,已经被卫生兵用担架抬上救护车。伍六一笑得像个大男孩一样,向这边不停地挥挥手。

没有可以分享的快乐,只有独自承担的磨难。现在的软弱正好证明,你一直是那么坚强。

许三多慢慢坐倒在地上。

介绍工艺流程

在工业品生产中,从原料到成品需要一系列的工序,这些工序安排的程序就是工艺流程。在学习、工作和日常生活中,我们常常需要向别人介绍产品的工艺流程。

 典型案例

景泰蓝是多数人喜爱的手工艺品,现在把它的制作过程说一下。

景泰蓝拿红铜做胎,为的红铜富于延展性,容易把它打成预先设计的形式，要接合的地方又容易接合。一个圆盘子是一张红铜片打成的，把红铜片放在铁砧上尽打尽打，盘底就洼了下去。一个比较大的花瓶的胎分作几截，大概瓶口，瓶颈的部分一截，瓶腹鼓出的部分一截，瓶腹以下又是一截。每一截原来都是一张红铜片。把红铜片圈起来，两边重叠，用铁锤尽打，两边就接合起来了……

第二步工作叫掐丝，就是拿扁铜丝（横断面是长方形的）粘在铜胎表面上。这是一种非常精细的工作。掐丝工人心里有谱，不用在铜胎上打稿，就能自由自在地粘成图画。譬如粘一棵柳树吧，干和枝的每条线条该多长，该怎么弯曲，他们能把铜丝恰如其分地剪好曲好，然后用钳子夹着，在极稠的白芨浆里蘸，粘到铜胎上去。柳树的每个枝子上长着好些叶子，每片叶子两笔，像一个左括号和一个右括号，那太细小了，可是他们也细磨细琢地粘上去。他们简直是在刺绣，不过是绣在铜胎上而不是绣在缎子上，用的是铜丝而不是丝线、绒线。

刚才说铜丝是蘸了白芨浆粘在铜胎上的，白芨浆虽然稠，却经不住烧，用火一烧就成了灰，铜丝就全都落下来了，所以还得焊。先在沾满了铜丝的铜胎上喷水，然后拿银粉、铜粉、硼砂三种东西拌和，均匀地筛在上边，放到火里一烧，白芨成了灰，铜丝就牢牢地焊在铜胎上了。

于是轮到涂色料的工作了，他们管这个工作叫点蓝。图上的色料有好些种，不只是一种蓝色料，为什么单叫做点蓝呢？原来这种制作方法开头的时候多用蓝色料，当时叫点蓝，就此叫开了（我们苏州管银器上涂色料叫发蓝，大概是同样的理由）。这种制品从明朝景泰年间十五世纪中叶开始流行，因而总名叫景泰蓝。

现在该说烧的工作了。涂色料的工作既然叫点蓝，不用说，烧的工作当然叫烧蓝。涂了三回烧了三回以后，就是打磨的工作了。先用金刚砂石水磨，目的在使成品的表面平整。所谓平整，一是铜丝跟涂上的色料一样高低，二是色料本身也不许有一点儿高高洼洼。磨过以后又烧一回，再用磨刀石水磨。最后用椴木炭水磨，目的在使成品的表面光润。椴木木质匀净，用它的炭来水磨，成品的表面不起丝毫纹路，越磨越显得鲜明光滑。旁的木炭都不成。

椴木炭磨过，看来晶莹灿烂，没有一点儿缺憾，成一件精制品了，可是全部工作还没完，还得镀金。金镀在全部铜丝上，方法用电镀。镀了金，铜丝就不会生锈了。

——选自叶圣陶《景泰蓝的制作》

【案例评析】　景泰蓝是我国传统手工艺品中的一朵奇葩，它以制造精细、工艺精湛驰名中外。叶圣陶的《景泰蓝的制作》是一篇口语色彩较强的文章，介绍了景泰蓝制作的工艺流程。作者以景泰蓝的制作过程为顺序，有条不紊地介绍了制胎、掐丝、点蓝、烧蓝、打磨和镀金这六道工序，层次清晰。在介绍每一道工序时，都把如何操作、要经过几道手续等说清楚。文章重点介绍"掐丝"和"点蓝"两道工序，突出制作景泰蓝的特有工艺和"景泰蓝的特征"，让人们了解这种民族工艺品的珍贵性，同时也弘扬了民族文化。作者语言准确、通俗、自然，就像一位高明的讲解员在景泰蓝制作现场给参观者介绍一般，娓娓道来。

 相关知识

介绍产品的工艺流程，要注意以下几点。

1. 熟悉介绍的对象

介绍产品的工艺流程，一是要了解产品的各道工序及其制作原理、制作要领，二是要了解产品的原料、性能、特点、功用等。

2. 理清介绍的思路

介绍工艺流程一般按照工序逐一进行介绍，突出每个步骤的操作要求。同时，要根据产品制作的特点，突出制作的主要工序和特有工序，从而给听众留下深刻、清晰的印象。如《景泰蓝的制作》重点介绍了决定景泰蓝质量的"掐丝"和"点蓝"两道关键工序，突出了景泰蓝制作的独特风格和景泰蓝的珍贵之处。

3. 了解听众的情况

要尽可能了解听众的情况，了解听众的听讲目的、文化修养、性格特点、兴趣爱好以及对所讲内容的可接受程度等，这样才能在介绍时把握听众的心理需求，并根据听众的情况和反应及时调整介绍的内容和方式，让听众愿意听你的介绍，听懂并接受你的介绍。

4. 语言通俗准确

介绍是一种口语表达的方法，要多用短句和日常生活词汇，忌用有歧义和生僻的词汇。同时，工艺流程具有科学性，介绍语言应准确精当。此外，介绍工艺流程会涉及一些专业术语，如果向非专业人士进行介绍，要尽量不使用专业术语，即使使用也要用通俗的语言加以说明。

5. 借助相关材料

介绍前，一要准备好介绍的文字材料；二要准备好与介绍对象相关的实物、图像、多媒体软件等材料，并借助这些材料进行介绍，这样，介绍才能直观、可感，听众印象才能深刻。

绿色伴我行

——"走进生活 关注环保"宣传展

活动目的

1. 了解日益严重的环境污染情况，增强环保意识，培养社会责任感。
2. 通过调查研究，提高搜集、筛选、分析和运用信息的能力。

活动流程

一、活动准备

1. 调查考核

调查身边的环境保护情况：

(1) 拍照摄影；

(2) 查阅资料。

2. 分类整理（包括视频文字资料）

(1) 水资源污染；

(2) 土壤污染。

（要求：为图片撰写说明文字；对文字资料进行批注）

二、分组活动

1. 整理研究

按照内容做系统的介绍：

(1) 展示图片资料；

(2) 进行口头介绍。

2. 筛选典型图片和资料

制作宣传板。

3. 班集体活动

举办展览——每个小组制作一个宣传板。

流程：展示宣传板——对展览的内容进行口头介绍——制作宣传板。

4. 成果展示

集体展示最佳宣传板。

单元练习

一、给下列加点的字注音

幢（　　）　逞能（　　）　恍惚（　　）　甜腻（　　）

娴熟（　　）　斑斓（　　）　对峙（　　）　搀扶（　　）

二、文学常识填空

（1）《一碗清汤荞麦面》的作者栗良平是_____作家。

（2）《学会合作》是一篇_____，话题就是_____。

（3）《斑羚飞渡》这篇动物小说的作者是_____。

（4）小说《士兵突击》，讲述了一个农村出身的普通士兵_____的成长历程，作者是_____。

三、补充下列名句

（1）只有会与别人合作，_____。

（2）天时不如地利，_____。

（3）窈窕淑女，_____。

（4）明月松间照，_____。

（5）执手相看泪眼，_____。

（6）人生自古谁无死，_____。

四、阅读下面一段话完成练习

什么是合作呢？顾名思义，合作就是互相配合，共同把事情做好。世界上有许多事情，只有通过人与人之间的相互合作才能完成。一个人学会了与别人合作，也就获得了打开成功之门的钥匙。所以，人们常说：小合作有小成就，大合作有大成就，不合作就很难有什么成就。这是非常宝贵的人生道理，我们应该牢牢记住。

（1）照样子补写句子。

什么是合作呢？顾名思义，合作就是互相配合，共同把事情做好。

什么是情怀呢？顾名思义，情怀就是_____

（2）这段话表达的主要意思是_____运用的表达方法有_____、_____等。

五、语言运用

阅读幽默笑话《天堂和地狱的区别》，然后互相交流自己的感悟。

天堂和地狱的区别

有人和上帝谈论天堂和地狱的问题。

上帝对这个人说:"来吧,我让你看看什么是地狱。"

他们走进了一个房间,屋里一群人正围着一大锅肉汤。每个人看起来都营养不良、绝望和饥饿。他们每个人都有一只可以够到锅里的汤匙,但汤匙的柄比他们的手臂还长,自己没法把汤送进嘴里。他们看上去是那样悲苦。

"来吧,我再让你看看什么是天堂。"

上帝把这个人领入另一房间。这里的一切和上一个房间没有什么不同。一锅汤、一群人、一样的长柄汤匙。不同的是,围着大锅肉汤的人们会用自己的长柄汤匙互相喂对方喝汤。因此,大家都快乐地歌唱。

"我不懂。"这个人说,"为什么一样的待遇和条件,而他们快乐,另一个房里的人们却很悲惨?"

上帝微笑地说:"很简单,在这儿他们会喂(为)别人。"

感悟:_____
_____
_____

项目六

旅游与名胜

 主题描述

我国是世界四大文明发源地之一,而且是唯一没有受到根本性破坏的文明发源地。我国各地都有旅游景点与名胜古迹,是十分珍贵的文化遗产。民间还有许多非物质文明的文化遗产。保护它们,有利于坚持历史传统教育。

本项目共选 4 篇文章。《风格宜昌》是一篇优美的散文,彰显了浓郁的故土情结,描绘了宜昌厚重的文化风格。《世间最美的坟墓》是一代文豪列夫·托尔斯泰诠释他生命的最后驿站。《桂林山水甲天下》抓住桂林山水的特点,生动形象地展示了桂林山水的美景,表达了作者对桂林风景的喜爱之情。《洛阳诗韵》从"古、美、绝、奇"四个侧面集中摹写拥有灿烂悠久文化遗产的历史名城——洛阳,抒写作者对洛阳的偏爱和崇拜。

本项目口语交际的教学内容是"解说词"。

本项目实践活动是"我爱我的家乡——介绍我的家乡(民风习俗、特色产品、文化资源、旅游名胜)"。

 **知识目标**

(1) 熟读课文,掌握文中重要词语,积累课文中的名句;
(2) 理清文章思路,学习写作结构,理解选材与组材方法;
(3) 理解作者对旅游与名胜的喜爱之情。

 能力目标

(1) 提高概括与分析评价文章思想内容的能力;
(2) 学会抓住特点描写景物,并能学以致用;
(3) 激发学生对家乡的热爱之情,树立为振兴家乡而勤奋学习的远大目标。

任务二十一 风格宜昌

刘凯波

 山高为峰

（1）学习本文总分总的写作结构；
（2）体会作者热爱故土的思想感情；
（3）积累名句并适当得体地运用。

 阅读导航

本文是一篇优美的散文，彰显了浓郁的故土情结，描绘了宜昌厚重的文化风格。文章按照总分总的结构行文，使得全文结构紧凑。文中大量引用古诗词名句、运用排比对偶等修辞手法，增强了文章的可读性。

刘凯波，毕业于湖北三峡大学人文学院中文系，系宜昌本土作者。

上海是一种性格，脱俗得似乎少了点随和；香港是一派骄傲，金融贸易发达却疏远了古风的清雅；西安倒是被历史沉淀得极其厚重，需要的是现代化的进取。而宜昌则是一种科技与文化的融合，是一种既儒又法、既古老又新奇的风格。她古朴得认真，她进取得豪气。

你可以撑一把油纸伞，迎着迷蒙的细雨，去屈原故里、昭君墓前，寻觅历史文明的拓片与遗址。一颗忠诚祖国的心在那片古地随风高飞、远逝、神游，或听村老细说先烈事迹，或在空灵中洗涤尘世的浮躁与艰辛，禅悟生命的真谛。清江是湖北境内最后一条未被污染的河流。乘渔家的木舟在清江的绿波中荡漾的销魂劲儿，绝不亚于徐志摩"撑一支长篙""在康桥的柔波里""寻梦，向青草更青处漫溯"。清江河畔的土家族人，不问今夕何夕，捕鱼、耕猎、做小买卖，朴素到骨子里，只是偶尔高歌，偶尔起舞，与山林为伴，以水潭为侣，和祖先对话，向自然诉谈。或许你会讲，清江寂寞了点，但何尝不是寂寞让清江一直保持着圣洁与魅力呢？立足覆舟山下、长坂坡前，遥想子龙神勇、翼德雄风，不觉意气风发。闲坐扬子江边、西陵峡口，半壁桃花随风招摇，与挚友神侃于此，把酒问天，指点江山，别有一番情趣。

点石成金

齐读第 1 段，思考：开篇将上海、香港、西安与宜昌作对比，旨在说明什么？

开篇点题，总领全文。

齐读 2～4 段，依次考虑下列问题：

这个画面是否使你想起了《再别康桥》？

侃（kǎn）

"把酒问天"由宋词词句"把酒问青天"化用而来。你能写出这首宋词中广为传诵的另一个名句吗？

第 2 段写出了宜昌_____的特色。

"高峡出平湖，神女应无恙"，昔日的千里险滩，凭共产党人的英雄气概，起一川平湖，神话已非神话了。有天时——党和国家的支持；有地利——让全球羡慕的水资源；有人和——多少人为宜昌感动，对三峡瞩目，又有多少人为了三峡工程，以国家和人民的事业为重而移民他乡。只凭那厚重的历史风情就够世人缅怀的了，单凭一个葛洲坝就够世人惊叹的了，而如今的三峡大坝既是全国的焦点，也是全球的焦点。谁道宜昌只会沉醉在历史的殊荣中，谁说宜昌只会沿着古人的足迹溯古遁世？宜昌更懂进取，更懂改革与发展，宜昌是沿江开发区的一位领袖，睿智而豁达，豪气且谨慎。

漫步在宽宏富丽的夷陵广场，四周彻响着音乐，高压喷泉在彩灯倩影上骤腾骤落，一群群男男女女，老老少少，或踏歌曼舞，或游嬉其间，一时间你会顿觉花好，草好，灯好，人更好。宜昌人一派儒风，这是一种德性——山水人文所养育的德性。现代文明只有依附如此的底蕴，才让人更觉舒畅，让人油然生出一种想与它亲近的感觉。

当然，宜昌还有许多值得你去称道、咀嚼、回味的地方，比如东山隧道、九州大厦、西陵大桥……在她的怀抱中，你大可悠闲地睡一觉，因为她的山水永恒，情调永恒，文明永恒，民风永恒；而同时，你又不安心去睡着，因为一觉醒来，她的发展或许会让你目瞪口呆。

这就是宜昌。

恙（yàng）：病。
"高峡出平湖，神女应无恙"出自_____的_____诗篇中，你会背诵吗？
天时、地利、人和。
溯（sù）古遁（dùn）世
睿（ruì）智
第3段写出了宜昌_____的特色。
横线上加点的"它"指代的具体内容是什么？
第4段写出了宜昌_____的特色。
你觉得第5段与上面的三段有什么联系？
这是一个排比句，你能仿写一句吗？
读完本文，请你用一句话概括宜昌的风格。

 我手我心

秭归特产丰富：秭归桃叶橙、秭归脐橙、屈乡丝绵茶、风味腊肉、三峡特产——柑桔、秭归猕猴桃……请你从秭归的特产中任意选取其中的一种为它写一句广告词。
例如：屈乡丝绵茶——乾隆饮茶而生情，千丝万缕"丝绵茶"
广告语：（1）_____
　　　　（2）_____

 学海拾贝

（1）根据提示写出相应的汉字。
ruì（　）智而豁达　　　目（　）口呆
sù（　）古 dùn（　）世　　英雄气（　）
（2）"把酒问天"由一首宋词中的词句"把酒问青天"化用而来。请写出这首宋词中广为传诵的另一个名句。
_____

推窗望月

宜昌内涵——美好宜昌
美：山美、水美、人美、城美；
好：资源禀赋好、人文环境好、交通区位好、发展前景好；
宜：宜居、宜旅、宜业；
昌：宜人之城、昌盛之地。
城市形象——金色三峡、银色大坝、绿色宜昌；
城市精神——开放包容、务实创新、文明诚信；
城市定位——世界水电旅游名城、东方日内瓦。

任务二十二　世间最美的坟墓

[奥地利] 斯蒂芬·茨威格

 山高为峰

（1）感受文章语言的简洁清丽之美；
（2）提高概括与分析评价文章思想内容的能力；
（3）体会文章所描绘的"朴素美"，感受"朴素美"的震撼力，并领悟"朴素美"的内涵。

点石成金

在人们的印象中，坟墓通常是一个冰冷的、没有任何感情的，甚至是阴森的地方，是凭吊逝者的场所。同学们心中会有疑问，坟墓怎么会与"美"联系在一起呢？最美的坟墓会是什么样的呢？

如果忠实于我们的眼睛，托尔斯泰墓应该是"世间最_____的坟墓"。

 阅读导航

人生事事有选择，但有一件事是无法选择的，那就是死亡。就因为其无法选择，所以从古至今许多人对生命之结局作了各自的诠释，有埃及法老的木乃伊，有秦皇汉武的海外寻丹，更有唐宗宋祖的辉煌灵寝，而一代文豪列夫·托尔斯泰则这样诠释他生命的最后驿站——《世间最美的坟墓》。

斯蒂芬·茨威格（1881—1942），奥地利人，一位心地善良、淳朴谦逊、才华出众、品德高尚的优秀作家，被公认为世界上最杰出的中短篇小说家之一。代表作有《一个女人一生中的二十四小时》、《一个陌生女人的来信》、《浪子野心》，传记《罗曼·罗兰》、《三位大师》等。

我在俄国所见到的景物再没有比托尔斯泰墓更宏伟、更感人的了。这块将被后代永远怀着敬畏之情朝拜的尊严圣地，远离尘嚣，孤零零地躺在林荫里。顺着一条羊肠小路信步走去，穿过林间空地和灌木丛，便到了墓冢前；这只是一个长方形的土堆而已。无人守护，无人管理，只有几株大树荫庇。他的外孙女跟我讲，这些高大挺拔、在初秋的风中微微摇动的树木是托尔斯泰亲手栽种的。小的时候，他和哥哥尼古莱，听保姆或村妇讲过一个古老传说，提到亲手种树的地方会变成幸福的所在。于是他们俩就在自己庄园的某块地上栽了几株树苗，这个儿童游戏不久也就忘了。托尔斯泰晚年才想起这桩儿时往事和关于幸福的奇妙许诺，饱经忧患的老人突然从中获得了一个新的、更美好的启示。他当即表示愿意将来埋骨于那些亲手栽种的树木之下。

划出描写这座墓的句子。

后来就这样办了，完全按照托尔斯泰的愿望，他的墓成了世间最美的、给人印象最深刻的、最感人的坟墓。

作者是怎样表现托尔斯泰墓的朴素美的？

它只是树林中的一个小小长方形土丘，上面开满鲜花，没有十字架，没有墓碑，没有墓志铭，连托尔斯泰这个名字也没有。这个比谁都感到受自己的声名所累的伟人，就像偶尔被发现的流浪汉、不为人知的士兵那样不留名姓地被人埋葬了。谁都可以踏进他最后的安息地，围在四周的稀疏的木栅栏是不关闭的——保护列夫·托尔斯泰得以安息的没有任何别的东西，唯有人们的敬意；而通常，人们却总是怀着好奇，去破坏伟人墓地的宁静。这里，逼人的朴素禁锢住任何一种观赏的闲情，并且不容许你大声说话。风儿在俯临这座无名者之墓的树木之间飒飒响着，和暖的阳光在坟头嬉戏；冬天，白雪温柔地覆盖这片幽暗的土地。无论你在夏天还是冬天经过这儿，你都想象不到，这个小小的、隆起的长方形包容着当代最伟大的人物当中的一个。然而，恰恰是不留姓名，比所有挖空心思置办的大理石和奢华装饰更扣人心弦：今天，在这个特殊的日子里，成百上千到他的安息地来的人中间没有一个有勇气，哪怕仅仅从这幽暗的土丘上摘下一朵花留作纪念。人们重新感到，这个世界上再也没有比这最后留下的、纪念碑式的朴素更打动人心的了。老残军人退休院大理石穹隆底下拿破仑的墓穴，魏玛公侯之墓中歌德的灵寝，西敏司寺里莎士比亚的石棺，看上去都不像树林中的这个只有风儿低吟，甚至全无人语声，庄严肃穆，感人至深的无名墓冢那样能剧烈震撼每一个人内心深藏着的感情。

托尔斯泰为什么不要富丽、豪华的坟墓，而要选择这么一个土丘作为自己的安息之地呢？你得到的启示是什么？

这句话采用_____的修辞手法，突出托尔斯泰墓_____的特点。

让我们再来看看那些亲临墓地的人们和作者有什么感受吧！

采用白描的手法借助于对景物的描绘抒写个人情感。

进行比较，从反面来衬托。

伟人与伟人比较，让人感受其雄伟，朴素的伟大品格净化了人们的心灵。

 我手我心

发挥你的想象补全下列语句。

我爱我的家，它没有_____，也没有_____，只有_____。

我爱我的爸爸，他没有_____，也没有_____，只有_____。

学海拾贝

(1) 给下面词语注音并解释。
①尘嚣：_____
②荫庇：_____
③禁锢：_____
④穹隆：_____
⑤震撼：_____
(2) 摘录并背诵本文出现的名句。

 推窗望月

列夫·托尔斯泰

19世纪末20世纪初俄国最伟大的文学家，也是世界文学史上最杰出的作家之一，他的文学作品在世界文学中占有一流的地位。代表作有《安娜·卡列尼娜》、《战争与和平》、《复活》以及自传体小说三部曲《童年》、《少年》、《青年》。其他作品还有《一个地主的早晨》、《哥萨克》、《塞瓦斯托波尔故事集》、《琉森》等。他一生笔耕不辍，登上了当时欧洲批判现实主义文学的高峰。

任务二十三　桂林山水甲天下

陈　淼

 山高为峰

(1) 联系上下文，体会传说故事对增强景区神秘感的作用；
(2) 感受作者对桂林山水的真诚赞美，对祖国大好河山的热爱之情；
(3) 学会抓住特点描写景物，并学会迁移。

 阅读导航

这篇课文抓住桂林山水的特点（水：静、清、绿；山：奇、秀、险），以优美、简练的语言，生动形象地展示了桂林山水的美景，表达了作者对桂林风景的喜爱之情。

陈淼（1927—1981），男，汉族，辽宁大连人。著有散文集《早晨集》、

《春雨集》，中篇小说《劳动姻缘》，短篇小说集《炼钢工人》、《红榜的故事》，话剧剧本《红旗歌》（合作）等。

点石成金

齐读课文并思考：第1段主要写了什么内容？

简要概括"桂林山水甲天下"名称的由来。

人们都说："桂林山水甲天下"。我们乘着木船荡漾在漓江上，来观赏桂林的山水。

我看见过波澜壮阔的大海，玩赏过水平如镜的西湖，却从没看见过漓江这样的水。漓江的水真静啊，静得让你感觉不到它在流动；漓江的水真清啊，清得可以看见江底的沙石；漓江的水真绿啊，绿得仿佛那是一块无瑕的翡翠。船桨激起的微波扩散出一道道水纹，才让你感觉到船在前进，岸在后移。

阅读第1句话，思考波澜壮阔的大海，水平如镜的西湖和漓江的水比的是什么？仔细阅读，概括漓江水的特点。

课文用了什么方法描写漓江水的特点？

我攀登过峰峦雄伟的泰山，游览过红叶似火的香山，却从没看见过桂林这一带的山，桂林的山真奇啊，一座座拔地而起，各不相连，像老人，像巨象，像骆驼，奇峰罗列，形态万千；桂林的山真秀啊，像翠绿的屏障，像新生的竹笋，色彩明丽，倒映水中；桂林的山真险啊，危峰兀立，怪石嶙峋，好像一不小心就会栽倒下来。

快速地阅读第3段，本段写的是什么景色？

独秀峰的石头有什么特点？"独"应该怎么解释？

桂林的山_____、_____、_____。

这样的山围绕着这样的水，这样的水倒映着这样的山，再加上空中云雾迷蒙，山间绿树红花，江上竹筏小舟，让你感到像是走进了连绵不断的画卷，真是"舟行碧波上，人在画中游"。

比较2、3两段，找出写作上的相同点和不同点。

 我手我心

(1) 漓江的水真绿啊，绿得仿佛是_____。_____，_____。

(2) 桂林的山真奇啊，_____，_____。

再来朗读整篇文章，并思考一个问题，为什么说桂林山水是中国山水风景的一大奇观？（从全文出发思考问题）

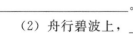 **学海拾贝**

(1) 桂林山水甲天下，_____；群峰倒影山浮水，_____。

(2) 舟行碧波上，_____。

写景的文章要按照一定的顺序，作者是按照怎样的顺序描写桂林山水的？

 推窗望月

桂 林 山 水

桂林，位于广西东北部，是世界著名的旅游胜地和历史文化名城。地处漓江西岸，以盛产桂花、桂树成林而得名，典型的喀斯特地形构成了别具一格的桂林山水。桂林山水是对桂林旅游资源的总称,指的范围很广,项目繁多,它包括山、水、喀斯特岩洞、古迹、石刻,等等。一向以山青、水秀、洞奇、石美的"四绝"而享有"山水甲天下"的美誉。

桂林不仅是我国重点的风景游览城市和园林城市,也是国务院命名的第一批历史文化名城。2003年,世界旅游组织将桂林与北京、上海、西安一起列为中国最佳旅游城市,向世界旅游者郑重推荐。

任务二十四　洛阳诗韵

叶文玲

 山高为峰

(1) 掌握文中重要词语,熟读课文;
(2) 理清文章思路,理解选材与组材方法,把握主题;
(3) 培养热爱悠久灿烂的民族文化的情感。

 阅读导航

洛阳,因位于洛河之阳而得名,曾历经22个朝代建都,是中国建都最早、朝代最多、历史最长的都城,累计建都历史达1500年之久,号称"九朝古都"。本文从"古、美、绝、奇"四个侧面集中摹写文化遗产灿烂悠久的洛阳。抒写作者对洛阳的偏爱和崇拜。

叶文玲,1942年生,长期在河南工作,曾任浙江省作协主席。作品《叶文玲文集》。

中原忆,最忆是洛阳。情思悠悠中写下这句话,连笔尖都带了几分醉意。

水自天上来的黄河,浩荡东去,沿途凝结了一颗颗明珠似的城市,<u>洛阳是璀璨的一颗。</u>

<u>洛阳一似黄河激扬雄浑的音符,洛阳又像春之神明媚动人的笑靥。</u>不不,洛阳就是洛阳,洛阳是历史厚重的馈赠和沉积,从洛阳发掘的文化遗产,足可以代表中华民族灿烂的精神财富。

在河南的24载中,洛阳是我去的最勤的地方,特殊的机遇和亲缘,使我对洛阳十分偏爱。我总觉得这个九朝古都,有着特殊的况味,不然的话,历代文人墨客,也不会把对洛阳的赞誉,写进千首万阕诗词里了。

"陆机入洛，噪起才名。"——30年前，我曾抄录这一古句，慰勉当时发落邙山的兄长。我对这个东汉、魏晋、隋唐时代的全国乃至亚洲的经济文化中心，有着笃诚的崇拜。洛阳，光名字就是古色古香，充满文情和诗意的；洛阳，历代才俊辈出，在东汉时就有过3万多太学生呐！

24年前，我初访洛阳，就觉得她名不虚传。24年中多次去洛阳，一次比一次深地感受到她的古美和奇绝。

洛阳古，她有"天下第一寺"的白马寺。许多城市的风景点，常见冠以"天下第一"的美称，但都没有白马寺这个"第一"教我感到真切实在。

据史书记载：东汉永平八年，明帝遣使去天竺国求佛经，得贝叶经四十二章和佛像，用白马驮回。天竺沙门摄摩腾、竺法兰护送至京师，遂建成了中国佛教之源的白马寺。白马寺门口那匹粗拙的石塑白马，便是文化使者的象征；寺后墓园中，摄摩腾和竺法兰的大圆坟，年年芳草青青，更使历史和现实贴近。

洛阳美，她有群芳之冠的牡丹。聪明的洛阳人，古戏今做，把传说中不肯献媚而被武则天贬谪的牡丹奉为市花，在花事烂漫的5月，年年举行规模空前的牡丹花会。这一来，王城公园的牡丹，越发明媚娇妍；市区的十里长街，更有三步一座姹紫嫣红的牡丹园。而今，洛水之畔看牡丹，已成了域外海内的文明盛事。花会期间，洛阳城日日车水马龙，游人如织。人笑传：光捡看花人挤落的鞋子，都能捡上几大车呢！

洛阳绝，她有1300年历史的唐三彩。这种运用赭、白、绿色铅釉烧制的三彩陶名扬天下。其中造型最优美的马和骆驼，已成了人们馈赠亲友的佳品。不久前，在洛阳还发掘了隋代的三彩骆驼，它釉色苍晦素净、姿态生动逼真，无愧是隋代工匠的杰作，也是举世罕见的艺术瑰宝。而今，唐三彩驼、马，已带着它特有的明光丽色，"走"向世界各地；我在不止一个外国朋友的柜橱中，看到了它们的风姿。去年，当我告别中原时，谙熟我心思的哥哥，一下为我"牵"来了五匹大小不同的唐三彩马，真是"愿借明驼千里足"送我还故乡呢！

洛阳奇，更因她有无比雄伟的龙门石窟。这个在洛阳市南12公里的去处，有与洛阳同样古香古色的名字：伊阙。

龙门山（西山）和香山（东山）夹峙伊水，岚气氤氲，翠峰如簇，北流入洛的伊河，烟柳重，春雾薄，鱼浪起，千片雪。看惯了黄河的浊黄，你定要惊异这伊水怎会如此清碧；见多了黄土地的苍凉，你更会讶然这龙门两山竟夺得千峰翠色，春意乱生；而教你真正称奇的，当然还是那浩大辉煌的石窟。

据记载，开凿于北魏太和十八年的龙门石窟，延续至唐代，历时400余年。令人痛心的是十之八九的小佛像，头部已遭损毁，最著名的《帝后礼佛图》浮雕也被盗凿。但是，残留的佛像形态乃至每块衣袂，都刀法圆熟，极其传神。现存的1352个石窟，785个龛，9.7万余尊造像，3680种题记，凝结着我们民族文化的精华。

龙门石窟最雄奇的是奉先寺。卢舍那的塑像是我所见各地佛像中最美的一尊。那婉约端丽的姿态，那摄人心魄的慧眼美目，那浅笑盈盈的秀美双唇，真是集美之大成。

到洛阳，游龙门，不拘四季，无论晨昏，一棹碧涛春水路，龙门石窟永远向你展示着壮美的大观。而当你沿着香山寺、白居易墓、宾阳洞、药方洞、万佛洞、奉先寺一一游赏时，你将会如品诗韵、如临仙境，一轴六代九朝的画卷，一部中华民族的文化史，正徐徐向你展开。

解 说 词

解说词是对人物、画面、展品或旅游景观进行讲解、说明、介绍的一种应用性文体，采用口头或书面解释的形式，或介绍人物的经历、身份、所作出的贡献（成绩）、社会对他的评价等，或就事物的性质、特征、形状、成因、关系、功用等进行说明的文字。

 典型案例

"三峡大坝景区"解说词

金色三峡、银色大坝、绿色宜昌，欢迎大家来到美丽的水电名城——湖北宜昌。宜昌自古以来就是兵家必争之地，可谓人杰地灵。而大家现在认识宜昌可能还是因为我国的世纪工程也是世界瞩目的耀眼明珠——三峡水利枢纽工程，今天我们要参观的也就是三峡水利枢纽工程的主体——三峡大坝景区。三峡大坝景区主要包括西陵长江大桥、双向五级船闸、坛子岭景区、升船机、大坝主体及电站以及截流纪念园。因为前6个景点主要位于长江南岸，所以我们先为参观，而位于长江北岸的截流纪念园则作为我们参观的最后一站。

在参观开始之前,让我们首先来了解一下三峡水利枢纽工程。长江三峡水利枢纽工程,简称三峡工程,是中国长江中上游段建设的大型水利工程项目。分布在中国重庆市到湖北省宜昌市的长江干流上,大坝位于三峡西陵峡内的宜昌市夷陵区三斗坪,并和其下游不远的葛洲坝水电站形成梯级调度电站。它是世界上规模最大的水电站,也是中国有史以来最大型的工程项目。

首先映入我们眼帘的是西陵长江大桥。西陵长江大桥为公路桥。位于三峡大坝中轴线下游4.5公里处,是长江上的第一座悬索桥,为单跨900米的钢箱梁悬索桥,刚建成时其跨度在同类型桥梁中居国内第一、世界第七,目前居国内第五(2006年12月)。大桥全长1118.66米,主跨900米,全宽21米,双向4车道。正常水位最大通航净空30米。桥面结构采用钢箱梁。该桥于1993年12月开工,1996年8月竣工通车,是三峡工程建设的两岸交通的主要通道,为三峡工程的成功建设立下了汗马功劳。

我们现在看到的是巨大的三峡船闸。三峡双线五级船闸,规模举世无双,是世界上最大的船闸。船闸的水位落差之大,堪称世界之最。三峡大坝坝前正常蓄水位为海拔175米高程,而坝下通航最低水位62米高程,这就是说,船闸上下落差达113米,船舶通过船闸要翻越40层楼房的高度。此前,世界水位落差最大的船闸也只有68米。

三峡船闸的旁边就是坛子岭景区了。坛子岭景区是三峡工地的制高点,是观赏三峡工程全景的最佳位置。坛子岭因外形像一个倒扣的坛子而得名。景区总面积约10万平方米,整个景区包括观景台、浮雕群、钢铁大书、亿年江石模型室和绿化带等,综合展现了源远流长的三峡文化,表达了人水合一、化水为利、人定胜天的鲜明主题。

与船闸相互辉映的便是世界最大的升船机了。升船机是三峡工程设计中最后一个永久性建筑物,其主要作用是为客货轮提供快速过坝通道,并与三峡双线五级船闸联合运行,提高三峡水利枢纽的航运通过能力。三峡升船机为齿轮齿条爬升式垂直升船机,由上游引航道、上闸首、船厢室、下闸首和下游引航道组成。

大家所看到的位于大江之中的就是我们所熟知的三峡电站了。她就像一条巨龙一样截断了滚滚的长江水。三峡大坝为混凝土重力坝,它坝长2335米,底部宽115米,顶部宽40米,高程185米,正常蓄水位175米。大坝坝体可抵御万年一遇的特大洪水,最大下泄流量可达每秒钟10万立方米。三峡水电站的机组布置在大坝的后侧,共安装32台70万千瓦水轮发电机组,其中左岸14台,右岸12台,地下6台,另外还有2台5万千瓦的电源机组,总装机容量2250万千瓦,远远超过位居世界第二的巴西伊泰普水电站。

经过在南岸的参观我们对三峡工程已经有了一个比较详细的了解。那么它又是怎么建设的呢?让我们到江北的截流纪念园去看看三峡建设者的三峡建设历程。三峡截流纪念园是以三峡工程截流为主题,集游览、科普、表演、休闲等功能于一体的国内首家水利工程主题公园。景区位于三峡大坝右岸下游 800 米处。景区分入口区、演艺眺望区、遗址展示区和游乐休憩区等 4 个区域，由截流记事墙、演艺广场、亲水平台、幻影成像、大型机械展示场、攀爬四面体、平抛船等十几个景观组成。三峡截流纪念园反映了三峡人建设三峡的图景，力图体现人定胜天、天人合一的截流文化主题精神。

今天我们的参观就到这里了，谢谢大家。

 相关知识

（1）解说词具有说明性和文学性的特点。解说词是以说明作为主要表达方式的一种文体，以介绍人物的经历、事迹、事物的来历、沿革、价值等为主要目的。观众、游客通过解说词可以了解眼前的景物所反映、所蕴含的深层次的意义。一篇好的解说词犹如一首诗、隽永流畅，可以产生深远的影响。

（2）解说词可分为文字解说和口语解说两类。文字解说是为展品、名胜所撰写的说明，侧重于介绍来历、沿革、特色等。这种解说词大量采用古诗词、成语等，文字凝练，极富文采。口语解说是供解说员进行口头解说的说明，侧重于介绍过程、事迹、意义等。这种解说词用生动的描述、形象的比喻，引发参观者的联想。它多使用短句，少用文言词，口语色彩浓烈，易于上口，好听易懂。

（3）解说词的结构安排大致有三种。

①连贯式，适用于解说相对集中的内容，比如名胜古迹、人物事迹等，解说内容紧密围绕一个中心思想，从不同侧面对解说对象进行描述，这种结构易于发挥，易于进行细致的描写。

②罗列式，适用于解说形态不同、画面各异的展品、图片，比如背景介绍、集体人物的分述。各实物或人物具有相对的独立性，可各自成篇，表面看它们不相连属，实质上都有一条主线贯穿其中，这种结构有助于参观者领会每个画面的意思。

③配音式，适用于电影、电视的配音解说，它按照影视的镜头划分，将写在相应表格中的解说词，再与解说画面逐一对应，以利于播音员按图讲解。

（4）撰写解说词要注意以下几点。

①把握解说对象间的关系。事物之间的联系，有并列、先后、总分、主次等关系，这种关系，有分有合，分则相对独立，合则相互联系，只有按照一定的逻辑联系把它们串通起来，方能组成为有机的统一体。

②掌握多种表述手段。解说词的表述方法，常见有新闻式、文艺式和阐释式三种。这三种方式适用于不同的解说对象，各具特色。

 **技能技巧**

怎样写好解说词呢?

(1) 要抓住被介绍对象的主要特征,注意运用典型及对比的手法,给人以实感。突出典型,运用对比,点面结合,由表及里地揭示事物的本质特征。

(2) 要眉目清楚,深入浅出。解说词多是用于向不了解某一事物的人进行解说的,因此,必须眉目清楚。

(3) 要有强烈的感情,语言要形象。解说词不仅有介绍、说明作用,还要有一定的感染力,要引起强烈的共鸣。解说词要表达强烈的感情,除了形象的语言外,还可以运用排比、对偶、反复等修辞手段,并注意语言的音韵与节奏。

我爱我的家乡

——介绍我的家乡(民风习俗、特色产品、文化资源、旅游名胜)

 活动目的

了解家乡的风景、风俗文化、特色小吃、历代名人等知识。培养学生搜集、筛选、归纳和利用资料的能力。让学生走向社会,亲近大自然,去寻找美、发现美,并学会拍摄,让美化为永恒的记忆。通过本节综合实践活动课,让学生感受到家乡的美,激发学生对家乡的热爱之情,树立为振兴家乡而勤奋学习的远大目标。

 活动流程

一、活动准备

(1) 让学生通过各种方式搜集家乡民风习俗、特色产品、文化资源、旅游名胜等的材料或图片。

(2) 让学生观看"家乡文化"视频。

（3）让学生参观人文景观。

（4）发动学生去家乡的景点游玩，并拍些美丽的画面。

（5）引发学生的问题意识。指导学生在展示家乡美的同时，要善于发现问题，研究问题，为家乡发展献计献策。

（6）举办"我爱我的家乡"综合实践活动系列展览。

二、活动实施

让学生利用周末时间游玩家乡的风景名胜，在与山水相约的过程中，领略大自然的神奇，搜集风景名胜的资料。学生们还可以自由组合成几个小分队，走访仙居寺，走访家乡名人，请教亲朋好友，了解家乡的风土人情、特色小吃、民间故事和名人故事等，做好材料的搜集和整理工作。

三、活动展示

在同学们整理编辑的基础上，举行"我爱我的家乡"综合实践活动汇报交流，选出优胜小组在年级组展示，举办"我爱我的家乡"作品系列展览。

 活动延伸

（1）请你用最好的方式来赞美家乡、展示家乡。

（2）任选一处家乡的景点，为它设计一句广告语。

（3）任选一种家乡特产，为它设计一句广告词。

（4）为建设家乡提出合理化的建议。

第一部分　书　　写

请将"1~10"的大写写在格内。

壹									

第二部分　基础知识与语言运用

一、单项选择题

1. 下列词语中，加点的字读音有错误的一组是（　　）

　　A. 便当（dang）　　臀（tún）部　　明净（jìng）　　可测（cè）

　　B. 燠（yù）热　　　奖券（quàn）　　中（zhòng）奖　　淹没（mò）

　　C. 厌恶（wù）　　　油腻（nì）　　　禅（chán）师　　耐心（nài）

　　D. 污秽（huì）　　　笨拙（zuó）　　沉（chéng）默　　露（lòu）出

2. 下列词语中，没有错别字的一组是（　　）

A. 清清爽爽　敷衍　款待　惦念　嘱咐
B. 干干净净　抚养　殷勤　好象　候车
C. 不辞劳苦　搜索　铜活　高粱　欢渡
D. 爱屋及乌　挣扎　筹划　安祥　揉合

3. 下列各句中，加点的成语使用恰当的一句是（　　）

A. 有的商品广告，言过其实，误导消费者。
B. 学校准备举行秋季运动会，大家都兴致勃勃，体育委员更是推波助澜，积极组织班级同学报名参加。
C. 犯了错误首先应该检查自己，无动于衷或因此居功自傲，都是不对的。
D. 他的文章题材新颖，内容生动，有不少观点是一孔之见。

4. 下列各句中，比喻修辞手法运用不恰当的一句是（　　）

A. 红柳的根像一柄巨大章鱼的无数脚爪，缠附至沙丘逶迤的边缘。
B. 他唱的歌曲韵味醇厚，像新茶、像陈酒、像大地。
C. 红柳的枝叶在灶膛里像闪电一样，转眼就释放完了。
D. 远方的几个小岛，在海浪的摇篮中像一个个可怜的宝宝。

5. 为下面四行诗所加的标点符号，最准确的一项是（　　）

坚贞就在这里
爱
不仅爱你伟岸的身躯
也爱你坚持的位置　足下的土地

A. ——，，，！　　　B. ：——，，。
C. ——：，，。　　　D. ，：，、。

6. 下列句子中，没有语病的一句是（　　）

A. 校区总体设计工作，融会了各派的建筑风格，得到大家的充分肯定。
B. 展览馆里陈列着各色各样的孔繁森同志生前使用过的东西。
C. 大批灾区儿童重新走进宽敞明亮的教室，坐上了崭新的桌椅，广大家长对此十分满意。
D. 降价促销是一种低层次的竞争手段，通过降价来促销，有如饮鸩止渴。

二、填空题

（一）诗文联句

7. 关关雎鸠，在河之洲。_____。

8. _____，爱而不见，搔首踟蹰。

9. 君子博学而日参省乎己，_____。

（二）文学常识

10. 《诗经》从内容上分为_____三类，表现手法有_____。

三、语言运用与表达

11. 下面分别是两个班级的运动会解说词，仔细阅读后为你的班级写一段 80 字左右的运动会解说词。

示例：

（1）瞧！一群意气风发、精神抖擞的年轻人正向我们走来。整齐的步伐踏出他们的坚定，灿烂的微笑书写着他们的热情，嘹亮的口号体现着他们的实力。就是这样一个由 41 人组成的团体，他们团结友爱，勤奋好学。他们用淋漓的汗水挥洒拼搏的赛场；用晶莹的泪水拥抱胜利的辉煌。这就是他们，这就是永远的、激情飞扬的_____班！

（2）放飞理想、放飞激情、勇往直前、永不言败，_____班正踏着朝阳，激情豪迈地走过来；这，是一个奋发向上、充满朝气的班级，他们步伐矫健、精神抖擞，在向你我庄严地宣告：_____班，本届运动会上最亮丽的风景线。

写作：_____

第三部分 现代文阅读

阅读下面的文字，完成 12~14 题。

人们在吃饱穿暖之后，知道了要储蓄，以便在需要的时候支取它，借助它走出困境。每当我点清一张张金额不大但令人鼓舞的存单时，心里就有一种感悟：人生，不也是储蓄吗？

一个人呱呱坠地，便开始储蓄亲情。这一储蓄会伴随他或她走过一生。他们所储蓄的，是一种血肉相连的情感，是一笔超越时空的财富，无论离的多远、隔的多久，都可以随意支取和享用它。有了亲情这笔储蓄，即便在物质上很贫困，精神上却是富有的；而不懂得或丢失了亲情的储蓄，无异于泯灭了本性和良心。

友情，也是人生一笔受益匪浅的储蓄。这储蓄，是患难中的倾囊相助，是错误路上的逆耳忠言，是跌倒时一把真诚的搀扶，是痛苦时抹去泪水的一缕春风，真正的友情储蓄，不是可以单项支取的，而要通过双方的积累加重其分量。任何带功利性的友情储蓄，不仅得不到利息，而且连本钱都会丧失殆尽。

爱情是一种幸福而艰苦的储蓄。一对陌生相遇的男女，婚前相恋固然需要执著的储蓄，而要在一个屋檐下应对几十年的风风雨雨，又需要储蓄多少和谐、多少默契、多少理解、多少扶助啊！这绝不是靠花前月下、甜言蜜语可以解决问题的。享用这笔储蓄如享用清冷中的一盆火、泥泞中的一缕阳光、患病中的一句深情的话语、彷徨中的一番温柔的鼓励。爱情的常爱常新，需要月月储蓄、日日积攒。

学识的储蓄需要锲而不舍。一个人从幼小到成熟的过程，就是不断的储蓄知识的过程。接受小学、中学、大学乃至更高的教育，这仅仅是储蓄知识的一个方面，重要的是刻苦勤勉，日积月累，不断的充实和更新知识，坚持活到老学到老，"储蓄"到老。人生需要储蓄的东西很多。储蓄人生，就是要储蓄人生中那些最宝贵、最难忘、最精致的部分，储蓄一切至真至善至美。一个人懂得储蓄什么，并知道怎样去储蓄，实在是一种智慧与幸运。

12. 下列各项都源于文章的重点句，最适合做标题的一项是（　　）
 A. 储蓄是一种智慧与幸运　　　B. 储蓄一切至真至善至美
 C. 储蓄人生　　　　　　　　　D. 人生，不也是储蓄吗？

13. 文中谈到人生应该储蓄亲情、友情、爱情、学识。作者认为，储蓄友情要_____；储蓄学识要_____。

14. 储蓄是一种智慧，你认为在现实生活中最需要储蓄的是什么？准备怎样储蓄？请用简明的语言概括自己阅读后的感悟。

_____
_____
_____
_____

第四部分　写　　作

15. 以"感恩"为话题写一篇作文，体裁不限，字数500字以上。

项目七

求职与择业

 主题描述

本项目阅读与欣赏的学习重点，是在整体把握文章思想内容的基础上品味语言。所谓品味语言，就是对文章的语言加以细心揣摩、辨析，领会其内涵和表达效果。品味文章的语言，既可以抓住文章的重要词语、关键句子和具体段落进行揣摩，也可以从文章整体的语言风格，以及文体的特点入手加以分析。

本项目所选的4篇课文有小说，有议论文。小说是通过具体生动的艺术形象来反映社会生活和时代风貌的，所以阅读小说也是认识社会、认识人生的重要手段。议论文则通过一系列鲜明的事例和名言俗语来表达作者对社会的认识，从而引起读者共鸣。

《差不多先生传》借差不多先生一生凡事敷衍塞责、不肯认真，结果以悲剧收场的故事，指出这种行事态度正是中国国民的通病，期望中国人警惕觉悟，铲除陋习。《敬业与乐业》论述了敬业与乐业的重要性，殷切地希望大家发扬敬业与乐业精神。《应聘》通过一个母亲替儿子求职的故事，告诉年轻一代不能做温室里的花朵，从小要自立自强，自己的路自己走，命运要靠自己掌握的道理。《白手起家，但不能手无寸铁》通过一系列的事例和名言俗语论述了一个人的成功，来自于对自己优势的发现，来自于对自己所从事的事业的专注和投入，来自于对自己事业的无怨无悔！

本项目的口语交际内容是"应聘"。

本项目的实践活动是"展望我们的职场——'我的职业设计'策划会"。

 **知识目标**

（1）了解作者的相关知识和写作背景；
（2）品味与领悟文章主旨，仔细体会演讲风格和口语特色的巧妙结合；
（3）学习"举例子"和"讲道理"两种论证方法。

 能力目标

（1）品味文章语言，理解语言对突出文章主旨的作用；
（2）掌握演讲和应聘的技巧；
（3）展望未来的职场，进行职业策划。

任务二十五　差不多先生传

胡　适

（1）品味幽默的讽刺语言，理解作品的讽喻含义；
（2）理解作者的写作意图，看透差不多先生的本质，认识到敷衍塞责、马虎从事的危害，探究文章的现实意义。

本文是胡适创作的一篇传记题材寓言，讽刺了当时中国社会那些处世不认真的人。全篇不仅语言朴实无华，甚至连讲述的几件事也普通之极，例如买糖、念书、记账、搭车、治病之类。这些事都非常生活化，人人经历，人人都明白。这就更有助于人们理解中国人处事马虎、不肯认真的"差不多"精神，不得不使人猛然警醒，让读者的心灵于朴朴素素的文字中受到强烈的震撼。

胡适（1891—1962），字适之，安徽绩溪人。1920年出版中国新文学史上第一部白话诗集《尝试集》，并著有独幕剧《终身大事》。胡适先生是第一个提倡白话文写作的文学大师，对中国现代文学的推动起着巨大的作用。

点石成金

整体感知课文，思考：

作者从哪些方面介绍差不多先生的？

①相貌：（读第3段，划出关键词语）

②生平事迹：（读第5～第11段，划出关键词语）

你知道中国最有名的人是谁？

提起此人，人人皆晓，处处闻名。他姓差，名不多，是各省各县各村人氏。你一定见过他，一定听过别人谈起他。差不多先生的名字天天挂在大家的口头，因为他是中国全国人的代表。

差不多先生的相貌和你和我都差不多。他有一双眼睛，但看的不很清楚；有两只耳朵，但听得不很分明；有鼻子和嘴，但他对于气味和口味都不很讲究。他的脑子也不小，但他的记性却不很精明，他的思想也不很细密。

他常常说："凡事只要差不多，就好了。何必太精明呢？"

他小的时候，他妈叫他去买红糖，他买了白糖回来。他妈骂他，他摇摇头说:"红糖白糖不是差不多吗?"

他在学堂的时候,先生问他:"直隶省的西边是哪一省?"

他说是陕西。先生说:"错了。是山西,不是陕西。"他说:"陕西同山西,不是差不多吗?"

后来他在一个钱铺里做伙计;他也会写,也会算,只是总不会精细。十字常常写成千字,千字常常写成十字。掌柜的生气了,常常骂他。他只是笑嘻嘻地赔小心道:"千字比十字只多一小撇,不是差不多吗?"

有一天,他为了一件要紧的事,要搭火车到上海去。他从从容容地走到火车站,迟了两分钟,火车已开走了。他白瞪着眼,望着远远的火车上的煤烟,摇摇头道:"只好明天再走了,今天走同明天走,也还差不多。可是火车公司未免太认真了。八点三十分开,同八点三十二分开,不是差不多吗?"

他一面说,一面慢慢地走回家,心里总不明白为什么火车不肯等他两分钟。

有一天,他忽然得了急病,赶快叫家人去请东街的汪医生。那家人急急忙忙地跑去,一时寻不着东街的汪大夫,却把西街牛医王大夫请来了。差不多先生病在床上,知道寻错了人;但病急了,身上痛苦,心里焦急,等不得了,心里想道:"好在王大夫同汪大夫也差不多,让他试试看罢。"于是这位牛医王大夫走近床前,用医牛的法子给差不多先生治病。不上一点钟,差不多先生就一命呜呼了。

差不多先生差不多要死的时候,一口气断断续续地说道:"活人同死人也差……差……差不多,……凡事只要……差……差……不多……就……好了,……何……何……必……太……太认真呢?"他说完了这句格言,方才绝气了。

他死后,大家都很称赞差不多先生样样事情看得破,想得通;大家都说他一生不肯认真,不肯算账,不肯计较,真是一位有德行的人。于是大家给他取个死后的法号,叫他做圆通大师。他的名誉越传越远,越久越大。无数无数的人都学他的榜样。于是人人都成了一个差不多先生。——然而中国从此就成为一个懒人国了。

对差不多先生的这些言行以及每件事情的结果,你有什么感悟和评价?

细读课文,思考:在本文中,差不多先生仅仅就代表他一个人吗?

如何理解差不多先生是"中国全国人民的代表"?根据文章的内容研究、探讨。

反语就是正话反说,也就是说反话。找出文中的反语并体会运用反语修辞的作用。

胡适先生写这篇文章难道只是想塑造这样一个让我们笑笑乐乐的人吗?

现今社会中,"差不多先生"是否依然存在?

结合我们今天学过的课文分析"徐州鸿济桥坍塌事件"和"杨利伟成为飞天第一人"的主要原因。

我手我心

这个故事揭露了怎样一个社会现象?你从中得到什么启示?

学海拾贝

(1) 词语：一命呜呼　圆通　断断续续　瞪着眼　绝气　法号

(2) 名言警句：大胆的假设，小心的求证；认真的做事，严肃的做人。

——胡适

任务二十六　敬业与乐业（节选）

梁启超

 山高为峰

(1) 了解作者的相关知识和写作背景；

(2) 品味与领悟"乐业与敬业"精神的主旨，用敬业与乐业的态度对待生活；

(3) 学习"举例子"和"讲道理"两种论证方法，理解这篇演讲词的结构安排，体会其层次分明、条理清晰的特点。

 阅读导航

本文是一篇宣讲人生与事业关系的演讲词。文章开宗明义地提出了"敬业乐业"的主旨，接着分别谈论了"敬业"和"乐业"两个问题，最后用"责任心"和"趣味"总结全文。选文主旨鲜明，层次清晰，深入论述了敬业与乐业的重要性，殷切地希望大家发扬敬业与乐业精神。

梁启超（1873—1929），字卓如，号任公，又号饮冰室主人。中国近代维新派领袖，学者。其著作编为《饮冰室全集》。

点石成金　　我这题目，是把礼记里头"敬业乐群"和老子里头"安其居乐其业"那两句话，断章取义造出来。我所说是否与礼记、老子原意相合，不必深求；但我确信"敬业乐业"四个字，是人类生活的不二法门。

第一要敬业。敬字为古圣贤教人做人最简易、直捷的法门，可惜被后来有些人说得太精微，倒变了不适实用了。唯有朱子解得最好。他说："主一无适便是敬。"用现在的话讲，凡做一件事，便忠于一件事，将全副精力集中到这事上头，一点不旁骛，便是敬。业有什么可敬呢？为什么该敬呢？人类一面为生活而劳动，一面也是为劳动而生活。人类既不是上帝特地制来充当消化面包的机器，自然该各人因自己的地位和才力，认定一件事去做。凡可以名为一件事的,其性质都是可敬。当大总统是一件事,拉黄包车也是一件事。事的名称,从俗人眼里看来,有高下;事的性质,从学理上解剖起来,并没有高下。只要当大总统的人,信得过我可以当大总统才去当,实实在在把总统当作一件正经事来做;拉黄包车的人,信得过我可以拉黄包车才去拉,实实在在把拉车当作一件正经事来做,便是人生合理的生活。这叫做职业的神圣。凡职业没有不是神圣的,所以凡职业没有不是可敬的。唯其如此,所以我们对于各种职业,没有甚么分别拣择。总之,人生在世,是要天天劳作的。劳作便是功德,不劳作便是罪恶。至于我该做哪一种劳作呢?全看我的才能何如、境地何如。因自己的才能、境地,做一种劳作做到圆满,便是天地间第一等人。

第二要乐业。"做工好苦呀!"这种叹气的声音,无论何人都会常在口边流露出来。但我要问他:"做工苦,难道不做工就不苦吗?"今日大热天气,我在这里喊破喉咙来讲,诸君扯直耳朵来听,有些人看着我们好苦;翻过来讲,倘若我们去赌钱去吃酒,还不是一样在淘神费力?难道又不苦?须知苦乐全在主观的心,不在客观的事。人生从出胎的那一秒钟起到咽气的那一秒钟止,除了睡觉以外,总不能把四肢、五官都搁起不用。只要一用,不是淘神,便是费力,劳苦总是免不掉的。会打算盘的人,只有从劳苦中找出快乐来。我想天下第一等苦人,莫过于无业游民,终日闲游浪荡,不知把自己的身子和心子摆在哪里才好。他们的日子真难过。第二等苦人,便是厌恶自己本业的人,这件事分明不能不做,却满肚子里不愿意做。不愿意做逃得了吗?到底不能。结果还是皱着眉头,哭丧着脸去做。这不是专门自己替自己开玩笑吗?我老实告诉你一句话:"<u>凡职业都是有趣味的,只要你肯继续做下去,趣味自然会发生。</u>"为什么呢?第一,因为凡一件职业,总有许多层累、曲折,倘能身入其中,看他变化、进展的状态,最为亲切有味。第二,因为每一职业之成就,离不了奋斗;一步一步的奋斗前去,从刻苦中将快乐的分量加增。第三,职业性质,常常要和同业的人比较骈进,好像赛球一般,因竞胜而得快乐。第四,专心做一职业时,把许多游思、妄想杜绝了,省却无限闲烦恼。孔子说:"知之者不如好知者,好知者不如乐之者。"人生能从自己职业中领略出趣味,生活才有价值。孔子自述生平,说道:"其为人也,发愤忘食,乐以忘忧,不知老之将至云尔。"这种生活,真算得人类理想的生活了。

我生平最受用的有两句话:一是"责任心",二是"趣味"。我自己常常力求这两句话之实现与调和,又常常把这两句话向我的朋友强聒不舍。今天所讲,敬业即是责任心,乐业即是趣味。我深信人类合理的生活总该如此,我盼望诸君和我一同受用!

搁(gē)

打算盘:盘算;打主意。

"凡职业都是有趣味的,只要你肯继续下去,趣味自然会发生。"你同意吗?作者目的在于说明什么道理?

骈(pián)进

我手我心

(1) 试为"凡职业都是有趣味的"提供一两个例子。

例如：居里夫妇从成吨的工业废渣中提炼"镭"，几年如一日，异常艰辛和枯燥，但他们怀着一定要找到"镭"的坚定梦想，从不因为无聊、艰苦而放弃，最终发现了"镭"。

_____
_____

(2) 有些同学总以为学习是一件很苦的事，请根据本文的观点写一段劝告他的话。

_____
_____

 学海拾贝

(1) 词语：旁骛 佝偻 承蜩 亵渎 断章取义 不二法门
(2) 佳句：百行业为先，万恶懒为首。
　　　　　饱食终日，无所用心，难矣哉！
　　　　　群居终日，言不及义，好行小慧，难矣哉！
　　　　　知之者不如好之者，好之者不如乐之者。

任务二十七　应　　聘

李桂芳

 山高为峰

(1) 理解课文内容，并能从中受到启发；
(2) 理解作者的写作意图，认识命运把握在自己手中，路要靠自己走的道理。

 阅读导航

本文是一篇小小说，通过一个母亲替儿子求职的故事，告诉年轻一代不能做温室里的花朵，从小要自立自强，自己的路自己走，命运要靠自己掌握的道理。同时也暴露了当今家庭教育存在的问题，父母一味为子女做主，使得孩子无主见，只有依赖别人，值得家长和孩子深思。

母亲陪着儿子来人才市场应聘。看那儿人山人海的，母亲就有了许多焦虑。无论如何她得帮儿子找到工作。

儿子大学毕业后，已经在家待了半年。他的同学陆陆续续找到了称心如意的工作，可儿子老是不慌不忙的，说工作迟早会有的。为这，母亲真有些生气了，所以今天非得亲自陪着儿子来应聘不可。

终于看中了一份待遇不错的推销工作，儿子的条件也挺适合的。母亲便努力地挤进密密匝匝的人群里去，好不容易帮儿子要到了一张应聘报名表。儿子接过表格，三两下就填完了。母亲接过一看，字迹很是潦草，就生气地说，你怎么这样，不能把字写好点儿吗？儿子不耐烦地说，我就那水平。

母亲无奈地再次挤到了前台，又要了一张表格。看看拥挤的人流，害怕挤出去难以再挤进来交表，便靠着工作台，拿笔填起来。母亲的字写得很漂亮，她的书法作品曾在中学时得过奖。一个工作人员见她正专心地填表，凑过来，看了看说，不是你应聘吧？母亲被身后的人流推得歪来倒去的，好不容易站稳了，连忙说，不是的，我是给我儿子填的。那人说，你儿子本人呢？母亲不好意思地笑了笑说，他力气小，挤不进来。工作人员看了母亲写的字说，你的字写得不错嘛。母亲赶紧说，我儿子写得还要好呢。

因为表格交在前面，不多时就叫到了儿子的名字，母亲赶紧大着嗓门儿朝后面叫儿子的名字。儿子好半天才挤到前面，边挤边抱怨说，让你别忙，你忙什么呀？母亲朝他使使眼色，把他拉到工作人员面前。

儿子被叫到另外一间小屋进行面试，母亲赶忙跟了进去。工作人员问儿子，你为什么要来应聘这份工作？刚才还和母亲顶嘴的儿子，此时突然紧张起来，好半天才挤出一句话说，我需要找份工作。母亲赶忙帮他圆场说，我儿子从小就伶牙俐齿的，这会儿是紧张了点儿。他适合做这个推销工作的。你别看这孩子长得瘦，很能吃苦的。小时候吧，家里的一切家务活儿他都承包了，街坊四邻一个劲儿夸他能干呢。

工作人员又问了一个问题，你觉得做推销工作需要具备怎样的素质？儿子想了半天，大冷的天，额上冷汗直冒，半天才张嘴说，我觉得只要能吃苦就行。母亲嗔怪地看了儿子一眼，连忙接过他的话头说，这孩子，刚才在路上还给我说得头头是道呢，这会儿就忘了？母亲对工作人员说，搞推销，一直是我儿子的梦想，所以，一直以来他都有意识地在培养这方面的能力。他平时就跟我说，推销人员应该有以下素质：一是有一副好口才，能为产品做

点石成金

整体感知课文，理清小说的故事情节。

再读课文，思考：文中的母亲在应聘中帮儿子做了哪几件事？请简要概括。

体味本段中"抱怨"的表达效果。

体味本段中"嗔怪"的表达效果。

详细生动的口头广告；二是有吃苦精神，能走街串巷，不怕麻烦地上门服务；三是有良好的交际能力，能和各色各样的人打交道，广泛地推销产品……母亲一口气说了十点，毫不停歇，好多竟是工作人员从没听过的有价值的新观点。

听完母亲的介绍，在场的人都面露微笑。母亲一看他们的微笑，心里就跟喝了蜜似的甜。她知道儿子的工作终于有希望了，于是欢天喜地地领着儿子回家等候通知。

三天后，母亲终于等来了那家公司的电话，她非常高兴，儿子也十分兴奋。然而，听过电话，母亲却呆了……

 我手我心

人生像一张洁白的纸，全凭人生之笔去描绘，玩忽纸笔者，白纸上只能涂成一摊胡乱的墨迹；认真书写者，白纸上才会留下一篇优美的文章。你的人生准备如何书写呢？

书写人生：_____

 学海拾贝

（1）补全下列词语。

人（　）人（　）　　　（　）（　）是道

不（　）不（　）　　　伶（　）俐（　）

各（　）各（　）　　　漫不经（　）

（2）路是脚踏出来的，历史是人写出来的。人的每一步行动都在书写自己的历史。

——吉鸿昌

任务二十八　白手起家，但不能手无寸铁

鲁先圣

 山高为峰

（1）理解课文内容，明确一个人成功的必备条件；
（2）理解文中含义深刻的句子。

阅读导航

本文是一篇议论文,通过一系列的事例和名言俗语,论述了一个人的成功来自于对自己优势的发现,来自于对自己所从事的事业的专注和投入,来自于对自己事业的无怨无悔!从而告诉我们即将踏入社会的中职生,一定要认清自己的优势,选择适合自己的职业,并且在自己的岗位上兢兢业业,全力以赴,实现人生价值。

鲁先圣,生于山东,现居济南。《读者》、《青年文摘》、《思维与智慧》、龙源期刊网签约专栏作家,山东省作家协会会员。

我们常常说,"人可以白手起家,但不能手无寸铁"。这里的"铁",就是一个人立身处世的资本和能耐,也可以说是你创业的本领。

哈佛大学教授哈恩曼曾经这样说:即使你再羸弱、再贫穷、再普通,你仍然拥有别人羡慕的优势。对于梦想难成真的人来说,不是缺少才能,而是缺少对自己才能的发现,缺少对自己人生价值的开发利用。

美国人马克·吐温作为职业作家和演说家,在文学领域和演说领域取得了极大的成功,成为世界范围内受人尊敬的文学和演说大师。但是,在他选择文学和演说之前,他曾经试图成为一名商人。他先是投资开发打印机,花费了整整3年的时间,最后把千辛万苦借来的5万美元全部赔光了。他又发现出版商因为发行他的著作而赚了大钱。他很不服气,心想,我自己写了文章自己出版发行,所有的利润不都是自己的吗?为何不自己开一个出版公司呢?他于是又投资开了一家出版公司。但是,他不知道,写作与经商是截然不同的两回事,他很快就因为债务陷入了困境,出版公司破产了,他也陷入了更大的债务危机当中。

经过两次经商失败的打击,马克·吐温终于认识到自己经商的无能,他彻底断绝了经商的念头。痛定思痛,他发现自己没有找到自己的强项,自己有写作和演讲的才能,而自己却没有很好地使用。到全国巡回演讲,在演讲的间隙里埋头写作。很快,风趣幽默的马克·吐温声名大噪,成为全国知名的演说家,脍炙人口的作品也迅速走红。

美国政治家富兰克林说:"宝贝放错了地方就是废物。"马克·吐温开始经商的经历就是把宝贝放错了地方。尺有所短,寸有所长。你也许兴趣广泛,掌握多种技能,但是,在所有的长处中,总是有你的强项。成功者的原则是:去选择最能够使自己全力以赴的、最能够使自己的品格和长处得以充分发挥的职业。因为,唯有充分利用了自己的长处,才能够让自己的人生增值;相反,你总是选择自己的短处,你的人生就只能贬值了。

很显然，一个人的成功，来自于对自己优势的发现，来自于对自己所从事的事业的专注和投入，来自于对自己事业的无怨无悔！而这些，正是一个成功者必备的人生之"铁"。

当你发现培养了自己的手中之"铁"的时候，等待你去采摘的，都是人生甘甜的果实。

 我手我心

结合自身实际，说说你择业的优势在哪儿？在适合自己的岗位上准备如何实现自我价值？

择业优势：_____

_____

实现自我价值：_____

_____

 学海拾贝

积累下列词语：

| 羸弱 | 痛定思痛 | 声名大噪 |
| 脍炙人口 | 全力以赴 | 无怨无悔 |

应　　聘

理解应聘是对一个人整体素质的全面考察，也是中职生步入现代社会的重要一步，培养良好的应聘能力对自己将来找到满意的工作有着非常重要的意义。

掌握应聘应注意的事项，做到认真准备、有的放矢、讲究策略、谈吐有致。

掌握语言表达和人际交往的方法和技巧，能根据用人单位的具体要求和情况，恰当表现自己，做到态度大方、用语得体。

 **典型案例**

说错一句话,我失掉第一局

小七,女,24岁,专业:会计。

那时我接到了一家知名企业的面试通知。这让我既高兴又紧张,因为我从来没有面试的经验。我在图书馆里泡了好几个晚上,啃《面试轻松过关》、《面试宝典》之类的书,看得头昏脑涨。

真正面试的那一天终于来到了。我走进考场后才发觉,与我一同面试的其他五个人都是男生。考场是一个很小的会议室,中间是一张圆桌。考官坐在圆桌一边,我们几个人坐在另外一边。服务员拿来六杯水,其他几个男生直接拿起自己面前的水杯就开始喝。我一转念,不对啊,几个考官都还没有水喝呢,我们怎么可以抢先呢?于是很有礼貌地把杯子递给离我最近的一个考官。

"还是女孩子心细啊。"坐在中间的一位考官说,另几个正在喝水的男生立刻窘住了,面面相觑。我暗暗自得,不忘对考官们露出谦逊的微笑。

几位考官介绍了公司运营方面的具体情况,也聊了聊我们的专业和对公司的想法。由于刚才的"喝水事件",另外几个男生都比较拘谨,反倒是我和考官们谈笑自如。这时,坐在正中央的主考官突然问了我一个意想不到的问题:"你的简历上写着会跳舞,你会跳哪种舞呢?"我立刻懵了。小时候我的确学过一点舞蹈,后来就没再进行过舞蹈训练。要是说实话,多丢面子啊。于是我就扯个谎说会跳新疆舞,说完之后就觉得脸有些发热。谁知考官要求我随便摆个姿势看看。我窘极了,从头到脚都无所适从,只好站起来原地转了个圈。

好不容易面试结束,考官们走出会议室讨论了一下,把我叫了出去。

"根据你的性格特点,我们想把你安排在外事部门,不过户口方面可能还需要再争取。"

听到这句话,我愣住了:"你们不是答应可以解决吗?"后半句被我吞进了肚子,我的感觉越来越不妙。要是户口解决不了,我也许根本就不会来应聘。我左思右想,轻轻咬着下唇说:"要不,我跟爸爸妈妈商量一下。"

主考官也突然愣了一下,我马上意识到,自己似乎说错了什么。

"好吧。"他微笑着说,"不过要记得,以后你参加面试的时候,不要说'和爸爸妈妈商量'的话,因为这样会显得你没有主见,明白吗?"

我抬头看了看他的眼睛,他眼里满是真诚。我意识到,我错失这个机会了。

相关知识

（1）如何自我介绍。"请你自我介绍一下"，这是面试的必考题目。要引导学生明确面试时的自我介绍与其他场合的自我介绍的区别，把握应聘时自我介绍的要点：介绍内容要与个人简历相一致；表述方式上尽量口语化，切勿采用"背诵"口吻；要切中要害，不谈无关、无用的内容；条理要清晰，层次要分明；事先最好以文字的形式写好背熟。

（2）如何把握时间。自我介绍的时间一般为3分钟，在时间的分配上，第1分钟可谈谈学历等个人基本情况；第2分钟可谈谈工作经历，对于应届毕业生而言可谈相关的社会实践；第3分钟可谈对本职位的理想和对于本行业的看法。如果自我介绍要求在1分钟内完成，自我介绍就要有所侧重，突出一点，不及其余。

（3）如何谈成绩。只说与职位相关的优点，在介绍成绩时，说的次序也极为重要，应该把你最想让面试官知道的事情放在前面，这样的事情往往是你的得意之作，也可以让面试官留下深刻的印象。

（4）如何摆脱怯场。在自我介绍时要调适好自己的情绪，在介绍自己的基本情况时面无表情、语调生硬，在谈及优点时眉飞色舞、兴奋不已，而在谈论缺点时无精打采、萎靡不振，这些都是不成熟的表现。建议不自信的同学可以找自己的朋友练习一下，也可以先对着镜子练习几遍，再去面试。

 技能技巧

（1）不注意衣着和外表。不修边幅，衣冠不整，或邋里邋遢，不讲卫生是面试中的大忌。面试者可以不英俊、不漂亮，但不可以穿着随便，不整洁，不得体。衣着和外表从某些方面也可以反映一个人的生活理念和工作态度。

（2）过于紧张，表现得极不自然。要么说话时眼睛不敢看着对方，眼神游离；要么手脚不知道放在哪里；更有甚者，进来后也不与面试官打招呼，连"您好"、"您早"都不说。

（3）主试人还没伸手，便急匆匆地上来跟人家握手并十分夸张地寒暄。主试人还未邀请，便一屁股坐在椅子上。主试人请他坐下，却噤若寒蝉，连声谢谢也不说。

（4）丢三落四，准备不充分。当主试人要查阅应聘资料时，表现得手忙脚乱。

（5）回答问题时口齿不清晰。声音要么很大，让人觉得闹得慌；要么很小，小到听不见。说话没头没脑、回答不完整、嗯嗯啊啊、口头语多、说话啰唆，让人觉得这是个欠缺思想的人。

（6）对主试人的问题不能回答或暂时记不起来时，不是有礼貌地回答"不懂"或"忘了"，而是含糊其辞，吹牛皮，编瞎话。

（7）经常截断主试人的话题，对重复的问题表现出不耐烦。

 实践活动

展望我们的职场

——"我的职业设计"策划会

 活动目的

（1）培养学生的职业意识和初步规划职业的能力。
（2）提高学生观察、分析、概括和辩论等语文综合能力。

 活动流程

一、活动准备

（1）创设情境：案例导入，规划未来职场。
（2）明确任务：明确主题——职业设计。
（3）市场调查：分解任务，设计步骤。

二、分组活动

（1）以小组为单位制订计划。
（2）分工合作。
①分析现状：了解专业方向，掌握市场动态；
②设计方案：突出专业特色、紧扣职业行情。

三、班集体活动

（1）方案陈述：调查要有计划、目的、有针对性。
（2）方案论证：各小组自由辩论，要言简意赅。
（3）班级评比：各小组推选评委，评出优秀方案。

四、成果展示

（1）方案展示：将评出的优秀设计方案进行展示。
（2）成果推广：将"特别优秀方案"在校刊上刊登。

第一部分　书　　写

请将"腹有诗书气自华,读书万卷始通神。"写在书写格内。

第二部分　基础知识与语言运用

一、选择题

1. 下列词语中加点字注音全都正确的一组是（　　）

   A. 摄制（shè）　执拗（niù）　染色体（rǎn）　长歌当哭（dāng）
   B. 浚理（jùn）　铁戟（jǐ）　马厩（jiù）　颓壁残垣（yuán）
   C. 屠戮（lù）　恪守（kè）　长锸（shā）　殒身不恤（xuè）
   D. 血液（xuè）　浸渍（qìn）　转辗（zhǎn）　睚眦必报（zì）

2. 下列词语中没有错别字的一组是（　　）

   A. 废驰　喧嚣　暴燥　出离愤怒
   B. 充斥　梗慨　逶迤　变换莫测
   C. 儒养　黯然　不惮　桀骜不驯
   D. 怔住　鄙夷　震颤　雍容大度

3. 选出标点使用无误的一句（　　）

   A. 我不知道他究竟用什么办法使她心服的？
   B. 多美啊,桂林的山!
   C. 他是今天去的呢？还是昨天去的呢？
   D. 以《健康秩序、健康生活》为主题的中央电视台 2004 年 "3.15" 电视宣传活动将由央视经济频道的 11 个栏目共同组织完成。

4. 依次填入句中横线的词语,最恰当的一组是（　　）

   ①我为什么不能多讲？难道我连在我自己家里说话的_____都没有了吗？

   ②你_____的结果,你发现了她身上只有三毛钱,对不对？

   ③一个大学生,自以为了不得,自己说话不通,还想来_____人,自己以为是受过高等教育,开口骂人！

   A. 权利　搜察　教育　　B. 权利　搜查　教训
   C. 权力　搜查　教育　　D. 权力　搜察　教训

5. 下列各句没有语病的一项是（　　）

A. 我的身体、业务水平和思想水平比一年前提高了许多。
B. 我还差一年毕业。
C. 山区那些可爱的孩子无时无刻都在等我，我必须尽快赶回去。
D. 大家对护林员揭发的林业局带头偷运木料的问题，普遍感到非常气愤。

6. 下面没有使用比拟手法的句子是（　　）
A. 烟囱发出呜呜的声响，犹如在黑夜中哽咽。
B. 被暴风雨压弯了的花草儿伸着懒腰，宛如刚从睡梦中苏醒。
C. 远处林舍闪闪发亮，犹如姑娘送出的秋波，使人心潮激荡。
D. 偎依在花瓣、绿叶上的水珠，金光闪闪，如同珍珠闪烁着光华。

二、填空题

7. _____，千金散尽还复来。
8. 我国最早的一部诗歌总集是_____。
9. 人生如梦，_____。
10. 锲而舍之，_____。
11. 唐朝诗人合称李杜的是_____和_____。

三、语言运用与表达

按要求修改下面这则招工启事。

招工启事

因工厂发展需要，现招收生产人员，初中文化程度未婚女青年 15 名，高中文化程度未婚男青年 5 名，有意者请携带本人身份证、未婚证明，到我厂人事科报名。

××市××厂
2013 年元月 10 日

12. 调整语序不当之处_____改为_____。
13. 病句修改通顺_____改为_____。
14. 补充不完整之处_____。

第三部分　现代文阅读

阅读《鹤魂》，完成下题。

她是来自大地的鹤。她飞翔，因为她热爱；她沉寂，因为她欢喜。她是天地间的不安的灵魂，她是大自然耀动的精灵。

可此刻，飞翔已成为她往日的情结。蓝天在她眼前飞快地旋转，白云在她羽毛上痛苦地翻卷。她的翅翼扑打着，发出悲痛的哀号。

胸前，刚刚穿过寻欢者射出的子弹。

她多么不愿意、多么不愿意下坠。风飕飕地在她耳边低唤，白云为她拭去惊慌的汗水。可她分明在下坠，身不由己。

让她停留吧，让她寻找清静的湖泊、她故乡的芦苇丛。

辽阔的天空里，她如一片冬日的雪花，凄迷地飘落，薄雾哭了，泣出一片雨雾，阳光不忍了，躲进哀伤的云层。

她开始怀念水湄之上的恋歌，思念平静如镜的往昔，哀伤伴着绝望撕扯着她的心，记忆如秋日残败的落叶，美丽的往事纷纷凋零。

她飘落着。

前面有烧毁的林木，身后是淹没的村庄。山地里奔走着哭泣的生灵，江面上漂浮着污染的泡沫。什么时候开始，这天空不再湛蓝，这雨水不再清润，这土地越来越少，这森林越来越疏。辛劳的农人踩亮了每一个清晨，却走不出贫困和不幸；珍禽奇兽躲过了悠谬的天灾，却未躲过蛮野的人祸。

渐趋渐灭的难道仅仅是白鹤吗？

她愿最后一次轻盈的舞蹈，让善良和美丽再一次呈现人间。持枪的人，你黯慧的眼睛为何阖上，你的手心可曾颤栗？山脚旁炊烟下那惊呆了的女孩子，你可否肯竖一方小小的墓碑？

她渴望停留，渴望一方有力的臂弯，将她承托。

她痛苦，她挣扎，她舞蹈，她悲吟。

多想展开她的翅膀，飞向清新的天空。前胸已染成一片灿红，渗透着一只鹤深情的牵挂；鼻翼微微地翕动，喘出她最后的气息。一滴滴血带着她的悲咽和哀吟，燃成一片思念的红霞。

她听见草叶们伤悼的哭声，听见空山长长的祈祷：覆盖她吧，天空！还有大漠、还有沼泽。让一缕软弱而美丽的灵魂安息。

苍茫大地，只遗下几片殷红，几声空怅的回音。

15. 请给下列词语中的字注音

哀号（　　　　）　　　颤（　　　　）栗

16. 请用自己的话简要概括本文主要内容。

_____。

17. 请摘录文中的语句来谈谈你对文章极富特色的语言的感受。

语句：_____。

感受：_____。

第四部分　写　　作

18. 应用文写作

"文雯商行"店主李某拾得钱包一个，里面有人民币248元，读书卡一张。请你代李某写一份启事，叫失主来认领。

19. 现代文写作

平时温文尔雅，危急时刻却挺身而出；往常大大方方，如今却扭扭捏捏；一直默默无闻，后来却一鸣惊人；平时豪爽仗义，面对父母却蛮横无理……生活中，意想不到的事情太多了。

请以"真没想到，你_____"为题写一篇不少于600字的作文，诗歌除外，文体自选，立意自定。

项目八

励志与理想

 主题描述

本项目阅读与欣赏的重点是提炼文章主旨。所谓主旨,就是作者写作意图和文章中心思想的集中体现。主旨是作品的灵魂和核心,它具有统摄全篇的作用。

本项目有4篇课文,《理想》读来令人深思:恰值花样年华的我们,该怎样用理想做挂天征帆,驾长风破巨浪;以一柄木桨,引领生命之舟驶入金色港湾?《在山的那边》是一位从大山里走出来的诗人,根据自己成长的历程写的一首诗。我们同样生活在大山里,每天抬头可见的只有高耸入云的大山,苍苍茫茫,连绵不断,你会想到什么呢?《在困境中更要发愤求进》,作者着重追述了自己一生不平凡的经历。因此,"在困境中更要发奋求进"既是作者对自己生活经历的真实总结,也是对年轻一代的殷切希望。《过万重山漫想》是作者凭借自己敏锐的政治洞察力和自身深厚的诗文功底写下的鼓励大胆创新、大胆尝试的文章。

本项目的口语交际是"即兴演讲"。

本项目的实践活动是"青春在奉献中闪光"。

 **知识目标**

(1) 能有感情地朗读课文、背诵诗歌并体会其形象化的语言;
(2) 联系生活实际及个人经历,理解文章的主旨;
(3) 整体感知课文,理清文章思路,概括文章中的主要事例,从而得出文章主旨。

 能力目标

(1) 品味文章语言,体会文章深蕴的文化魅力和思维深度;
(2) 掌握阅读文章的方法,能对文章主要内容进行提炼;
(3) 训练想象力和创造力,进行生命美育熏陶,提升生命价值;
(4) 掌握演讲的技巧,并在活动中培养演讲的能力。

任务二十九 理　　想

流沙河

点石成金

诵读要求：调动情绪，纠正音准，品味语气、语调，把握韵律、节奏。

思考：

这首诗歌的主旨是什么？

诗歌是从哪些方面表现主旨的？

第1节在全诗中起什么作用？

采用比喻、_____的修辞方法。

第2节表达了什么意思？能试着举例说明吗？

第3节是从什么角度谈理想的？

谈谈"珍珠链"和"脊梁骨"的比喻作用。

在结构上是怎样安排层次的？第3、4句有什么深刻含义？

 山高为峰

（1）有感情地朗读、背诵这首诗歌，体会其形象化的语言；

（2）体会诗歌构思精巧、语言精美的特点；

（3）理解诗中的意象，联系生活体验，体会诗中的思想感情。

 阅读导航

俄国作家托尔斯泰说："理想是指路明灯。没有理想，就没有坚定的方向；而没有方向，就没有生活。"恰值花样年华的我们，该怎样用理想做挂天征帆，驾长风破巨浪；以一柄木桨，引领生命之舟驶入金色港湾？今天让我们一起赏读流沙河的《理想》，共同唱响理想赞歌。

流沙河（1931—），原名余勋坦，四川金堂人，当代诗人。先后出版了《锯齿啮痕录》、《独唱》、《台湾中年诗人十二家》、《流沙河随笔》、《流沙河诗集》、《故园别》、《游踪》、《庄子现代版》、《Y先生语录》等。

　　理想是石，敲出星星之火；
　　理想是火，点燃熄灭的灯；
　　理想是灯，照亮夜行的路；
　　理想是路，引你走到黎明。

　　饥寒的年代里，理想是温饱；
　　温饱的年代里，理想是文明；
　　离乱的年代里，理想是安定；
　　安定的年代里，理想是繁荣。

　　理想如珍珠，一颗缀连着一颗，
　　贯古今，串未来，莹莹光无尽。
　　美丽的珍珠链，历史的脊梁骨，
　　古照今，今照来，先辈照子孙。

　　理想是罗盘，给船舶导引方向；

理想是船舶，载着你出海远行。
但理想有时又是海天相吻的弧线，
可望不可及，折磨着你那进取的心。

理想使你微笑地观察着生活；
理想使你倔强地反抗着命运。
理想使你忘记鬓发早白；
理想使你头白仍然天真。

理想是闹钟，敲碎你的黄金梦；
理想是肥皂，洗濯你的自私心。
理想既是一种获得，
理想又是一种牺牲。

理想如果给你带来荣誉，
那只不过是它的副产品，
而更多的是带来被误解的寂寥，
寂寥里的欢笑，欢笑里的酸辛。

理想使忠厚者常遭不幸；
理想使不幸者绝处逢生。
平凡的人因有理想而伟大；
有理想者就是一个"大写的人"。

世界上总有人抛弃了理想，
理想却从来不抛弃任何人。
给罪人新生，理想是还魂的仙草；
唤浪子回头，理想是慈爱的母亲。

理想被玷污了，不必怨恨，
那是妖魔在考验你的坚贞；
理想被扒窃了，不必哭泣，
快去找回来，以后要当心！

英雄失去理想，蜕作庸人，
可厌的夸耀着当年的功勋；
庸人失去理想，碌碌终生，
可笑地诅咒着眼前的环境。

理想开花，桃李要结甜果；
理想抽芽，榆杨会有浓荫。
请乘理想之马，挥鞭从此启程，
路上春色正好，天上太阳正晴。

树立远大理想的重大意义：
(1) 理想使人积极乐观。
(2) 理想使人_____。
(3) 理想使人_____。
(4) 理想使人_____。

怎样理解"获得"与"牺牲"？

"副产品"的本体是什么？

有理想的人为什么也会"酸辛"？

什么是"大写的人"？

这一节与上一节有什么关系？

作者列举"罪人"和"浪子"的例子有什么典型意义？

第10、11节，这两节诗歌在结构上是什么关系？在内容上有什么不同？

可否将"蜕"字改换成"变"字？为什么？

它在全诗中的作用是什么？第1、2句表达了作者怎样的思想感情？

我手我心

仿照第1节诗,写几句话。
教师示例:
爱心是风,卷来浓密的云;
爱心是云,化作及时的雨。
学生写作:
_____,_____;
_____,_____。

 学海拾贝

(1) 给加点的字注上拼音。

碌碌终生（　　）　蜕作（　　）　功勋（　　）　诅咒（　　）
绝处逢生（　　）　抛弃（　　）　寂寥（　　）　洗濯（　　）

(2) 背诵下列语句。
①英雄失去理想,蜕作庸人;庸人失去理想,碌碌终生。
②世界上总有人抛弃了理想,理想却从来不抛弃任何人。
③理想使忠厚者常遭不幸;理想使不幸者绝处逢生。

任务三十　在山的那边

王家新

 山高为峰

(1) 有感情地朗读、背诵这首诗歌,体会其形象化的语言;
(2) 联系生活实际及个人经历,理解诗歌的主旨;
(3) 树立远大理想,并为之奋斗。

阅读导航

我们生活在大山里,每天抬头可见的只有高耸入云的大山,苍苍茫茫,连绵不断,你会想到什么呢?为什么会这么想?《在山的那边》就是一位从大山里走出来的诗人,根据自己成长的历程写的一首诗。

王家新,著名诗人,诗歌评论家,教授,湖北省丹江口市人。1984年写出组诗《中国画》、《长江组诗》，代表作品《在山的那边》、《瓦雷金诺叙事曲》、《帕斯捷尔纳克》、《回答》、《乌鸦》、《游动悬崖》、《纪念》等。

一

小时候，我常伏在窗口痴想
　　——山那边是什么呢？
妈妈给我说过：海
哦，山那边是海吗？

于是，怀着一种隐秘的想望
有一天我终于爬上了那个山顶
可是，我却几乎是哭着回来了
　　——在山的那边，依然是山
山那边的山啊，铁青着脸
给我的幻想打了一个零分！
妈妈，那个海呢？

二

在山的那边，是海！
是用信念凝成的海

今天啊，我竟没想到
一颗从小飘来的种子
却在我的心中扎下了深根
是的，我曾一次又一次地失望过
当我爬上那一座座诱惑着我的山顶
但我又一次鼓起信心向前走去
因为我听到海依然在远方为我喧腾
　　——那雪白的海潮啊，夜夜奔来
一次次漫湿了我枯干的心灵……

在山的那边，是海吗？
是的！人们啊，请相信——
在不停地翻过无数座山后
在一次次地战胜失望之后
你终会攀上这样一座山顶
而在这座山的那边，就是海呀
是一个全新的世界
在一瞬间照亮你的眼睛……

点石成金

练习朗读，要求语音准确、停顿恰当，能初步读出感情。

痴（chī）想：发呆地想。

诗的第1节写了童年的_____和_____。

"痴想"在这里是什么意思？

"隐秘的想望"指什么？为什么说"隐秘"？

第1节诗歌里"海""山"就是_____。

凝（níng）成：由气体变成液体或由液体变成固体。

诱惑（huò）：文中作吸引、招引。

第2节诗写了长大后的_____和_____；其中"山"比喻_____等，"海"比喻_____等。

朗读这两节诗应该分别用什么语气？试拟朗读方案，并说明理由。

讲讲诗歌的大致含义，并试着给诗歌列举小标题。

我手我心

在你的生活学习中，一定也有无数座山，等着你去征服或已被你征服。结合自己的生活经历说说这首诗给你的启示。

 学海拾贝

给下列加点字注音并理会其词义。

凝成（　　）：由气体变成液体或由液体变成固体。
诱惑（　　）：文中作吸引、招引。
一瞬间（　　）：一眨眼之间。
喧腾（　　）：形容声音杂乱，像开了锅似的。
痴想（　　）：发呆地想。

任务三十一　在困境中更要发愤求进

华罗庚

 山高为峰

（1）掌握阅读文章的方法，能对文章主要内容进行提炼；
（2）对课文中三个"劫"的主要事例进行概括，从而得出文章主旨。

 阅读导航

本文是华罗庚于1981年在江苏金坛县母校为激励中学生发奋读书所作的一篇演讲稿。本文的标题就是全文的主旨。围绕这一主旨，作者着重追述了自己一生不平凡的经历。因此，"在困境中更要发愤求进"既是作者对自己生活经历的真实总结，也是对年轻一代的殷切希望。

华罗庚（1910—1985），江苏省常州市金坛市人，国际数学大师，中国科学院院士。是中国解析数论、矩阵几何学、典型群、自守函数论等多方面研究的创始人和开拓者。他为中国数学的发展作出了无与伦比的贡献，被誉为"中国现代数学之父"，被列为"芝加哥科学技术博物馆中当今世界88位数学伟人之一"。美国著名数学史家贝特曼称："华罗庚是中国的爱因斯坦，足够成为全世界所有著名科学院的院士。"

今天，我就给在座的好多先后同学谈谈我的经历，也就是我的学历。我的经历，或者说我的学历，讲起来也简单，也不简单，说简单，就是三个字：靠自学。说不简单，就是一生中，遭受过许多次"劫难"。

现在，我们大家称"文化大革命"是一场浩劫。如果从"劫"字谈起，那么我这一辈子碰到过三"劫"，我准备讲一讲我怎么度过这三场"劫数"的。这样，同学们也可以对比一下，把现在的环境，同我从前的那个环境对比，看哪个环境更有利于我们的发展，如果今天的环境确实比我们以前的那个环境好，大家就可以更有信心地走到前面去。这就是我讲话的目的，我不是要在这儿宣扬自己，而是把我的经历给同学们作借鉴。

先说第一"劫"。这一"劫"就是从我们这所学校开始的。你们现在叫金坛县中了，我们当时叫金坛初中，最高班是初中三年级。在国外有时人家问我什么学历，我说，我的最高学历就是初三，金坛县初中毕业。人家问我有什么文凭，我说，我有一张文凭，就是初中毕业的文凭，除此之外，没有了。一直到一九八〇年才发生了一个变化，法国给我荣誉博士证书，现在总算有头衔了，以往都没有。我初中毕业是多少岁呢？我只有十五岁。

后来，又到上海进了一年职业学校。尽管那个学校给了我免交学费，不过还是交不起饭费，后来只好回家呆着。我的家，就在大桥那边，现在叫南新桥，从前叫大桥。我就住在桥东。在家怎么办呢？要是现在的话，没有机会上正规学校，也许有许多其他求学的机会，像电视大学啊，函授大学啊，我们那个时候可没有这个方便，也没有像现在这样的图书馆，我只有一本大代数，一本解析几何，还有一本很薄的五十页的微积分，我就啃这么几本书。那时候，这当然也不知道有社会主义、共产主义，只感觉我们应该为国家出一点力，争一点光。我就这样开始钻研学问了。

也许有人要说这是笑话，念了几年书就谈钻研了。那不是笑话！钻研并不是迷信，并不一定大学毕业才能钻研，也不是非有齐全的条件不可。实际上，真正肯钻研的人在什么场合都可以钻研。这是大约一九二五年到一九二八年的事情。

我记得，后来大约在十八、九岁的时候，我又有机会回到这个学校里来了。到这个学校做什么呢？当会计兼事务。那时我的老师王维克，预备提拔我一下，预备搞一个初中一年级补习班，让我去教书。但刚有一个计划，不幸我的母亲在那年死了，我也生了重病，我病在床上六个月，腿就坏了。要是在今天，我的腿是不该坏的。现在都知道，如果生病睡在床上睡久了，不翻身会发生组织坏死，所以不管疼不疼要翻几个身，那个时候我们既请不起医生，也没有哪一个人告诉我这个常识，所以病后起来，就不会走路了。本来嘛，不生病，身体好，还可以多参加一点体力劳动，挣碗饭吃，要是我的腿坏了。我们家里原不宽裕，我一生病，那就更穷了。亏得那位王维克老

点石成金

音乐欣赏：贝多芬《命运交响曲》。

快速阅读课文，弄清文章大意。

第一部分（1）：点出作者自己的"自学"经历。

第二部分（2～14）：把自己的经历集中在"_____"，并明确演讲的目的：_____。

师，在我身体好些后，还是让我参加工作，让我在那个补习班教了一个月的书。但结果有人告了一状，说什么王维克校长任用不合格教员华罗庚。王维克校长是法国留学生，做初中校长，未免委屈，他一听有人告状，就不干了。在这种情况下，我也几乎没有办法了。继任的校长叫韩大受，他说，旁人上任要带会计来，我不带，就让你干，不过书万万不能教了，因为前任校长就是为了你任课而被告了一状的。这样，我总算当了一个会计。有了一点办法，我就继续钻研下去。不久，清华大学找我去任职，那大约是1931年。到了清华，他们碰到一个困难：怎么安排我的工作？这是个麻烦，因为要在清华大学当个助教，应当有大学毕业的资格，否则又是不合格的教员，后来，清华大学安排我当数学系助理。所谓助理，就是管管图书，管管公文，打打字，办点杂事。助理已经很不错了，我继续抓紧学习，过了一年半，他们让我教微积分。这一关是非常难过的，为什么呢？因为没资格啊！清华大学的教授为此特别开会通过，让我教微积分。这等于说，清华大学承认我了，我可以抵得上大学毕业了。从初中毕业到当大学教师，我前后大约用了六年半时间，通常初中到大学毕业要用八年。从这一点同学们可以看到，学习要自己努力，努力就可以很快上去。

到一九三六年，我就到英国去了。一九三八年我从英国回来，因为那时候抗战了，有好多事情要做。回来后，清华大学就让我直接当教授了。从助教到教授，前后又是七年。现在有的人，身在研究机关，自己是大学毕业生，环境很好，又有书，又有杂志，又有导师，更重要的还有党的领导，但就是对赶世界先进水平没有信心。要知道，到二〇〇〇年还有二十年啊，能不能赶得上呢？从我人生经历里面，同学们可以算一笔账，只要有一点简单的算术知识，就可以得出解答。

以上是我早年碰到的困难。同学们可以想一想，在旧社会，又没有书，又没有钱，又没有老师，甚至没有灯光，电灯黄黄的，一点儿光，看不清。今天，在党的关怀之下，我们有这么好的环境，我请同学们对比一下，一方面要珍惜现在的环境，另一方面要加强信心。现在很多人没有信心，能不能赶上世界先进水平啊，四个现代化能不能搞得成功啊，等等。从我的体会讲，我觉得有信心，赶得上。不过做个懒人可不行，要加强努力，才赶得上。

现在，再讲我生平第二"劫"。抗日战争期间，我从英国回来，当时后方条件很差，回到昆明以后，吃不饱，饿不死。那个时候，有句话叫"教授教授，越教越瘦"。记得有这么个故事：教授在前面走，要饭的在后面跟，跟了一条街，前面那个教授实在没有钱，回头说："我是教授！"那个要饭的就跑掉了，因为连他们也知道，教授身上是没有钱的。

在那个时候，日本人封锁我们，国外的资料，甚至杂志之类都看不到，不但封锁，而且还轰炸。在那种困境之中，许多教授不得不改行了，有的还被迫做买卖了，他们跑仰光，去买点东西到昆明来卖。我住在昆明乡下，我住的房子是小楼上的厢房，下面养猪、马、牛，晚上牛在柱子上擦痒，楼板就跟着摇晃。没有电灯，就找了一个油灯使用。油灯是什么样的呢？就是一个香烟筒，放个油盏，那儿没有灯草，就摘一点棉花做灯芯。就是在这种微弱的灯光下，我从一九四〇年到一九四二年完成了我的《堆垒素数论》，后来又跨到了矩阵几何。

抗战胜利后，我到美国去了，当上了"洋教授"。我当"洋教授"也比较困难。别人是又有博士头衔，又有大学毕业证书，我却都没有。在这种情况之下，人家还是让我当了教授。所以同学们可以看到，第二次在昆明的艰苦环境里，由于坚持不懈，有了成果，人家还是不得不承认的。

第三"劫"，是"文化大革命"时期，我是"臭老九"，当然不能幸免。一九八〇年，外国又来邀请我去讲学。有的朋友很关心，也有点担忧，他们说，这次华罗庚出国，可能要摔跤，可能要露底了。为什么呢？因为"文化大革命"中，我图书馆也不能进，十几年不上图书馆了，还能不落后吗？不但如此，大家都知道，那时候，我一方面是各处跑，搞统筹优选，是很忙的；另一方面，背后还要防"四人帮"的冷箭，虽然时刻提防，我还是被射了不少，甚至在一九七五年被射倒过。所以，有些朋友的关心、担忧是很自然的。但是，他们不知道我有一个上算的地方，就是"外通内国"。什么叫外通内国？就是外国知道我的名字，有书出版就寄一点给我。这样，我不通过图书馆，也可以知道一些国际行情。而且，他们不了解，我始终没有放弃理论研究。那时候，我身体还很好，白天紧张地搞优选法，有时上午跑四个厂，下午跑三、四个厂，一天跑七、八个厂。尽管这样，紧张，我没有放松理论研究。我的理论研究是晚上进行的。做我的助手也不容易，说不定晚上一点钟、二点钟被叫醒，来考虑考虑这个问题怎么搞。所以他们是很辛苦的。不过那个时候搞了理论研究还不敢说。因为如果哪一天我们暴露出来，等一会就要说：你看这个华罗庚，用统筹优选做幌子，他实际上念念不忘半夜搞他的理论研究。

不过，我们刚出国的时候，心里终究也不很踏实。为什么呢？因为十几年中虽然是搞了一些理论研究，但毕竟遭到了损失，许多手稿也没的抄了，偷的偷了，而且研究成果大部分没有写下来，或者只写了一点草稿，在脑子里像散沙一样，像乱麻一样。如果出国以后，立刻叫我上台讲演的话，我还真有点担心，亏得去了之后开了两个学术性会议，会议后刚好暑假到了，有三个月时间。我们就利用这三个月时间，把研究成果部分整理了一下，整理好之后，我给了他们一个单子，单子提了十个方面。一般讲演，提出几个专题就够了，拿自己最擅长的专题就够了。可是我们提了十个方面。这是什么意思呢？是不是要在外界人面前炫耀一下，表示学问广、精、深，数学十个方面都可以讲？这不是我的想法。我的想法是，到一个地方去，与其讲我自己所长的，不如讲我自己所短的。讲自己所长的好不好？我在这儿跟同学们讲一下哥德巴赫问题好不好？好，为什么呢？大家都听不懂。你们会得出个什么结论呢？华罗庚的话，大家都听不懂，一定是有学问的。可我自己有收获没有？我自己没有，得不到东西。所以我的想法是，提出十个方面来，好让人家自由选择。让他们选，他们一般都是选他们最好的东西，最拿手的东西。好，我就到你那儿讲你们拿手的东西。中国古代有一个说法，切忌班门弄斧。可是我的看法是反过来的：弄斧必到班门！你要耍斧头就要敢到鲁班那儿去耍。在旁人面前耍，欺负人家干啥？你到鲁班面前耍一耍，如果他说你有缺点，一指点，我下回就好一点了；他如果点点头，说明我们的工作就有相当成绩。俗话说，下棋找高手。找一个比我差的人，天天在那里赢他的棋，赢得每天哈哈大笑好不好？好是好，但你的水平提不高。如果你找高手下棋，每一次都输给他，输这么半年下来，你的棋艺能够没有进步吗？所以我主张弄斧到班门，下棋找高手。

这一次，我跑了四个国家，好几十个城市，做了好多次报告。反映怎么样呢？我给跟我出去的同志说：你们向上面汇报，第一，大家给我讲的好话，你少吹点，如果要说一点的话，最好是有书面根据的。为什么呢？因为虽然外国人对学问还是很严肃的，不瞎吹瞎捧别人，不过我们也不得不防备一点，因为我这个七十岁的老头儿到那里去，人家大多是我的学生辈，你又是借了新中国的威信，又是科学院的副院长，人家捧一两句会不会呀？我想是会的。所以，我们情愿估计我们的差距比人家大一点，而不要估计我们比人家好。我们经常说，我们的文章达到了世界水平，可能某篇文章达到了世界水平，可整个加起来呐，我们的差距还是很大。因为差距是指面上的差距，不是说我们有几个个别的人，他的数学很好，或者他的某一门科学很好，我们中国的科学就很好了。我们是一个面上的差距，是整个的差距。所以领导上再三强调，要提高我们整个民族的科学文化水平。实际真正的水平是整个民族科学文化的水平。当然也不排斥我们有若干个特殊的人先搞好，搞得好。这次我在国外，也同国内一样，"人民来信"多得很。我只想给大家念一封信，有一位美国的学者，在荷兰听了我的报告，他是这样写的："您在安呐本的演讲，是真正令人赞叹不已的。您向大家证明了，好的学者即使在最恶劣的逆境中，仍然可以做出出色的成绩，您使我们这些生活在安逸和稳定环境中的人们，只能感到羞愧。"这个人我不认识他，他给我写了这封信。这说明了什么呢？说明即使是像"文化大革命"这样的浩劫；也不能把我国人民压倒。由于我们能够坚持工作，结果还是做出了成果，这个成果还得到世界上学者的承认。而现在是"四害"除掉了，我们的日子是一天比一天好过了，同学们想一想，现在环境这样好，我们应该不应该有信心呐？我想，你们是会作出叫人欣慰的回答的。

那么，我们是不是还会有困难呢？困难肯定有的。不过，现在看起来，就是有困难，也决不会比从前我们遇到的困难更严酷。就是再有困难，我们还是可以克服的。我们应该有勇气，有志气。对我个人讲，是不是还会有困难呢？当然是会有困难的。除了其他困难，眼前就面对着：自己有成果了，满足于现在的成果，甚至骄傲自满；国外有名声了，国内也有了，我可以歇口气了，可以不要学习了，而且我这个人年纪大了，就指导指导人家搞研究，自己少吃点苦呢。如果这样想，那就是一个危险，这是自己造成的困难。比如，今天我在这里跟同学们见面，以老同学的资格给大家谈自己的经历，就很容易产生满足的思想。所以我要警惕。满足的思想是不能有的。因为学问是没有止境的。科学是实事求是的，是精益求精的。科学每前进一步，都需要付出更加大的劳动。我顺便在这儿给同学们把自己的思想暴露一下，讲了之后，对我自己可能有好处的。

我为了经常提醒自己，给自己写了几句话，叫"树老怕空，人老怕松。不空不松，从严以终。"像我这样的年龄，是很容易"松"下来的。当然，并不是说年纪轻的人就不会松呀！年轻人如果要松起来，对不起，我就要以老学长的资格打他的手心啦！总之，搞科学，做学问，要"不空不松，从严以终。"要很严格地搞一辈子工作，为人民服务一辈子。我常常对自己说：以前三次浩劫，都没有把我打垮，说不定很可能最后从我自己的思想上，在已经有收获的时候，自己打垮了自己。我一定要警惕。

现在的学习环境和条件，比我从前碰到的情况好多了。我走的是自学的道路。自学嘛，就得靠自己勤奋努力。有的同志要我谈谈这方面的体会。很系统的一下子讲不出，我想：一、自学最起码的一条要踏实，从自己水平出发，不要好高骛远；二、自学要有周密的计划，要经常检查；三、在自学过程中要多想多练；四、要以长期性、艰苦性克服自学中遇到的困难。要知难而进，锲而不舍。我曾定过这样四句话："埋头苦干是第一，发白才知智叟呆。勤能补拙是良训，一分辛苦一分才。"

第三部分（15～17）：最后的三段文字转入了"现在这么好的环境"。

艺术特色：
夹叙夹议，主旨鲜明。
语言平实，极富教益。

反思：从他的演讲里，我们可以看到自我的努力和坚忍可以达到目标和走向伟大，巨大的艰难困苦能够成就宝剑的锋利与光辉。

   我手我心

文章讲述了一个什么道理？你从中领悟到了什么？

   学海拾贝

（1）给下列加点字注音并解释成语含义。

班门弄斧（　　）：_____。
好高骛远（　　）：_____。
锲而不舍（　　）：_____。
勤能补拙（　　）：_____。
实事求是（　　）：_____。

知难而进（　　）：＿＿＿＿＿＿＿＿＿＿＿＿＿＿＿＿＿＿＿＿＿＿。
精益求精（　　）：＿＿＿＿＿＿＿＿＿＿＿＿＿＿＿＿＿＿＿＿＿＿。
埋头苦干（　　）：＿＿＿＿＿＿＿＿＿＿＿＿＿＿＿＿＿＿＿＿＿＿。
坚持不懈（　　）：＿＿＿＿＿＿＿＿＿＿＿＿＿＿＿＿＿＿＿＿＿＿。
骄傲自满（　　）：＿＿＿＿＿＿＿＿＿＿＿＿＿＿＿＿＿＿＿＿＿＿。

（2）名句名篇。

"树老怕空，人老怕松。不空不松，从严以终。"

"埋头苦干是第一，发白才知智叟呆。勤能补拙是良训，一分辛苦一分才。"

妙 联 趣 事

一九五三年，科学院组织出国考察团，由著名科学家钱三强任团长。团员有华罗庚、张钰哲、赵九章、朱洗等诸多著名科学家。途中闲暇无事，华罗庚出上联一则："三强韩、赵、魏。"求对下联。这里的"三强"说明是战国时期韩、赵、魏三个国家，却又隐语着代表团团长钱三强同志的名字，这就不仅要解决数字联的传统困难，而且要求在下联中嵌入另一位科学家的名字。隔了一会儿，华罗庚见大家还无下联，便将自己的下联揭出："九章勾、股、弦。"《九章》是我国古代著名的数学著作。并且"九章"又恰好是代表团另一位成员、大气物理学家赵九章的名字。华罗庚的妙对使满座为之倾倒。

1980年华罗庚教授在苏州指导统筹法和优选法时写过以下对联："观棋不语非君子，互相帮助；落子有悔大丈夫，纠正错误。"

任务三十二　过万重山漫想

刘　征

山高为峰

（1）整体感知课文，理清文章思路，领悟文章主题；
（2）品味文章语言，体会文章深蕴的文化魅力和思维深度；
（3）训练学生的想象力和创造力，懂得"过万重山"与"第一个"的联系，正确领悟"三峡"的真正涵义，进行生命美育熏陶，提升生命价值。

阅读导航

有人说长江是一条艺术长廊，而三峡就是这条长廊中的一朵奇葩。本文写于1980年12月，当时建设有中国特色的社会主义理论刚刚提出，很多人心里没底，普遍有一种保守的心理，作者凭借着自己敏锐的政治洞察力和自身深厚的诗文功底写下了这篇鼓励大胆创新、大胆尝试的文章。

刘征，原名刘国正，著名的语言教育家、作家。现任《中华诗词》主编，中华诗词学会副会长，中国毛泽东诗词研究会副会长。著有寓言诗及讽刺诗集《海燕戒》、《花神和雨神》、《最后的香肠》、《枭鸣集》、《刘征寓言诗》、《刺和花》，诗词集《流外楼诗词》、《画虎居诗词》、《霁月集》、《逍遥游》、《古韵新声》，寓言诗《老虎贴告示》，杂文集《刘征杂文选粹》、《美先生和刺先生》、《从画虎居笑谈》、《人向何处去》、《清水白石集》，论文集《语文教学谈》、《剪侧文谈》、《实和活》、《刘征诗书画集》、《刘征文集》（5卷）等三十种著作。

我在小时候就读过一些古人今人描述三峡的文字，对三峡的景物一向是神往的。可是，直到今年——五十多岁了，才有机会第一次穿过三峡。

船出了夔门，忽然落进另一个天地。空间变得狭小了，江流变得狂暴了。那夹江两岸连绵起伏的高山，有的耸峙云霄；有的横枕江面；有的像虎豹迎面扑来，似已躲闪不及；有的像天女腾空飞起，仿佛转瞬即逝。太阳隐去，只偶然透过青蒙蒙的薄雾，从高山的缺口伸出几道光束，如同仙人伸出发光的手臂，给江峡涂上神奇的色彩。我们的船开向哪里？是回到往古还是驶向未来？是堕入地府还是飞上仙界？我不知道。面对这奇景，语言中的一切华丽词藻都黯然失色，积存在我记忆里的那些古人今人的文字，竟如同临阵脱逃的怯弱者，都躲藏起来，无影无踪了。至于我的这支惯于唠叨的笔，为了免于留下以敝帚画西施的笑柄，也知趣地变成了哑子。头脑里一无所有。就在这原始状态的空白中，一个古怪的念头跳了出来：

夔（kuí）门
耸峙（zhì）

——第一个穿过三峡的是谁？

第一个，是的，总有第一个吧。没有第一个，就不会有后来的无数个，包括我在内。于是，我的思绪，如同被疾风牵引着，无边无际地延展开去。

既然有第一个，那么，他穿过三峡是在什么时候呢？三峡是大禹开凿的，那是古代神话，不是事实。考诸文献，《禹贡》里已有四川某些山川的记载，这篇最早的地理志，多数学者认为成于战国时期。巴郡和蜀郡也是战国时的秦开始设置的。似乎可以说，打开四川和内地的通路（包括北边翻越秦岭的蜀道和东边的三峡），大约不晚于春秋战国时期，第一个人穿过三峡自然还要早一些。

篙(gāo)工
敧(qī)侧

　　那个时候,穿过三峡使用什么交通工具呢?记得我年轻的时候,见过南宋北派山水画家夏圭画的一个手卷《巴船下峡图》,画的虽是木船,却大得很,船舱是两层楼,篙工舵师有十几个。那长篙短篙拄在礁石上,巨浪狂扑,船舷敧侧,生死在毫发间的情景,至今想来还感到惊心动魄。夏圭画的是宋朝的船,由南宋上溯两千年左右的周秦时代,那时的船自然要简陋得多,也许只有原始的独木船了。用独木船穿过三峡,简直难以想象,可是那第一个人就是毫不含糊地这么做的。

　　再想下去。第一个穿过三峡的人,决然不是第一个。在他之前必定已有许多个,只是或者半路折回,或者中途遇险,没有走完三峡的全程而已。折回的和遇险的都为探明三峡的航道尽了力,但也给后来者增加了精神负担。折回的要说:"我试过了,是通不过的。"遇险的自己不会说,别人却要说:"还想冒险,不要命了吗?"也还会有一些旁观的、嘲笑的、反对的喊喊嚓嚓地发议论,甚至上前拉一把。然而,第一个穿过三峡的人微微一笑,还是登上了独木船。

　　那时候,人们对自然的认识还是极有限的。他站立在独木船上,拿起竹篙的时候会想些什么呢?前面的路有多长?这峡道会不会有几千几万里,会不会直通到海底甚至通到地狱?他不知道,也没有想。前面的路有多险?那高崖会不会劈头盖顶崩落下来?那礁石会不会狼牙一样遍布江底?那江水会不会中途变成直下千仞的飞瀑?他不知道;也没有想。前面的路上会遇到些什么?会不会遇到百丈的蛟、九头的蛇?会不会遇到双睛似电、头颅如山的妖魔鬼怪?他不知道,也没有想。他自己会不会中途遇险?如果遇险,他会像一个水泡那样顷刻消散,还是会给人们留下永远的记忆?他不知道,也没有想。他只是想走出去,去扩大生活的世界。于是,他用竹篙一点,独木船开动了……

啃噬(shì)

摧山坼(chè)地

端倪(ní)
翎(líng)毛

　　我凭舷眺望,望着茫茫的江水。据科学家说,在洪荒时代,四川盆地本来是个内陆海。海水东注,撞击、啃噬着东边的大山,年深日久,终于"凿开"一条通道,就是"三峡"。这江水是在什么时候凿开三峡的呢?它的源头为什么总是无穷无尽,它的流动为什么总是无止无休,它的去处为什么总是不盈不溢呢?当它以摧山坼地之力凿开三峡洋洋东去之时,可曾想到后来竟变成那渺小的生物——人的胯下坐骑么?我的思想向着更遥远的空间和时间飞去。"水击三千里,抟扶摇而上者九万里",也许还要高远。人类的历史,对于我本来如同远在云天之上、不可端倪的飞鸟,此时忽如栖落在手指上,简直可以数一数它的翎毛。

　　能使用工具的人类的出现,据说距今已有两三百万年。不要小看第一个使用石器的人,第一个燧木取火的人,第一个弯弓射箭的人,第一个跨上马背的人,他们越过了人类儿童时代一座又一座真正的"三峡"——不,他们的步履更为艰难,他们的业绩更为伟大。人类在漫漫的行程中,每一分钟都在向着难以数计的未知的领域进军,都有难以数计的第一个穿过"三峡"的人开拓道路。于是,历史昂然向前。

行程是艰险的。历史在前进中,不免有挫折,有迂回,有后退,有失败。自然也就不免有清谈者,有酣睡者,有摇头者,有叹气者,有彷徨者,有哭泣者。但是他们不是历史的脊梁,他们像蛛丝一般无力,绊不住历史的脚步。

我的思路被隆隆的爆破声打断。前面是葛洲坝工地。只见那来来往往的卡车在高高下下的新辟的道路上跑着;各式各样的挖土机、起重机,摇着雪亮的大铲,伸着长长的鹅脖子,腾跳着,吼叫着。十几里内一派热火朝天。

在新长征中,在我们的祖先筚路蓝缕、以启山林,惨淡经营了千万年的这块广阔的土地上,在政治、经济、科学、文化,总之在人民生活的一切领域里,此时此刻正有多少"葛洲坝"在兴建,有多少新的"三峡"待穿过啊!而且更有千万未来的"三峡"在前头,那"三峡",也许高得顶住月亮,长得环绕地球。于是,我看见无量数第一个穿过"三峡"的人挺立起来。他们抖掉昨天的恶梦,瞩望明日的晨光;她们被一个钢铁的意志——党的意志团结在一起,用现代科学技术武装起来,正在向着当今和未来的无量数新的"三峡"进军。

他们会胜利地穿过去,达到目的地吗?答案,我想用不着说了。

千百年后,假如三峡无恙,也还会有人从此穿过。从千百年后看今天,也如同今天看第一个穿过三峡的人一样。在那时的人看来,完成我们今天从事的业绩,会跟玩积木一样轻而易举了。但是,他们不会嘲笑我们,他们会崇敬我们的精神。至于我这篇平凡的文字,那时是早已泯灭的了。然而,如果他们从考古的废墟上发现了它,我敢断定,他们会说:"这个人,没有说谎。"

我凭舷眺望,江水滔滔,一泻千里,向东流去。天渐渐开阔,地渐渐平旷,忽然飘来几只沙鸥,雪片一样白,闪电一样快,在船头画了个圈儿,不见了。

船已经穿过三峡,我感到了第一个穿过三峡的人曾经感到和未曾感到的喜悦。

 学海拾贝

给下列加点的词语注音

夔门(　　)　　　耸峙(　　)　　　篙工(　　)　　　舣侧(　　)

啃噬（　　）　　催山坼地（　　）　　端倪（　　）　　翎毛（　　）
抟（　　）　　　燧（　　）　　　　　混沌（　　）　　追溯（　　）

推窗望月

（1）背诵古诗。

早发白帝城

李　白

朝辞白帝彩云间，千里江陵一日还。
两岸猿声啼不住，轻舟已过万重山。

（2）三峡简介。

三峡是瞿塘峡、巫峡、西陵峡的总称，它西起重庆市奉节县白帝城，东至湖北省宜昌市南津关，全长193公里。它是世界上著名的大峡谷，被誉为山水画廊，也是国家重点风景名胜区。

即 兴 演 讲

所谓即兴演讲，就是在特定的情境和主体的诱发下，自发或被要求立即进行的当众说话，是一种不凭借文稿来表情达意的口语交际活动。演讲者事先并没有做任何准备，而是随想随说，有感而发。

典型案例

同学们好：

今天，老师要给大家聊聊美化校园的话题。我想现在可能会有一些同学在想：美化校园？我们的校园不是很美吗？你看校园里，操场上干干净净无纸屑，四周绿树草皮鲜花烂漫，楼房整齐一排排，同学们穿红着绿好漂亮，外面还有绿水青山来拥抱，谁敢说我们的校园不美？可是今天，老师要实话实说：我们的校园里还有美中不足，还存在着"丑"的东西。

再过一个月，我们即将毕业，我们将要从学校进入社会，这种环境的转变将会带给我们些什么，现在的我不得而知。但是我知道即将开始的是一个新的人生、一个新的起点。

在平常的生活中，总会听到关于初出茅庐的学生经受的挫折是多么可怕的话，其实我们不必太过在意，许多挫折往往是美好的开始。有人在挫折中成长，有人在挫折中跌倒，关键在于个人是如何看待的。要知道这个世界从来都是相对的，有挫折必定有成功，重要的是看你要以怎样的心态去面对，站起来便能成就更好的自己，硬是在地上赖着，自怨自艾悲叹不已的人，注定只能继续哭泣。哪个站在台面上的人，不是有一堆令人辛酸的过去？挫折往往令他们站得更稳。

　　我记得美国的小说家毛姆写过一篇小说，叫做《刀锋》，是说人们从一种状态过渡到另一种状态的时候，就像从刀的一面过渡到另一面，而最艰难的时候就是趟过刀刃的那一刻，其实走过去就会发现，刀的另一面远没我们想像的那样不可忍受。

　　现在，快毕业了，面对的是要去考编制。我在学校里经常听到有同学这样说，"我们比不过本科生的，还不如不去考呢！"每每听到这样的话，我都会嗤之以鼻。在我看来，本科生固然厉害，但是我们也不是孬种，为什么还没开始就选择放弃？通常都说"机会是留给有准备的人的"，在这里我要加上一句"机会是留给那些敢于挑战的人的"，只要有勇气去挑战，再加上我们5年来的积累，我们没什么比不过本科生的。况且我们的专业能力比他们要强很多，毕竟我们是花了5年的时间来学习的，再加上我们有两次的实习机会，看看，还没比呢，我们在先决条件上就已经远远的优于他们了，那还有什么必要去自怨自艾呢？

　　不管遇到怎样的难关，我们只要尽量找出其中的光明面，这样，不论多不好的困境都会好转。不然，只会让自己一直陷在不幸之中。

　　社会就像大海一样广阔，就像天空一样高远，我们在如此广阔、如此高远的社会环境中，怎么会找不到自己的立足之点呢？

　　同学们，让我们在国旗下共同祝愿，祝愿我们的生活处处开满文明之花！祝愿我们自己一步步地迈向文明！

　　做文明之人，永远的呼唤！一生的追求！

相关知识

（1）演讲，就是在口头表达中表现出灵活、机智的语言能力。

（2）快速构思即兴演讲的要领。"即兴"就是对眼前场景有所感触，临时发生兴致并趁着兴致作出快捷得体的表达。它包括：①选题；②5分钟准备；③演讲不超过2分钟。

技能技巧

（1）审题：弄清演讲内容及要求，避免跑题。

（2）如何构思：（抓住几个根本问题）讲什么、为什么讲、怎么讲。

(3) 怎么讲更生动：①引用名言、古诗；②举例子；③搜集相关资料……

(4) 先列一个提纲。

"青春在奉献中闪光"

活动目的

(1) 继承和发扬雷锋精神，提高无私奉献、服务他人的意识。
(2) 让学生能够深刻了解志愿精神的含义，在实践中体验雷锋精神。
(3) 树立服务意识，加强思想道德素质，发挥先锋模范作用。

活动流程

一、活动前期安排

(1) 联络孤儿院院长或负责人，待其允许；
(2) 取得学校认可，并开出本次活动许可证明；
(3) 组织人员到选定孤儿院勘察情形的环境；
(4) 确定志愿者人数：20 到 30 人左右；
(5) 制作活动宣传海报、横幅等；
(6) 安排工作人员，包括联系、宣传、摄像等；
(7) 领队、主持、分书或礼品并含管理分配、相关节目人数的管理人、整理内务、打扫卫生人员安排；
(8) 准备小礼品（书，玩具等）；
(9) 在活动当中建议大家应该更多地注意到孩子们的情绪，多采取主动的、鼓励性的沟通方式，例如真诚面带微笑的注视，拉手、拥抱、拍肩、击掌等，与孩子有不同意见的时候尽量表达委婉，比如："要不我们试试这样呢？""你觉得这样好不好呢？"等，并且在接触期间严格自己的礼貌用语，活动完后清洁活动场地等。

二、活动中安排

(1) 到了活动场地先安排一部分人打扫卫生（如有需要）；
(2) 先和孩子们自我介绍，让他们熟悉我们；

(3) 可以单独和孩子聊天，了解孩子们的生活学习情况；

(4) 可以个人、也可以找伴和小朋友表演；（要求精而简并突出主题，最好是以儿童生活等为主题。和小朋友一起做活动的、当结束时送小朋友一个小礼物，算是鼓励）

(5) 到了快结束的时候，我们可以开一个小会，和小朋友一起分享我们的感受，还可以选出最佳搭配组。表示能和小朋友在一起很开心，以后有时间会再来，同时在以后的日子里也会有越来越多的人来关注、关怀这个大家庭，让小朋友们感到温暖和幸福；

(6) 合影留念：给小朋友，也给我们彼此留下一个美好的回忆。

三、活动后期安排

(1) 组织委员负责写活动总结；

(2) 团支书负责整理影像资料。

单元练习

第一部分　书　　写

请将"求知像海绵汲水，学习如逆水行舟。"写在书写格内。

第二部分　基础知识与语言运用

一、选择题

1. 下列加点字，注音全对的一项是（　　）

A. 单(chán)于　　尸骸(hái)　　庇(bì)护　　脉(mài)脉流水

B. 淙(zōng)淙　　间(jiàn)隙　　中(zhōng)肯　　殒(yǔn)身不恤

C. 针砭(fá)　　破绽(zhàn)　　边塞(sài)　　泰然处(chǔ)之

D. 酣(hān)眠　　袅(niǎo)娜　　缁(zī)衣　　参(cēn)差(cī)

2. 下列各组词语中，没有错别字的一组是（　　）

A. 钦差　　摇曳　　岑寂　　陈词烂调

B. 蕴籍　　援例　　涸辙　　矫揉造作

C. 尺牍　　搓商　　孤僻　　成绩蜚然

D. 呕血　　锱铢　　盥手盆　　命途多舛

3. 下列各句中，标点符号使用正确的一项是（　　）

A. 我很想知道他的作文做得怎样了？

B. 在门房我被一个十八、九岁的小伙叫住了，他要求我凭证出入。
C. "听我说吧，"我父亲说，"不要想着今天会有什么好结果。"
D. 要问白洋淀有多少苇地，不知道，每年出多少苇子，也不知道。

4. 下列各句中，对文言词语解释正确的一项是（　　）

  A. 学不可以已　　　　　　（已：已经）

  B. 千金散尽还复来　　　　（金：时光）

  C. 安得广厦千万间　　　　（安：安全）

  D. 积水成渊，蛟龙生焉　　（渊：深水）

5. 雅典神庙上的浮雕，在工业酸雨的溶蚀下，已经是（　　）了

  A. 面目一新　　B. 面目全非　　C. 面面俱到　　D. 焕然一新

6. "人生如梦，一尊还酹江月"的意思是（　　）

  A. 消极人生的表露

  B. 人生失意的悲叹和无奈的自我解脱

  C. 热爱生活的乐观态度

7. 下列各句中，没有语病、句意明确的一句是（　　）

  A. 浙江省奉化市土地管理局依据《土地法》有关规定，某公司400亩国土使用权已收回。

  B. 我们对于"比较文学"是个陌生的概念，读读钱钟书的《谈中国诗》或许能走出陌生的境地。

  C. 应该用"启事"而滥用"公告"的现象屡见不鲜，致使社会上有些人也见错而不怪了。

  D. 鉴于《金瓶梅词话》自身的缺陷，问世不久便被禁，只供少数批评家去研究，至今仍是不宜公开发行的书。

8. 下列句子中，没有用比喻的修辞手法的一项是（　　）

  A. 旅游节那天，宜昌的大街小巷成了欢乐的海洋。

  B. 月亮像一弯镰刀，高高地挂在天空中。

  C. 他好似一棵硕大的梧桐，健壮、沉默，而又有生气。

  D. 天上的星星不说话，地上的孩子想妈妈。

9. 把下列句子按顺序排列，最正确的一组是（　　）

①陶醉在人们对她的赞美和羡妒所形成的幸福的云雾里。②她陶醉于自己的美貌胜过一切女宾。③陶醉于成功的光荣。④她狂热的兴奋的跳舞。⑤陶醉在妇女们认为最甜蜜的胜利里。⑥沉迷在欢乐里，什么都不想了。

  A. ②①③⑤④⑥　　　　　　　B. ②③①⑤⑥④

  C. ④②⑤③①⑥　　　　　　　D. ④⑥②③①⑤

10. 下列说法完全正确的一项是（　　）

  A. 四书五经中的四书是《中庸》、《大学》、《孔子》、《论语》。

  B. 段祺瑞是直系军阀头子。

  C. "胡服骑射"中的胡是指匈奴。匈奴君主的称号是单于。

  D. 巴金先生的《激流三部曲》是《雾》、《雨》、《电》。

二、填空题

11. 小说的三要素是_____、情节、环境。《一碗清汤荞麦面》中2号桌被称为_____。

12. 天门中断楚江开，_____。两岸青山相对出，_____。

13. 《_____》是我国第一部诗歌总集，共收入自西周至春秋中叶500余年的诗歌305首。

三、语言运用与表达

14. 在上级领导来学校检查文明创建工作之际，请你拟写两条欢迎标语。

(1) _____。

(2) _____。

第三部分 现代文阅读

(一) 阅读《荷塘月色》节选的文段，回答问题。

路上只我一个人，背着手踱着。这一片天地好像是我的；我也像超出了平常的自己，到了另一世界里。我爱热闹，也爱_____；爱群居，也爱_____。像今晚上，一个人在这苍茫的月下，什么都可以想，什么都可以不想，便觉是个自由的人。白天里一定要做的事，一定要说的话，现在都可不理。这是独处的妙处，我且受用这无边的荷香月色好了。

曲曲折折的荷塘上面，弥望的是田田的叶子。叶子出水很高，像亭亭的舞女的裙。层层的叶子中间，零星地点缀着些白花，有袅娜地开着的，有羞涩地打着朵儿的；正如一粒粒的明珠，又如碧天里的星星，又如刚出浴的美人。微风过处，送来缕缕清香，仿佛远处高楼上渺茫的歌声似的。这时候叶子与花也有一丝的颤动，像闪电般，霎时传过荷塘的那边去了。叶子本是肩并肩密密地挨着，这便宛然有了一道凝碧的_____。叶子底下是脉脉的流水，遮住了，不能见一些颜色；而叶子却更见风致了。

月光如流水一般，静静地泻在这一片叶子和花上。薄薄的青雾浮起在荷塘里。叶子和花仿佛在牛乳中洗过一样；又像笼着轻纱的梦。虽然是满月，天上却有一层淡淡的云，所以不能_____；但我以为这恰是到了好处，酣眠固不可少，小睡也别有风味的。月光是隔了树照过来的，高处丛生的灌木，落下参差的斑驳的黑影。塘中的月色并不均匀；但光与影有着和谐的旋律，如梵婀玲上奏着的名曲。

荷塘的四面，远远近近，高高低低都是树，而杨柳最多。这些树将一片荷塘重重围住；只在小路一旁，漏着几段空隙，像是特为月光留下的。树色一例是阴阴的，乍看像一团烟雾；但杨柳的丰姿，便在烟雾里也辨得出。树缝里也漏着一两点路灯光，_____的，是渴睡人的眼。这时候最热闹的，要数树上的蝉声与水里的蛙声；但热闹是它们的，我什么也没有。

15. 在原文空格中填上正确词语。

16. 《荷塘月色》的作者是＿＿＿＿＿＿＿＿，我们还学习过他的作品＿＿＿＿＿＿＿。

17. 以下句子各应用了什么修辞手法。

(1) 微风过处，送来缕缕清香，仿佛远处高楼上渺茫的歌声似的。
（　　　　　）

(2) 叶子出水很高，像亭亭的舞女的裙。（　　　　　）

(3) 塘中的月色并不均匀；但光与影有着和谐的旋律，如梵婀玲上奏着的名曲。（　　　　　）

(二) 阅读下面的文字，完成问题。

"我美丽的小狗，我的好小狗，我可爱的杜杜，快过来，来闻一闻这极好的香水，这是从城里最好的香水店里买来的！"

狗来了，这可怜的动物摇晃着尾巴，大概是和人一样表示微笑吧！它好奇地把温滑的鼻子放在开盖的香水瓶口上。它惊恐地向后一跳，并冲着我尖叫着，发出一种责备的声音。

"啊！该死的狗！如果我拿给你一包粪便，你会狂喜地闻它。可能还会把它吞掉。你呀！我的忧郁人生的可鄙的伙伴，你多么像大多数读者。对他们，从来不能拿出最美的香水，因为这会激怒他们。但是，可以拿出精心选择好的垃圾。"

18. 作者对狗的态度由喜欢到鄙视，是因为：（限20字）
＿＿＿＿＿＿＿＿＿＿＿＿＿＿＿＿＿＿＿＿＿＿＿＿＿＿＿＿

19. 最后一节作者所说的"最美的香水"和"垃圾"实际上指的是什么？

①最美的香水：＿＿＿＿＿＿＿＿＿＿＿＿＿＿＿＿＿＿

②垃圾：＿＿＿＿＿＿＿＿＿＿＿＿＿＿＿＿＿＿＿＿＿

第四部分　写　　作

20. 请以"我的＿＿＿＿＿＿＿"为题，或以"快乐"为话题写一篇文章。

项目九

历史与文化

 主题描述

本项目阅读与欣赏的重点是品味我国博大精深的历史与文化。历史与文化不是抽象的存在,它们以丰富多样的形式呈现,都有一定的载体。有实物的,如都江堰;也有非物质的,如端午节;有人物的,如军神刘伯承;也有事件的,如石牌保卫战。

本项目选取的4篇课文都是历史文化的名篇。《都江堰》按照"史—水—人"的线索来安排整体结构,具有很强的逻辑性和深刻的思想蕴涵。《中国的斯大林格勒保卫战——石牌要塞保卫战》按照"背景—经过—意义和影响"的结构写作,热爱祖国、热爱家乡、热爱和平的思想情感让我们更加珍惜来之不易的美好生活。《军神》用层层比衬的手法,突出了刘伯承元帅坚强的意志、坦荡的胸怀以及献身革命的伟大精神。《端午节的来历与习俗》介绍的端午文化百家争鸣现象,培养学生更加宽广的胸怀。

本项目的口语交际教学内容是"即席发言"。

本项目的实践活动是"诵读经典古诗 弘扬传统文化——中华古诗诵读比赛"。

(1) 体会作者热爱家乡、热爱祖国、热爱和平的思想感情,珍惜来之不易的美好生活;

(2) 了解文化方面"百花齐放、百家争鸣"的现象,培养学生更加宽广的胸怀;

(3) 了解即席发言和诵读古诗的技能技巧。

 能力目标

(1) 学习对人对事的哲理思考精神,学习用传神的语言描写技巧,学习层层比衬、突出主要人物的手法,学习"总—分(并列)"写作结构,并运用于写作;

(2) 能够比较流利地即席发言;

(3) 能够有感情、有技巧地诵读古诗。

任务三十三　都　江　堰

余秋雨

(1) 学习本文"史—水—人"的写作结构；
(2) 学习作者两两搭配对比的写作手法；
(3) 学习作者对人对事的哲理思考精神。

本文选自《文化苦旅》，是一篇优美的散文，作者说古论今，抚今追昔，通过对水利工程都江堰历史的追述与描写赞扬了李冰报效祖国、造福桑梓的坚强意志和敬业精神。三部分按照"史"—"水"—"人"的线索来安排整体结构，全方位时空对比，使文章层层深入，具有很强的逻辑性，显示出作者布局谋篇的统筹能力。

余秋雨（1946—），浙江余姚人，当代著名学者。20世纪80年代后期开始写文化散文，著有《文化苦旅》、《山居笔记》、《霜冷长河》、《千年一叹》、《行者无疆》等文集。

点石成金

这部分写"史"。长城还只是它的后辈。

开篇直陈观点，不像一般散文的起笔，更像驳论文的开宗明义，给人疾风乍起、平地惊雷的感觉。

作者紧紧抓住"经济作用"和"社会作用"，集中比较都江堰和长城。两两搭配的对比取势甚高，不同凡响，闪现出哲理的光辉。

一

我以为，中国历史上最激动人心的工程不是长城，而是都江堰。

长城当然也非常伟大，不管孟姜女们如何痛哭流涕，站远了看，这个苦难的民族竟用人力在野山荒漠间修了一条万里屏障，为我们生存的星球留下了一种人类意志力的骄傲。长城到了八达岭一带已经没有什么味道，而在甘肃、陕西、山西、内蒙一带，劲厉的寒风在时断时续的颓壁残垣间呼啸，淡淡的夕阳、荒凉的旷野溶成一气，让人全身心地投入对历史、对岁月、对民族的巨大惊悸，感觉就浓厚得多了。

但是，就在秦始皇下令修长城的数十年前，四川平原上已经完成了一个了不起的工程。它的规模从表面上看远不如长城宏大，却注定要稳稳当当地造福千年。如果说长城占据了辽阔的空间,那么,它却实实在在地占据了邈远的时间。长城的社会功用早已废弛,而它至今还在为无数民众输送汩汩清流,有了它,旱涝无常的四川平原成了天府之国,每当我们民族有了重大灾难,天府之国总是沉着地提供庇护和濡养。因此,可以毫不夸张地说,它永久性地灌溉了中华民族。

濡养:滋养,培养,养育。

有了它,才有诸葛亮、刘备的雄才大略,才有李白、杜甫、陆游的川行华章。说得近一点,有了它,抗日战争中的中国才有了一个比较安定的后方。

它的水流不像万里长城那样突兀在外,而是细细浸润,节节延伸,延伸的距离并不比长城短。长城的文明是一种僵硬的雕塑,它的文明是一种灵动的生活。长城摆出一副老资格等待人们的修缮,它却卑处一隅,像一位绝不炫耀、毫无所求的乡间母亲,只知贡献。一查履历,长城还只是它的后辈。

本文议论多、叙述少,但毕竟以记游抒发感慨,明写都江堰之游,实际上多次写长城之游。两相对照,既抒发了作者丰富的感慨,又突出了作者独特的感受。

它,就是都江堰。

二

我去都江堰之前,以为它只是一个水利工程罢了,不会有太大的旅游价值。连葛洲坝都看过了,它还能怎么样?只是要去青城山玩,得路过灌县县城,它就在近旁,就乘便看一眼吧。因此,在灌县下车,心绪懒懒的,脚步散散的,在街上胡逛,一心只想看看青城山。

这部分写"水"。先写葛洲坝和青城山,再写都江堰,可谓是先抑后扬。拜水要到都江堰,才会真切感受水的壮美。

七转八弯,从简朴的街市走进了一个草木茂盛的所在。脸面渐觉滋润,眼前愈显清朗,也没有谁指路,只向更滋润、更清朗的去处走。忽然,天地间开始有些异常,一种隐隐然的骚动,一种还不太响却一定是非常响的声音,充斥周际。如地震前兆,如海啸将临,如山崩即至,浑身起一种莫名的紧张,又紧张得急于趋附。不知是自己走去的还是被它吸去的,终于陡然一惊,我已站在伏龙观前,眼前,急流浩荡,大地震颤。

即使是站在海边礁石上,也没有像这里这样强烈地领受到水的魅力。海水是雍容大度的聚会,聚会得太多太深,茫茫一片,让人忘记它是切切实实的水,可掬可捧的水。这里的水不同,要说多也不算太多,但股股叠叠都精神焕发,合在一起比赛着飞奔的力量,踊跃着喧嚣的生命。这种比赛又极有规则,奔着奔着,遇到江心的分水堤,刷的一下裁割为二,直窜出去,两股水分别撞到了一道坚坝,立即乖乖地转身改向,再在另一道坚坝上撞一下,于是又根据筑坝者的指令来一番调整……也许水流对自己的驯顺有点恼怒了,突然撒起野来,猛地翻卷咆哮,但越是这样越是显现出一种更壮丽的驯顺。已经咆哮到让人心魄俱夺,也没有一滴水溅错了方位。阴气森林间,延续着一场千年的收伏战。水在这里,吃够了苦头也出尽了风头,就像一大拨翻越各种障碍的马拉松健儿,把最强悍的生命付之于众目睽睽。看云看雾看日出各有胜地,要看水,千万不可忘了都江堰。

掬:捧。

三

这一切,首先要归功于遥远得看不出面影的李冰。

> 这部分写"人(李冰)"。

四川有幸,中国有幸,公元前251年出现过一项毫不惹人注目的任命:李冰任蜀郡守。

此后中国千年官场的惯例,是把一批批有所执持的学者遴选为无所专攻的官僚,而李冰,却因官场而成为了一名实践科学家,这里明显地出现了两种断然不同的政治走向,在李冰看来,政治的含义是浚理,是消灾,是滋润,是濡养,它要实施孩童都能领悟的简单道理;既然四川最大的困扰是旱涝,那么四川的统治者必须成为水利学家。

前不久我曾接到一位极有作为的市长的名片,上面的头衔只印了"土木工程师",我立即追想到了李冰。

没有证据可以说明李冰的政治才能,但因有过他,中国也就有过了一种冰清玉洁的政治纲领。

他是郡守,手握一把长锸,站在滔滔的江边,完成了一个"守"字的原始造型。那把长锸,千年来始终与金杖玉玺、铁戟钢锤反复辩论。他失败了,终究又胜利了。

他开始叫人绘制水系图谱。这图谱,可与今天的裁军数据、登月线路相呼应。

他当然没有在哪里学过水利。但是,以使命为学校,死钻几载,他总结出治水三字经("深淘滩,低作堰")、八字真言("遇弯截角,逢正抽心"),直到20世纪仍是水利工程的圭臬。他的这点学问,永远水气淋漓,而后于他不知多少年的厚厚典籍,却早已风干,松脆得无法翻阅。

他没有料到,他治水的韬略很快就被替代成治人的计谋;他没有料到,他想灌溉的沃土将会时时成为战场,沃土上的稻谷将有大半充作军粮。他只知道,这个人种想要不灭绝,就必须要有清泉和米粮。

他大愚,又大智。他大拙,又大巧。

他以田间老农的思维,进入了最澄彻的人类学的思考。

他未曾留下什么生平资料,只留下硬扎扎的水坝一座,让人们去猜详。人们到这儿一次次纳闷:这是谁呢?死于两千年前,却明明还在指挥水流。站在江心的岗亭前,"你走这边,他走那边"的吆喝声、劝诫声、慰抚声,声声入耳。没有一个人能活得这样长寿。

秦始皇筑长城的指令，雄壮、蛮吓、残忍；他筑坝的命令，智慧、仁慈、透明。

有什么样的起点就会有什么样的延续。长城半是壮胆半是排场，世世代代，大体是这样。直到今天，长城还常常成为排场。

都江堰一开始就清朗可鉴，结果，它的历史也总显出超乎寻常的格调。李冰在世时已考虑事业的承续，命令自己的儿子作三个石人，镇于江间，测量水位。李冰逝世400年后，也许3个石人已经损缺，汉代水官重造高及3米的"三神石人"测量水位。这"三神石人"其中一尊即是李冰雕像。这位汉代水官一定是承接了李冰的伟大精魂，竟敢于把自己尊敬的祖师，放在江中镇水测量。他懂得李冰的心意，唯有那里才是他最合适的岗位。这个设计竟然没有遭到反对而顺利实施，只能说都江堰为自己流泻出了一个独特的精神世界。

石像终于被岁月的淤泥掩埋，本世纪70年代出土时，有一尊石像头部已经残缺，手上还紧握着长锸。有人说，这是李冰的儿子。一位现代作家见到这尊塑像怦然心动，"没有淤泥而蔼然含笑，断颈项而长锸在握"，作家由此而向现代官场衮衮诸公诘问："活着或死了应该站在哪里？"

出土的石像现正在伏龙观里展览。人们在轰鸣如雷的水声中向他们默默祭奠。在这里，我突然产生了对中国历史的某种乐观。只要都江堰不坍，李冰的精魂就不会消散，李冰的儿子会代代繁衍。轰鸣的江水便是至圣至善的遗言。

本文是一篇游记，但不乏对人生价值的议论，言近而旨远。唯其如此，文章才显示出深邃的哲理。

 我手我心

都江堰的汩汩清流总是沉着地庇护和濡养着天府之国，灌溉着中华民族。由此，你联想到了什么？请联系现实，写出你想说的话。

 学海拾贝

根据课文内容，在括号中填写相关词句。

都江堰的规模从表面上看远不如长城宏大，却注定要稳稳当当地造福千年。如果说长城占据了辽阔的空间，那么，_____。长城的社会功用早已废弛，而它至今还在为无数民众输送汩汩清流，有了它，旱涝无常的四川平原成了天府之国，每当我们的民族有了重大灾难，天府之国总是沉着地提供庇护和濡养。因此，可以毫不夸张地说，_____。

他大愚，又_____。他_____，又大巧。

牛刀初试

(1) 给下列字注音。

雍（　　）容大度　　喧嚣（　　）　　濡（　　）养

遴（　　）选　　　　浚（　　）理　　长锸（　　）

怦（　　）然心动

(2) 词语解释。

颓壁残垣：_____

邈远：_____

废弛：_____

濡养：_____

卑处一隅：_____

遴选：_____

圭臬：_____

衮衮诸公：_____

(3) 概述本文主旨。

 推窗望月

余秋雨语录

(1) 拜水都江堰，问道青城山。

(2) 生命中有一些人与我们擦肩了，却来不及遇见；遇见了，却来不及相识；相识了，却来不及熟悉；熟悉了，却还是要说再见。——对自己好点，因为一辈子不长；对身边的人好点，因为下辈子不一定能遇见。

(3) 能牵手的时候，请别肩并肩，能拥抱的时候，请别手牵手，能相爱的时候，请别说分开。

(4) 如果坦白是一种伤害，我选择谎言。如果谎言也是一种伤害，我选择沉默。

任务三十四　中国的斯大林格勒保卫战

——石牌要塞保卫战

佚　名

山高为峰

（1）学习本文"背景—经过—意义和影响"的写作结构；
（2）体会作者热爱祖国、热爱和平的思想感情，珍惜来之不易的美好生活；
（3）全面认识抗战力量的多样性，力求恢复历史的本来面目。

阅读导航

本文结构清晰，字里行间充满了对祖国的深厚感情，且本土题材会大大激发阅读兴趣。

古镇石牌在宜昌市夷陵区境内，位于长江三峡西陵峡右岸，依山傍水。石牌方圆70里，上有三斗坪、茅坪，是抗战时的军事重镇，六战区（总司令为陈诚）前线指挥部、江防军（总司令为吴奇伟）总部等均设于此。下有平善坝，与之相距仅咫尺之遥，是石牌的前哨，亦为我军河西的补给枢纽。它下距宜昌城仅30余里，是拱卫当时陪都重庆的第一道门户，战略地位极为重要。

1943年5月，日本集结陆海空三军7个师团10万余人，向鄂西宜昌、石牌要塞发动猛攻。迫于在太平洋战场上日益恶化的局势，日军孤注一掷，试图打开石牌，沿长江三峡进逼中国陪都重庆，尽早结束在中国久拖不决的战局，石牌一役将在很大程度上决定着抗战的成败。

在这场被称为"中国的斯大林格勒保卫战"之前，日本陆军所向之处，虽然也遇到过顽强的抵抗，但大都以中国军队的最后退却为结局。可是，就在石牌，中国军队在装备远远超出自己的日本王牌陆军面前，像钉死在石头上一样，一步也没有后退。

1943年5月5日至6月18日决战期间，中国军队以第六战区司令长官陈诚为指挥，率29、10、26、33集团军及18军18师、11师，86军、32军形成石牌三条重要防线。5月5日，与日军第3、第13、第39师团展开

点石成金

背景介绍。
傍：靠。
拱卫：环绕在周围保卫着。
具体经过。
要塞：筑有永久工事，准备长期坚守的国防要地。
斯大林格勒（今伏尔加格勒）保卫战，是第二次世界大战的主要转折点，也是人类历史上最为血腥和规模最大的战役之一。参战主要军队为苏联和纳粹德国。这场战役因参战双方伤亡惨重成为人类战争史上的著名战役。

殊死决战，6月2日，中国军队全线反攻，日军溃不成军，节节败退，取得了以"太史桥大捷"为标志的石牌保卫战主战场的彻底胜利。

1943年5月28日清晨，石牌要塞最惨烈的战斗开始了，竟日厮杀的凶险与残酷，远非亲历者之外的人可以讲述。战区总司令陈诚上将曾给胡琏打过电话，询问："守住要塞有无把握？"或是因时间紧迫，胡琏只回了一句："成功虽无把握，成仁确有决心。"

> 成仁：为正义事业而牺牲生命。
> 畈（fàn）：田地。

据曾经参战的老兵回忆，在曹家畈附近的大小高家岭上曾有3个小时听不到枪声，这不是双方停战，而是敌我两军扭作一团展开肉搏战。日本人一群一群地冲上来，中国人迎头扑上去，搅在一起，用刺刀拼。那三个小时的拼刺，是日本陆军在第二次世界大战中所遭遇的最大规模的白刃战。八斗方之争夺，是这次战斗最为激烈的地方，两军在此弹丸之地反复冲杀。不知道在上万把刺刀的铁血相搏中，双方谁死人更多，阵地前沿两军尸体呈金字塔形。当时国民党中央通讯社向全国播发消息称："宜昌西岸全线战斗已达激烈，每一据点均必拼死争夺。"这是当时战役的真实写照。但战争的结果是：日本人输了，中国军队顽强地守住了石牌。

这场决战，中国军队投入兵力15万人，日军投入10万兵力。我军击落敌机45架、炸沉敌舰122艘，汽车75辆。日军久攻石牌不下，损兵折将惨重，信心完全丧失。到了5月31日夜晚，战场上的枪炮声突然沉寂下来，进犯石牌之敌纷纷掉头东逃。石牌要塞虽历经烽火，但仍屹立在西陵峡之滨，固若金汤，如同一座铜墙铁壁。此次石牌大战，我军打死打伤日军达7000人，缴获器械无数。

> 历史意义和影响。

石牌保卫战的胜利，实现了蒋介石"军事第一，第六战区第一，石牌第一"和"死守石牌，确保石牌"的军事目标，它挫败了日军入峡西进的美梦，粉碎了日军攻打重庆的部署，遏制住了日军肆意践踏的铁蹄，是中华民族抗日战争重大军事转折点。它被西方军事家誉为"东方（中国）斯大林格勒保卫战"，确立为世界军事史上中华民族反法西斯取得胜利的著名战役。

 我手我心

不忘为国牺牲的英烈，我们会更加珍惜来之不易的美好生活。对发生在宜昌这片热土上的保卫战，你有何感想呢？请写出你想说的话。

 学海拾贝

根据课文内容，在括号中填写相关词语。

石牌要塞虽历经烽火，但仍屹立在西陵峡之滨，固若金汤，如同一座

_____。

它下距宜昌城仅 30 余里，是_____当时陪都重庆的第一道门户，战略地位极为重要。

牛刀初试

（1）你还知道哪个抗日名将？给同学们讲一讲他的故事。
（2）你还知道哪些发生在宜昌的著名战役？给同学们说一说。
（3）词语解释
固若金汤：_____
铜墙铁壁：_____
依山傍水：_____
要塞：_____

推窗望月

石牌保卫战指挥官第十一师师长胡琏将军，在战斗前祭天的誓词，因慷慨激昂，备受称颂。原文如下。

陆军第十一师师长胡琏，谨以至诚昭告山川神灵：

我今率堂堂之师，保卫我祖宗艰苦经营遗留吾人之土地，名正言顺，鬼伏神饮，决心至坚，誓死不渝。汉贼不两立，古有明训。华夷须严辨，春秋存义。生为军人，死为军魂。后人视今，亦尤今人之视昔，吾何愧焉！今贼来犯，决予痛歼，力尽，以身殉之。然吾坚信苍苍者天必佑忠诚，吾人于血战之际胜利即在握。

此誓

大中华民国三十二年五月二十七日正午

渝：改变

贼、夷：均指日本侵略者

任务三十五　军　　神

毕必成

山高为峰

（1）学习本文传神的语言描写；
（2）体会作者层层比衬、突出主要人物的写法。

阅读导航

本文写的是 1916 年在反对袁世凯称帝的护国战争中，刘伯承在攻占重庆丰都城时被子弹打伤了右眼后，秘密到重庆一个德国人开设的诊所治伤的经历。歌颂了他勇敢的性格、坚强的意志、坦荡的胸怀以及献身革命的伟大精神。后来，人们亲切地称之为"独眼将军"。

本文语言传神，突出了人物性格；层层比衬，突出了主要人物。

点石成金

"言为心声"，本文主要由对话贯穿而成，把握"言"，以深入文意，了解人物性格。

重庆临江门外，一个德国人开设的诊所里，医生沃克端坐在桌后。他头也不抬，冷冷地问："你叫什么名字？"

"刘大川。"

"年龄？"

"24 岁。"

"什么病？"

"土匪打伤了眼睛。"

沃克放下笔，起身正准备查看伤势，一位护士走进诊室，悄声说："沃克医生，五号病床的先生害怕做手术，要求……"

五号病床先生的害怕，反衬刘伯承的从容镇定和坚强。

沃克粗暴地打断护士的话："叫他滚蛋！我的诊所里再不要见到这胆小鬼！"

护士诺诺连声地退走了。

沃克医生余怒未息，但熟练地打开病人右眼上的绷带。他愣住了，蓝色的眼睛里闪出惊疑的神情。他重新审视着眼前这个人，冷冷地问："你是干什么的？"

"邮局职员。"

开头病人求医，医生直言不讳，显示出眼光的锐利。

"你是军人！"沃克医生一针见血地说，"我当过军医，这么重的伤势，只有军人才能这样从容镇定！"

病人回答似是而非，巧避锋芒，不卑不亢，为自己圆了谎，显示出镇静与睿智。

病人微微一笑，锐利地回答："沃克医生，军人处事靠自己的判断，而不是老太婆似的喋喋不休！"

沃克又一次怔住了。他伸手制止了闻声赶来的护士，双目火辣辣地盯着对方。

良久，沃克医生的目光柔和了，他吩咐护士："准备手术。"

沃克正在换手术服，洗净手戴上了消毒手套。这时护士跑来，低声告诉他病人拒绝使用麻醉剂。沃克医生的眉毛扬了起来，二话没说，走进手术室火腾腾地说："年轻人，在这儿要听医生的指挥！"

病人平静地回答："沃克医生，眼睛离脑子太近，我担心施行麻醉会影响脑神经。而我，今后需要一个非常清醒的大脑！"

沃克再一次愣住了，竟有点口吃地说："你，你能忍受吗？你的右眼需要摘除坏死的眼球，把烂肉和新生的息肉一刀刀割掉！"

"试试看吧。"

手术台上，一向从容镇定的沃克医生，这次双手却有些颤抖，他额上汗珠滚滚，护士帮他擦了一次又一次。最后他忍不住开口对病人说："你疼不过可以哼叫。"

病人一声不吭，他的双手紧紧抓住身下的白垫单，手背青筋暴起，汗如雨下。他越来越使劲，崭新的白垫单居然被抓破了。

脱去手术服的沃克医生擦着汗走过来，由衷地说："年轻人，我真担心你会晕过去。"

病人脸色苍白。他勉强一笑，说："我一直在数你的刀数。"

沃克医生吓了一跳，不甚相信地问："我割了多少刀？"

"七十二刀。"

沃克惊呆了，失声嚷道："你是一个真正的男子汉，一块会说话的钢板！按德意志的观点，你堪称军神！"

"您过奖了。"

孤傲暴躁的沃克医生头一次浮出慈祥的神情。他想说什么又忍住了，挥手让护士出去，然后关上手术室的门，注视着病人，说："告诉我，你的真名叫什么？"

"刘伯承。"

沃克医生肃然起敬："啊，川东支队的将领，久仰久仰，认识你很荣幸。袁世凯悬赏十万买您的头！"

手术前，鄙夷胆小鬼的沃克医生，被对方拒绝使用麻醉剂的决定所震撼。刘伯承说话口吻很平静，却不容否决，表现出一个成熟革命者的气质。

手术后，病人的话语，铁铮铮落地有声，深刻体现了他非凡的钢铁意志、特有的壮勇气度，显示了阳刚之美。

沃克的言行受刘伯承的影响而发生巨大的变化，前后形成对比，层层映衬出主要人物刘伯承的人格魅力。

刘伯承开玩笑地说:"您要是告诉北洋政府我在这儿,准能发一笔大财。"

沃克医生似受了污辱,怒冲冲地说:"对侮辱我人格的人,我不惜决斗!"

最后一段,展示了刘伯承性格的另一面:真诚、旷达、乐观。

刘伯承微笑道:"眼好以后,一定奉陪!"说着,友好地伸过手去。

 我手我心

同学们,假如慈祥的刘伯承就在我们的面前,此时此刻你想对他说些什么?请同学们把你想说的话写下来。

 学海拾贝

本文描写传神,仔细品味下列描写,并在括号中填上恰当的词语。

(1)"你是军人!"沃克医生一针见血地说,"我当过军医,这么重的伤势,只有军人才能这样＿＿＿＿＿＿＿!"

病人微微一笑,锐利地回答:"沃克医生,军人处事靠自己的判断,而不是老太婆似的喋喋不休!"

(2) 沃克医生肃然起敬:"啊,川东支队的将领,久仰久仰,认识你很＿＿＿＿＿＿＿。袁世凯悬赏十万买您的头!"

刘伯承开玩笑地说:"您要是告诉北洋政府我在这儿,准能发一笔大财。"

沃克医生似受了污辱,怒冲冲地说:"对侮辱我人格的人,我＿＿＿＿＿＿＿!"

刘伯承微笑道:"眼好以后,一定奉陪!"说着,友好地伸过手去。

 牛刀初试

(1) 解释词语。

余怒未息:＿＿＿＿＿＿＿＿＿＿＿＿＿＿＿＿＿＿＿＿＿＿＿＿＿

孤傲:＿＿＿＿＿＿＿＿＿＿＿＿＿＿＿＿＿＿＿＿＿＿＿＿＿＿＿

悄无声息:＿＿＿＿＿＿＿＿＿＿＿＿＿＿＿＿＿＿＿＿＿＿＿＿＿

(2) 由两位同学分别扮演刘伯承和沃克,按照课文内容进行对话,注意表现人物的神情和说话的语气。

(3) 为什么说刘伯承是一位军神?

推窗望月

以寡敌多常胜之，运筹独眼见神机。
功成善后仍兵法，马放南山做教师。

（节选自刘伯承《七绝》）

攻城略地若韩信，运筹帷幄似张良。
九处伤疤为民众，一只慧眼济沧桑。
身经千战誉军神，当代孙武无愧当。

（节选自《刘伯承赞》）

任务三十六　端午节的来历与习俗

佚　名

 山高为峰

（1）学习本文总—分（并列）写作结构；
（2）体会作者热爱家乡、热爱祖国的思想感情；
（3）了解文化方面百家争鸣的现象，培养学生宽广的胸怀。

 阅读导航

本文按照总分的结构行文，使得全文结构紧凑清晰。行文中既如实介绍了相关文化现象，又饱含感情，增强了文章的可读性。文章介绍的端午文化百家争鸣现象，培养了学生宽广的胸怀。

端午节，为每年农历五月初五，又称端阳、端五，是我国古老的传统节日，始于春秋战国时期，至今已有2000多年历史。端午节的由来与传说很多，这里介绍以下四种：

一、源于纪念屈原

据《史记·屈原贾生列传》记载，屈原是春秋时期楚怀王的大臣。他倡导举贤授能，富国强兵，力主联齐抗秦，遭到贵族子兰等人的强烈反对，遭谗去职，被赶出都城，流放到沅湘流域。他在流放中，写下了忧国忧民的《离骚》、《天问》、《九歌》等不朽诗篇，独具风貌，影响深远。公元前278年，秦军攻破楚国京都。屈原眼看自己的祖国被侵略，心如刀割，但是始终不忍舍弃自己的祖国，于五月五日，在写下了绝笔作《怀沙》之后，抱石投汨罗江身死，以自己的生命谱写了一曲壮丽的爱国主义乐章。

传说屈原死后，楚国百姓哀痛异常，纷纷到汨罗江边去凭吊屈原。渔夫们划起船只，在江上来回打捞他的真身。有位渔夫拿出为屈原准备的饭团、鸡蛋等食物，"扑通、扑通"地丢进江里，说是让鱼龙虾蟹吃饱了，就不会去咬屈大夫的身体了。人们纷纷仿效。一位老医师则拿来一坛雄黄酒倒进江里，说是要药晕蛟龙水兽，以免伤害屈大夫。后来，为怕饭团为蛟龙所食，人们想出用楝树叶包饭，外缠彩丝，发展成粽子。以后每年五月初五，就有了龙舟竞渡、吃粽子、喝雄黄酒的风俗，以此来纪念爱国诗人屈原。

二、源于纪念伍子胥

端午节的第二个传说，是纪念春秋时期的伍子胥。伍子胥名员，楚国人，父兄均为楚王所杀，后来子胥弃暗投明，奔向吴国，助吴伐楚，五战而入楚都郢城。当时楚平王已死，子胥掘墓鞭尸三百，以报杀父兄之仇。吴王阖闾死后，其子夫差继位，吴军士气高昂，百战百胜，越国大败，越王勾践请和，夫差许之。子胥建议，应彻底消灭越国，夫差不听，吴国太宰伯嚭，受越国贿赂，谗言陷害子胥，夫差信之，赐子胥宝剑，子胥以此死。子胥本为忠良，视死如归，在死前对邻舍人说："我死后，将我眼睛挖出悬挂在吴都之东门上，以看越国军队入城灭吴"，便自刎而死，夫差闻言大怒，令取子胥之尸体装在皮革里于五月五日投入大江，因此相传端午节亦为纪念伍子胥。

三、源于纪念孝女曹娥

端午节的第三个传说，是为纪念东汉孝女曹娥救父投江。曹娥是东汉上虞人，父亲溺于江中，数日不见尸体，当时孝女曹娥年仅十四岁，昼夜沿江号哭。过了十七天，在五月五日也投江，五日后抱出父尸。就此传为神话，继而相传至县府知事，县令度尚为之立碑，让他的弟子邯郸淳作诔辞颂扬。

孝女曹娥之墓，在今浙江绍兴。后人为纪念曹娥的孝节，在曹娥投江之处兴建曹娥庙，她所居住的村镇改名为曹娥镇，曹娥殉父之处定名为曹娥江。

四、源于古越民族图腾祭

近代大量出土文物和考古研究证实：长江中下游广大地区，在新石器时代，有一种以几何印纹陶为特征的文化遗存。该遗存的族属，据专家推断是一个崇拜龙的图腾的部族——史称百越族。出土陶器上的纹饰和历史传说表明，他们有断发文身的习俗，生活于水乡，自比是龙的子孙。其生产工具，大量的还是石器，也有铲、凿等小件的青铜器。作为生活用品的坛坛罐罐

乐（yuè）章

汨（mì）罗

伍子胥，即伍员（yún）。

伯嚭（pǐ）

殉父：为父而死。

中，烧煮食物的印纹陶鼎也是他们所特有的，是他们族群的标志之一。直到秦汉时代尚有百越人，端午节就是他们创立用于祭祖的节日。在数千年的历史发展中，大部分百越人已经融合到汉族中，其余部分则演变为南方许多少数民族，因此，端午节成了全中华民族的节日。

我国民间过端午节是较为隆重的，庆祝的活动也是各种各样，比较普遍的活动有以下四种形式：

一、赛龙舟

赛龙舟，是端午节的主要习俗。相传起源于古时楚国人因舍不得贤臣屈原投江死去，许多人划船追赶拯救。他们争先恐后，追至洞庭湖时不见踪迹。之后每年五月五日划龙舟以纪念之。借划龙舟驱散江中之鱼，以免鱼吃掉屈原的身体。竞渡之习，盛行于吴、越、楚。

划（huá）

其实，"龙舟竞渡"早在战国时代就有了。在急鼓声中划刻成龙形的独木舟，做竞渡游戏，以娱神与乐人，是祭仪中半宗教性、半娱乐性的节目。

后来，赛龙舟除纪念屈原之外，在人们各地还赋予了不同的寓意。

江浙地区划龙舟，兼有纪念当地出生的近代女民主革命家秋瑾的意义。贵州苗族人民举行"龙船节"，以庆祝插秧胜利和预祝五谷丰登。云南傣族同胞则在泼水节赛龙舟，纪念古代英雄岩红窝。不同民族、不同地区，划龙舟的传说有所不同。

清乾隆二十九年（1736年），台湾开始举行龙舟竞渡。当时台湾知府蒋元君曾在台南市法华寺半月池主持友谊赛。现在台湾每年五月五日都举行龙舟竞赛。在香港，也举行竞渡。

此外，划龙舟也先后传入邻国日本、越南、甚至英国等。1980年，赛龙舟被列入中国国家体育比赛项目，并每年举行"屈原杯"龙舟赛。在湖北秭归，每年都要举行龙舟竞渡。

二、吃粽子

端午节吃粽子，这是中国人民的又一传统习俗。粽子，由来已久，花样繁多。

据记载，早在春秋时期，用竹筒装米密封烤熟，称"筒粽"。东汉末年，以草木灰水浸泡黍米，因水中含碱，包黍米成四角形，煮熟，成为广东碱水粽。

晋代，粽子被正式定为端午节食品。这时，包粽子的原料除糯米外，还添加中药益智仁,煮熟的粽子称"益智粽"。南北朝时期,出现杂粽。米中掺杂禽兽肉、板栗、红枣、赤豆等,品种增多。粽子还用作交往的礼品。

到了唐代,粽子的用米,已"白莹如玉",其形状出现锥形、菱形。日本文献中就记载有"大唐粽子"。宋朝时,已有"蜜饯粽",即果品入粽。诗人苏东坡有"时于粽里见杨梅"的诗句。这时还出现用粽子堆成楼台亭阁、木车牛马作的广告,说明宋代吃粽子已很时尚。元、明时期,出现用芦苇叶包的粽子,附加料已出现豆沙、猪肉、松子仁、枣子、胡桃等等,品种更加丰富多彩。

直到今天,每年五月初,中国百姓家家都要浸糯米、洗粽叶、包粽子,其花色品种更为繁多。从馅料看,北方有包小枣的北京枣粽;南方则有豆沙、鲜肉、火腿、蛋黄等多种馅料,其中以浙江嘉兴粽子为代表。吃粽子的风俗,千百年来,在中国盛行不衰,而且流传到朝鲜、日本及东南亚诸国。

三、佩香囊

端午节小孩佩香囊,传说有避邪驱瘟之意,实际是用于襟头点缀装饰。香囊内有朱砂、雄黄、香药,外包以丝布,清香四溢,再饰以五色丝线,做成各种不同形状,结成一串,形形色色,玲珑可爱。

四、挂艾叶菖蒲

民谚说:"清明插柳,端午插艾。"在端午节,人们把插艾和菖蒲作为重要内容之一。家家都洒扫庭除,以菖蒲、艾条插于门楣,悬于堂中。并用菖蒲、艾叶、榴花、蒜头、龙船花,制成人形或虎形,称为艾人、艾虎;制成花环、佩饰,美丽芬芳,妇人争相佩戴,用以驱瘴。

除:台阶。

艾,又名家艾、艾蒿。它的茎、叶都含有挥发性芳香油。它所产生的奇特芳香,可驱蚊蝇、虫蚁,净化空气。中医学上以艾入药,有理气血、暖子宫、祛寒湿的功能。将艾叶加工成"艾绒",是治病的重要药材。

菖蒲是多年生水生草本植物,它狭长的叶片也含有挥发性芳香油,是提神通窍、健骨消滞、杀虫灭菌的药物。

可见,古人插艾和菖蒲是有一定防病作用的。端午节也是自古相传的"卫生节",人们在这一天洒扫庭院,挂艾枝,悬菖蒲,洒雄黄水,饮雄黄酒,激浊除腐,杀菌防病。这些活动也反映了中华民族的优良传统。端午节上山采药,则是我国各个民族共同的习俗。

附:

当年曹操与杨修骑马同行,当路过曹娥碑时,他们见碑阴镌刻了"黄绢幼妇外孙齑臼"八个字，曹操问杨修理解不理解这八个字的意思。杨修正要回答，曹操说："你先别讲出来，容我想想。"直到走过三十里路以后，曹操说："我已明白那八个字的含意了，你说说你的理解，看我们是否所见略同。"杨修说："黄绢，色丝也，并而为绝；幼妇，少女也，并而为妙；外孙为女儿的儿子合而为好；齑臼是受的意思，为辞。这八个字是'绝妙好辞'四字，是对曹娥碑碑文的赞美。"曹操惊叹道："尔之才思，敏吾三十里也。"

即席发言

即席发言是指说话人事先没有充分准备，或被临时邀请、或受某种场景激发，有感而发，当场作的发言。从某种意义上讲，不假思索就可即席发言，比经过长时间精心准备才能登台更为重要，现代生活要求人们必须具备这种迅速组织自己心中所想，并流利地进行口头表达的能力。

 典型案例

一

在一次"希望工程义演晚会"上，主持人在唱了两支歌并受到满场喝彩之后，不失时机地做了这样一番即席发言：

谢谢，谢谢大家。谢谢大家为参与这次义演活动所付出的爱心。挽救百万失学儿童的希望工程，是中华民族跨世纪的基础建设，是功系千秋的事业。我在和国内朋友们一起筹划百场义演期间，曾几次路过古老的黄河，联想起我们民族源远流长的文化，也联想起那么多贫困失学的儿童，我的心就颤抖。（全场极静）失去教育的孩子就像黄河流失的宝贵黄土，本来每一块土壤都是可以长出一棵大树的。（停顿，静场）让我们大家都献出爱心，不要让水土流失，不要让我们的孩子失去成才的机会。（全场共鸣的掌声久久回荡）

二

某著名电视节目主持人，一次在广州市天河体育中心演出时，不小心在下台阶时摔了下来。出现这种情况，的确令人难堪。但她非常沉着地爬了起来，凭着主持人特有的口才，对台下的观众说："真是人有失足，马有失蹄呀。我刚才的狮子滚绣球的节目滚得还不熟练吧？看来这次演出的台阶不那么好下哩！但台上的节目会很精彩的，不信，你们瞧他们。"

【案例分析】 即席发言具有随机性、临场性的特点，要求反应速度很快。案例一中主持人在希望工程义演会上的即席发言，短小精悍，充满感情，而且针对性很强。这段话由黄河展开联想，以黄土、大树为比喻，指出了希望工程的目的、意义，点明了义演晚会上的主题，产生了良好的宣传效果。案例二也是主持人非常成功的即席发言。幽默的发言，不仅为她自己摆脱了难堪，而且显示出她非凡的口才。以致她话音刚落，会场就立刻爆发出热烈的掌声。有的观众还大声说："广州欢迎你！"

 技能技巧

即席发言的特点是就事而发、缘情而发、因人而发、借机而发。不管是主动要求发言，还是被动接受邀请，一般事先无法充分准备，都是现想现说、边想边说，因此，发言者必须通过快速的思维组织起连贯的语言。这就需要发言者思维敏捷，反应迅速，能够出口成章。

一个人要做好即席发言，需要在内容和心理两方面做好准备。

首先，要确立中心，明确自己的观点和态度。由于构思时间短，必须定下自己要说些什么，并确立发言中心，以及自己的观点和态度。

其次，要从实际出发，为发言寻找一个切入点。明确了中心、观点以后，最好举例说明问题，增强说服力。

第三，要有精彩的开头和结尾。开头最好干净利落，直接入题，可以根据当时的场景、情景、会议的主旨等设计开场白。结尾则要强化发言的主要内容。

第四，要善于捕捉时间，即兴发挥。发言者要利用现场的条件和特点，善于借题发挥，渲染气氛。1935年，高尔基参加苏联作协理事会第二次全体会议时，代表们要求他讲话，当他上台时，与会者长时间鼓掌。高尔基灵机一动，即兴发挥说："如果把花在鼓掌上面的全部时间计算起来，时间就浪费得太多了。"全场一下子活跃了起来，讲话也就在这样融洽的气氛中开场了。

第五，要体现发言者的个性特点。发言者不要人云亦云，讲俗话、套话，而是努力显示自己的特色。美国演员珍惠曼因在电影《心声泪影》中成功扮演一个聋哑人而获奥斯卡奖，她在颁奖时只说了一句话："我因为一句话没说而得奖，我想我应该再一次闭嘴。"这样的即席发言不落俗套，意味深长，堪称妙语。

第六，注意克服紧张心理。发言者一旦上场发言，就应该充满信心，临场不乱。只有有效地控制紧张心理，才能从容不迫，沉着应战。尤其是当发生意外事件时，必须具有良好的心理素质，才能随机应变，游刃有余。

实战练习

（1）假设你的老师刚刚退休，学校工会将举行茶话会欢送。请你以学生代表的身份，在茶话会上即席发言。

（2）请在新闻媒体报道的各类事故中，选择一个案例，就事故的教训作即席发言。

诵读经典古诗　弘扬传统文化

——中华古诗诵读比赛

 活动目的

（1）激发学生诵读古典诗歌的积极性，增加古诗积累，提高文化素养。

（2）掌握诵读方法，提高诵读水平。

 活动流程

一、活动准备

（1）材料准备：按主题分类制作诗集，搜集资料选择一首自己最喜爱的诗。

（2）说话准备：编文摘介绍好诗，运用诵读方法诵读古诗。

二、分组活动

（1）小组活动。

（2）评选优秀者组内交流。

（3）推选一名代表参加班级活动。

三、班集体活动

（1）班级比赛（应该体现最高的诵读水平）。

（2）总结经验，进行交流。

四、成果展示

把活动的自我总结，在专门的成果展示栏中展出。

第一部分　书　　写

请将"横眉冷对千夫指，俯首甘为孺子牛。"写在书写格内。

第二部分　基础知识与语言运用

一、单项选择题

1. 下列各组词语中加点的字，注音完全正确的一项是（　　）

A. 膏腴（yú）　　伺（cì）候　　纤（qiān）腰　　冠（guān）冕堂皇

B. 熨（yù）帖　　漫溯（sù）　　恪（kè）守　　卓（zhuō）有成效

C. 慰藉（jiè）　　百舸（kě）　　隽（juàn）永　　发酵（jiào）

D. 漪（yī）沦　　估量（liàng）　　憧（chóng）憬　　义愤填膺（yīng）

2. 下列没有错别字的一组词语是（　　）

A. 沧桑　　斑斓　　陈词烂调　　通货膨胀

B. 肄业　　振憾　　鬼鬼祟祟　　病入膏肓

C. 慈祥　　寒喧　　脍炙人口　　穿流不息

D. 烦躁　　赝品　　为虎作伥　　殚精竭虑

3. 下列各句的横线上，依次应填入的一组词是（　　）

①小屋的出现，_____了山的寂寞。

②每个晚上，山下亮起_____的万家灯火，山上闪出疏落的灯光。

③大学时代，_____人的一生会产生深远的影响，希望风华正茂的同学们要千万珍惜。

④北大方正之所以能成为北大新精神的代表，_____在于它的成功，更在于方正人所体现的新的精神气质。

A. 打破　　闪烁　　对于　　不是

B. 点破　　闪烁　　对　　不仅

C. 点破　　灿烂　　对　　不仅

D. 打破　　灿烂　　对于　　不是

4. 填入横线上的句子，与上文衔接得最恰当的一句是（　　）

忽然记起许多年前门外也曾有过一大株紫藤萝，_____。

①后来索性连那稀零的花串也没有了　　②但花朵从来都稀落　　③它依傍

一株枯槐爬得很高　④好像在试探什么　⑤东一穗西一串伶仃地挂在树梢

A．③②④①⑤　　　　　　B．②③①⑤④

C．③②⑤④①　　　　　　D．②③①④⑤

5. 下列各句中没有语病，句意明确的一句是（　　）

A．当我同天真的孩子们一起重看这部影片，听着他们的欢声笑语时，也不禁想起了自己的童年。

B．在交际活动中，说写者所表达的意义和听读者所理解的意义应当是大体一致的，但又不可能完全一致。

C．同学们都发扬了团结互助的精神和认真学习的态度。

D．善于选择最恰当的可靠的材料，对一篇文章的成败很重要。

6. 下面句子分别是哪部名著中什么人物的写照？请将相应作品名称和人物姓名填在句后横线上。

（1）"长嘴大耳只顾好吃懒做，肥头呆脑不失憨厚淳朴"写的是《_____》中的_____。

（2）"不守戒律花和尚，好抱不平真英雄"写的是《_____》中的_____。

二、填空题

7. 宋词中柳永、李清照是_____派的代表；苏轼、辛弃疾是_____派的代表。

8. 静女其姝，俟我于城隅。_____，_____。

9. 昔我往矣，杨柳依依。今我来思，_____。

10. 故不积跬步，无以至千里；_____，_____ _____。

11. 中国工程院院士_____，被誉为"杂交水稻之父"。

12. 鲁迅评价《史记》是"史家之绝唱，_____"。

三、语言运用与表达

13. 一天，同一栋楼里的林伯伯见到小刚的爸爸，说："你家的小刚真刻苦呀，每天晚上都11点多钟了，我们都睡觉了，还听见他在弹钢琴。"林伯伯的言外之意是什么？假如你是小刚的爸爸你打算说些什么呢？

言外之意：_____

你打算说：_____

14. 古希腊哲学家苏格拉底有一次与朋友高谈阔论，兴致勃勃，突然他的妻子闯进来大吵大闹，并将一盆水泼在他的头上，把他淋得像一个落汤鸡。朋友们都惊住了，不知道该怎样收场。而苏格拉底却风趣幽默地说了一句话，使朋友听得大笑起来，苏格拉底的妻子也惭愧地退了出去。

你知道苏格拉底说了什么吗？

_____

_____。

第三部分 现代文阅读

（一）阅读下面短文，完成15~17题。

1967年冬天，我12岁那年，临近春节的一个早晨，母亲苦着脸，心事重重地在屋子里走来走去，时而揭开炕席的一角，掀动几下铺炕的麦草，时而拉开那张老桌子的抽屉，扒拉几下破布头烂线团。母亲叹息着，并不时把目光抬高，瞥一眼那三棵吊在墙上的白菜。最后，母亲的目光锁定在白菜上，端详着，终于下了决心似的，叫着我的乳名，说："社斗，去找个篓子来吧……"

"娘，"我悲伤地问，"您要把它们……"

"今天是大集。"母亲沉重地说。

"可是，您答应过的，这是我们留着过年的……"话没说完，我的眼泪就涌了出来。

母亲的眼睛湿漉漉的，但她没有哭，她有些恼怒地说："这么大的汉子，动不动就抹眼泪，像什么样子？！"

"我们种了一百零四棵白菜，卖了一百零一棵，只剩下这三棵了……说好了留着过年的，说好了留着过年包饺子的……"我哽咽着说。

15．给加点的字注音。

掀动（   ） 瞥一眼（   ） 湿漉漉（   ） 哽咽（   ）

16．这里极力刻画母亲的心理变化，有何作用？

_____

_____

17．"我们种了一百零四棵白菜，卖了一百零一棵，只剩下这三棵了……说好了留着过年的，说好了留着过年包饺子的……"为什么这里要详细地列出白菜的数字？

_____

_____

（二）阅读现代文《仅此一回》，完成18~20题。

仅 此 一 回

每当我要做一件自以为不该做的事情时，就会对自己说："仅此一回，下不为例。"其实，这是自欺欺人，一般都并非"仅此一回"，也并非"下不为例"。

去年冬天，我坚持近两月之久的长跑，就断送在"仅此一回"上。那天早上，我实在懒得起床，不想去长跑了。于是对自己说："就少跑这一趟吧。"躺下继续睡了。几天后，我又不想跑了。这一次的理由是：停一次是停，停两次也是停，反正缺了一次了，就再缺一回吧，下次一定不缺了。自此，就有了第三次，第四次……终于完全停了下来。

究其原因，全在"仅此一回"，我每说一遍这句话，就放松一次自己，原谅一次自己。第一次可能出于真意，第二、第三次则完全是找理由开脱、欺骗自己。

一个人，若总是在原谅自己，他就不可能有所成就。因为他在原谅自己时，便失去了顽强的意志、坚韧的性格和敢于斗争的勇气。这样，他就会成为一个软弱而自欺的人。

所以，我决不再用"仅此一回，下不为例"这类话来骗自己，害自己。

18. 人们在什么时候爱说"仅此一回"，为什么这样说？
_____
_____。

19. "仅此一回"这句话的实质是什么？
_____
_____。

20. 作者为什么决定不再用"仅此一回"这句话？
_____
_____。

第四部分　写　作

21. 请以《别了_____》为题写一篇作文。

要求：(1) 请先将题目补充完整，然后作文；(2) 记叙文；(3) 不少于700字。

项目十

文学与艺术

 主题描述

本项目阅读与欣赏的学习重点是品味丰富多彩的文学艺术形式。一般说来，艺术包括音乐、美术、舞蹈、文学、建筑、戏剧、电影、电视等，文学只是艺术的一个门类，它是以语言为载体的，一般分为散文、诗歌、小说和戏剧文学等。

本项目选取的 4 篇文章都是文学艺术的名篇。《离太阳最近的树》小中见大地反映了广泛而深刻的社会问题，表达技巧值得借鉴，作者坚强、真实、博爱、智慧的人格魅力值得学习。《爱情诗两首》诗人借用意象表达思想和情感的手法、新时代女性向陈腐观念发出挑战的勇气、只要两情相悦、至死不渝又何必贪求卿卿我我的爱情观，都值得借鉴和学习。《米洛斯的维纳斯》，我们同作者一道，通过维纳斯不完整、不确定的外形，调动无尽的想象，体会到其艺术价值和艺术魅力发生质的飞跃。《麦琪的礼物》巧妙的构思、引人入胜的悬念、出人意料的结尾以及主人公的人性人情美，都十分震撼人心。

本项目的口语交际教学内容是"交谈"。

本项目的实践活动是"腹有诗书气自华——古典诗歌读写实践活动"。

 **知识目标**

(1) 积累名句；
(2) 了解爱情美、人情美、人性美，学习尊重他人的爱并且去爱他人；
(3) 掌握交谈的原则和技巧以及古诗的读写技巧。

 **能力目标**

(1) 能够运用小中见大和设置悬念的写作技巧进行写作；
(2) 体会残缺美，并能够鉴赏艺术美；
(3) 懂得交谈原则和技巧，并运用于交谈实践；学习诗歌借助意向表达情感的手法，掌握古诗读写技巧，能够进行简单的诗歌写作。

任务三十七 离太阳最近的树

毕淑敏

山高为峰

（1）明确本文题目的三层意思；
（2）学习通过小中见大反映广泛而深刻社会问题的表达技巧；
（3）积累名句并适当得体地运用。

阅读导航

本文题目有三层意思：一是红柳生长在平均海拔 5000 米的高原；二是红柳从太阳那里索得了光和热，蕴涵着伟大的力量；三是暗示了这是高原上唯一的绿色。文章通过对红柳美的揭示，赞颂了红柳顽强的生命力、不屈的精神和它为人类作出的贡献。通过叙述砍伐红柳的过程及红柳的使用方法，表达对破坏生态环境的痛心及对人类生存环境的忧患意识。

毕淑敏（1952—），当代著名军旅女作家，她在作品中往往以坚强、真实、博爱、智慧体现其人格魅力。

三十年前，我在西藏阿里当兵。

这世界的第三极，平均海拔五千米，冰峰林立，雪原寥寂。不知是神灵的佑护还是大自然的疏忽，在荒漠的皱褶里，有时会不可思议地生存着一片红柳丛。它们有着铁一样锈红的枝干，凤羽般纷披的碎叶，偶尔会开出谷穗样细密的花，对着高原的酷寒和缺氧微笑。这高原的精灵，是离太阳最近的绿树，百年才能长成小小的一蓬。到藏区巡回医疗，我骑马穿行于略带苍蓝色调的红柳丛中，曾以为它必与雪域永在。

司务长布置任务——全体打柴去！

我以为自己听错了，高原之上，哪里有柴?!

原来是驱车上百公里，把红柳挖出来，当柴火烧。

点石成金

齐读课文，思考并归纳：

第一部分（1~2自然段）：描写红柳生长环境及其外在美。

第二部分（3~18自然段）：叙写红柳遭受毁灭的情形，赞颂了红柳为人类作出的贡献及其内在美。

3~10自然段：对话情景反衬了人类破坏生态环境的无知。

我大惊,说,红柳挖了,高原上仅有的树不就绝了吗?

司务长回答,你要吃饭,对不对?饭要烧熟,对不对?烧熟要用柴火,对不对?柴火就是红柳,对不对?

我说,红柳不是柴火。它是活的,它有生命。做饭可以用汽油,可以用焦炭,为什么要用高原上唯一的绿色!

司务长说,拉一车汽油上山,路上就要耗掉两车汽油。焦炭运上来,一斤的价钱等于六斤白面。红柳是不要钱的,你算算这个账吧!

挖红柳的队伍,带着铁锹、镐头和斧,浩浩荡荡地出发了。

红柳通常都是长在沙丘上。一座结实的沙丘顶上,昂然立着一株红柳。它的根像一只巨大章鱼的无数脚爪,缠附至沙丘<u>逶迤</u>的边缘。

我很奇怪,红柳为什么不找个背风的地方猫着呢?生存中也好少些艰辛。老兵说,你本末倒置了。不是红柳长在沙丘上,是因为有了这棵红柳,固住了流沙。随着红柳的渐渐长大,流沙被固住得越来越多,最后便聚成了一座沙山。红柳的根有多广,那沙山就有多大。

啊,红柳如同冰山。露在沙上的部分只有十分之一,伟大的力量埋在地下。

红柳的枝叶算不得好柴薪。它们在灶膛里像闪电一样,转眼就释放完了,炊事员说它们一点后劲也没有。真正顽强的是红柳强大的根系。它们如盘卷的金属,坚挺而硬韧,与沙砾黏结得如同钢筋混凝土。一旦燃烧起来,能持续而稳定地吐出熊熊的热量,好像把千万年来,从太阳那里索得的光芒,压缩后爆裂出来。金红的火焰中,每一块红柳根,都弥久地维持着盘根错节的形状,好像一颗傲然不屈的英魂。

把红柳根从沙丘中掘出,蕴含着很可怕的工作量。红柳与土地生死相依,人们要先费几天的时间,将大半个沙山掏净。这样,红柳就枝桠<u>遒劲</u>地腾越在旷野之上,好似一副镂空的恐龙骨架。这时需请来最有气力的男子汉,用利斧,将这活着的巨型根雕与大地最后的联系一一斩断,整个红柳丛就<u>訇</u>然倒下了。

连年砍伐,人们先找那些比较幼细的红柳下手,因为所费气力较少。但一年年过去,易挖的红柳绝迹,只剩那些最古老的树精了。

掏挖沙山的工期越来越漫长,最健硕有力的小伙子,也折不断红柳苍老的手臂了。于是人们想出了高科技的法子——用炸药!

11~14自然段:赞颂红柳为人类作出的贡献及其内在的力量。

逶迤:弯弯曲曲延续不绝。

15~18自然段:描写挖掘红柳的工作量及使用方法。

遒劲:雄健有力。
訇:声音很大。

尸骸（hái）：尸体。

第三部分（19～21自然段）：描写红柳被砍伐后的情景，抒写了对高原生存环境被破坏的担忧。

原住民：这里指红柳。

只需在红柳根部，挖一条深深的巷子，用架子把火药探进去，人伏得远远的，将长长的药捻点燃。深远的寂静之后，只听轰的一声，再幽深的树怪，也尸骸散地了。

我们餐风宿露。今年可以看到，去年被掘走红柳的沙丘，好像做了眼球摘除术的伤员，依旧大睁着空洞的眼眶，怒向苍穹。但这触目惊心的景象不会持续太久，待到第三年，那沙丘已烟消云散，好像此地从来不曾生存过什么千年古木，堆聚过亿万颗沙砾。

听最近到过阿里的人讲，红柳林早已掘净烧光，连根须都烟消灰灭了。

有时深夜，我会突然想起那些高原上的原住民，它们的魂魄，如今栖息在何处云端？会想到那些曾经被固住的黄沙，是否已飘洒到世界各地？从屋顶上扬起的尘雾，通常会飞得十分遥远。

 我手我心

找找身边的环境问题，想想我们能为我们唯一的家园做些什么，就此写一篇倡议书。

 学海拾贝

（1）读准下列加点字的字音。
（　　）遒劲　　　健硕（　　）
（　　）酷寒　　　皱褶（　　）
（　　）寥寂　　　尸骸（　　）
苍穹（　　）　　　沙砾（　　）
（　　）栖息

（2）解释词语。
不可思议：_____
浩浩荡荡：_____
本末倒置：_____
盘根错节：_____
触目惊心：_____

 推窗望月

生而千年不死，死而千年不倒，倒而千年不朽（腐）。
但存方寸地，留与子孙耕。
保护环境，就是保护我们自己。

任务三十八　爱情诗两首

 山高为峰

（1）学习诗歌借助意象表达情感的特点；
（2）体会诗人高尚的爱情观；
（3）积累名句并适当地运用。

 阅读导航

这两首诗是被广为传颂的爱情诗。舒婷的《致橡树》是一篇向陈腐观念发出挑战的现代女性的爱情宣言；而秦观的《鹊桥仙》，作者否定了朝欢暮乐的庸俗生活，歌颂了天长地久的忠贞爱情。《致橡树》中，我们能深刻体会到女性对真正的平等爱情的向往与呼唤；《鹊桥仙》中，我们感动于只要两情相悦至死不渝，又何必贪求世俗的卿卿我我。

舒婷（1952— ），原名龚佩瑜，中国当代朦胧诗派的代表诗人，有诗集《双桅船》、《会唱歌的鸢尾花》等。

秦观（1049—1100），字少游，一字太虚，北宋著名词人。

致　橡　树

舒　婷

我如果爱你——

绝不像攀援的凌霄花，

借你的高枝炫耀自己；

我如果爱你——

绝不学痴情的鸟儿，

为绿阴重复单调的歌曲；

也不止像泉源，

常年送来清凉的慰藉；

点石成金

解题："致橡树"即"写给橡树"，也就是"木棉树写给橡树"。这是爱情中的女方对男方的倾诉。

第一部分（开头——"不，这些都还不够"）：通过六个意象历数自己所否定的传统爱情模式。

"攀援的凌霄花"：攀附他人的爱情模式。

"痴情的鸟儿"：没有价值的单方依恋的爱情模式。

"泉源"、"险峰"、"日光"、"春雨"：一味奉献的爱情模式。

慰藉：安慰，抚慰。

也不止像险峰，增加你的高度，衬托你的威仪。

甚至日光，

甚至春雨，

不，这些都还不够！

我必须是你近旁的一株木棉，

<u>作为树的形象和你站在一起。</u>

根，紧握在地下，

叶，相触在云里。

每一阵风过，

我们都互相致意，

但没有人

听懂我们的言语。

你有你的铜枝铁干，

像刀，像剑，

也像戟，

我有我的红硕花朵，

像沉重的叹息，

又像英勇的火炬，

我们分担寒潮、风雷、霹雳；

我们共享雾霭、流岚、虹霓，

仿佛永远分离，

却又终身相依，

这才是伟大的爱情，

坚贞就在这里：

这几种模式，双方本质上是不平等的，也缺少独立性，诗人是持否定态度的。

第二部分：表达出诗人对理想爱情的渴望和憧憬。

"作为树的形象和你站在一起"强调本质上的平等。

诗人认为：理想爱情中的男女，应该如并肩而立的橡树和木棉树，是一种独立、平等、互相依存、同甘共苦的关系，是一种既尊重对方的存在，又珍视自身价值的爱情观。诗人认为，这才是伟大的爱情，才是值得追求的爱情。

戟：古代的一种兵器。

本诗作为典型的朦胧诗，除了作为爱情诗来赏析外，我们是否可以作其他的解读呢？

爱——

不仅爱你伟岸的身躯，

也爱你坚持的位置，脚下的土地。

鹊 桥 仙

秦　观

纤云弄巧，

飞星传恨，

银汉迢迢暗度。

金风玉露一相逢，

便胜却人间无数。

柔情似水，

佳期如梦，

忍顾鹊桥归路。

两情若是久长时，

又岂在朝朝暮暮。

我手我心

爱情，一个亘古不变的人生话题，古今中外，多少文人墨客尽情歌颂，留下了几多千古绝唱。爱情，让人烦恼并甜蜜着的主题，随着时代的变迁，人们的爱情观也在不断地发生变化。请以"我的爱情观"为题，写一则短文。

学海拾贝

摘抄诗中优美的诗句。

伟岸：雄伟挺拔。

借牛郎织女的故事，表现人间的悲欢离合，古已有之，虽遣词造句各异，却都因袭了"欢娱苦短"的传统主题，格调哀婉、凄楚。相形之下，此词独出机杼，立意高远。

上阕写佳期相会的盛况，"纤云弄巧"二句渲染聚会气氛，笔触轻盈。"银汉"句写渡河赴会推进情节。"金风玉露"二句表达作者的爱情理想：他们虽然难得见面，却心心相印，一旦聚会，互诉衷肠，互吐心音，是那样富有诗情画意！这岂不远远胜过尘世间那些长相厮守却貌合神离的夫妻？

下阕则是写依依惜别之情。"柔情似水"，眼前取景，缠绵之情，如银河悠悠流水。"佳期如梦"，既点出了欢会的短暂，又真实地揭示了重逢后那种如梦似幻的心境。"忍顾鹊桥归路"，实为"不忍"，写临别前的依恋与怅惘。"两情若是"二句对牛郎织女乃至世俗男女致以深情的慰勉：只要两情至死不渝，又何必贪求卿卿我我的朝欢暮乐？这一惊世骇俗、振聋发聩之笔，使全词升华到新的思想高度。

显然，作者否定的是朝欢暮乐的庸俗生活，歌颂的是天长地久的忠贞爱情。

牛刀初试

（1）读准下列加点字的字音。
红硕（　　）　　慰藉（　　）　　刀枪剑戟（　　）
常春藤（　　）　　雾霭（　　）
（2）正确书写下列词语。
凌霄花　雾霭　流岚　虹霓　绿阴　慰藉　威仪　霹雳　朝朝暮暮
佳期　鹊桥
（3）背诵这两首诗。

 推窗望月

（1）黑夜给了我黑色的眼睛，我却用它寻找光明。（当代/顾城）
（2）问世间情为何物，直教人生死相许？（金/元好问）
（3）衣带渐宽终不悔，为伊消得人憔悴。（北宋/柳永）
（4）在天愿作比翼鸟，在地愿为连理枝。（唐/白居易）
（5）天长地久有时尽，此恨绵绵无绝期。（唐/白居易）
（6）曾经沧海难为水，除却巫山不是云。（唐/元稹）
（7）执子之手，与子偕老。（《诗经》）

任务三十九　米洛斯的维纳斯

［日］清冈卓行

 山高为峰

（1）学习本文行文风格；
（2）体会作者关于残缺美的观点；
（3）积累名句并适当地运用。

 阅读导航

维纳斯雕像丧失了双臂，这种外形上的不完整、不确定，却引起了欣赏者多种多样的联想和想象，残缺的维纳斯雕像也从而具有了某种"神秘"气氛，并在艺术价值和艺术魅力方面有了质的飞跃。

清冈卓行（1922—2006），日本当代著名诗人、小说家。

我欣赏着米洛斯的维纳斯，一个奇怪的念头忽地攫住我的心——她为了如此秀丽迷人，必须失去双臂。也就是说，使人不能不感到，这座丧失了双臂的雕像中，人们称为美术作品命运的、同创作者毫无关系的某些东西正出神入化地烘托着作品。

据说，这座用帕罗斯岛产的大理石雕刻而成的维纳斯像，是19世纪初叶米洛斯岛的一个农人在无意中发掘出来的，后被法国人购下，搬进了巴黎的罗浮宫博物馆。那时候，维纳斯就把她那条玉臂巧妙地遗忘在故乡希腊的大海或是陆地的某个角落里，或者可以说是遗忘在俗世人间的某个秘密场所。不，说得更为正确些，她是为了自己的丽姿，无意识地隐藏了那两条玉臂，为了漂向更远更远的国度，为了超越更久更久的时代。对此，我既感到这是一次从特殊转向普遍的毫不矫揉造作的飞跃，也认为，这是一次借舍弃部分来获取完整的偶然追求。

我并不是想在这里玩弄标新立异之说。我说的是我的实际感受。毋庸赘言，米洛斯的维纳斯显示了高贵典雅同丰腴诱人的惊人的调和。可以说，她是一个美的典型。无论是她的秀颜，还是从她那丰腴的前胸伸延向腹部的曲线，或是她的脊背，不管你欣赏哪儿，无处不洋溢着匀称的魅力，使人百看不厌。而且，和这些部分相比较，人们会突然觉察到，那失去了的双臂正浓浓地散发着一种难以准确描绘的神秘气氛，或者可以说，正深深地孕育着具有多种多样可能性的生命之梦。换言之，米洛斯的维纳斯虽然失去了两条由大理石雕刻成的美丽臂膊，却出乎意料地获得了一种不可思议的抽象的艺术效果，向人们暗示着可能存在的无数双秀美的玉臂。尽管这艺术效果一半是由偶然所产生，然而这却是向着无比神妙的整体美的奋然一跃呀！人们只要一度被这神秘气氛所迷，必将暗自畏惧两条一览无遗的胳膊会重新出现在这座雕像上。哪怕那是两条如何令人销魂勾魄的玉臂！

因此，对我来说，关于复原米洛斯的维纳斯那两条已经丢失了的胳膊的方案，我只能认为全是些倒人胃口的方案，全是些奇谈怪论。当然，那些方案对丧失了的原形是做过客观推定的，所以，为复原所做的一切尝试，都是顺理成章的。我只不过是自找烦恼而已。然而，人们对丧失了的东西已经有过一次发自内心的感动之后，恐怕再也不会被以前的、尚未丧失的往昔所打动了吧。因为在这里成为问题的，已不是艺术效果上的数量的变化，而是质量的变化了。当艺术效果的高度本身已经迥然不同之时，那种可以称为对欣赏品的爱的感动，怎能再回溯而上，转移到另一个不同对象上去呢？这一方是包孕着不尽梦幻的"无"，而那一方却是受到限制的、不充分的"有"，哪怕它是何等地精美绝伦。

比如，也许她的左手掌上托着一只苹果，也许是被人像柱支托着，或者是擎着盾牌，抑或是玉笏？不，兴许根本不是那样，而是一座显露着入浴前

点石成金

米洛斯的维纳斯：又称"米洛斯的阿佛洛狄忒"，大理石雕，高204厘米。

出神入化：形容技艺达到绝妙的境界。

罗浮宫：法国故宫，现为法国国家博物馆和艺术品陈列馆。

本文行文思路相当清楚。

一开篇，作者就说出了全文的中心："她为了如此秀丽迷人，必须失去双臂。"作者这样说收到了醒人耳目的效果，表达的意思无非是：失去了双臂的要比完整无缺的维纳斯雕像更富有魅力。

丰腴：丰满。

作者的理由是，失去了双臂的维纳斯雕像获得了一种"抽象的艺术效果"，"向人们暗示着可能存在的无数双秀美的玉臂"。我们不妨这样理解：断臂的维纳斯雕像对欣赏者的限制更少，暗示更多，给欣赏者留下了更多的想象空间，留下了更多的再创造的余地，这是一种"无意的留白艺术"。如果维纳斯雕像是完整无缺的，那么，欣赏者受它具体外观的限制，只会看到这个个体的美，而不会唤起更多的超乎这座雕像之外的审美心理活动。出于这样的理由，作者坚决反对那些复原维纳斯断臂的种种尝试。

顺理成章：原指写作遵循事理，自成章法，后来多用来指说话、做事合乎情理，不违背常例。

迥然：形容差别很大。

绝伦：独一无二，没有可比的。伦，同类、同等。

抑或：还是。

笏：古代大臣朝见时手中拿的狭长板子，用玉、象牙、竹木制成，上面可以记事，也叫手板。

最后，作者进一步指出，维纳斯雕像只能丧失双臂，而不是身体的任何其他部位，因为手是人和外物发生关系的最重要的载体，借助它，人和外物多姿多彩的关系得以实现。失去了手，人和外物的具体关系没有呈现出来，但这没有否定掉手的本质，没有否定掉种种可能性，这正是人们面对断臂维纳斯雕像会产生无穷想象的由来。

或入浴后羞羞答答的娇姿的雕像。而且可以进一步驰骋想象——会不会其实她不是一座单身像，而是群像中的一个人物，她的左手搭放在恋人的肩头。人们从考证的角度，从想象的角度，提出形形色色的复原试案。我阅读着这方面的书籍，翻阅着书中的说明图，一种恐惧、空虚的感觉袭上心来。选择出来的任何一种形象，都如我方才所述，根本不能产生超越"丧失"的美感。如果发现了真正的原形，我对此无法再抱一丝怀疑而只能相信时，那我将怀着一腔怒火，否定掉那个真正的原形，而用的正是艺术的名义。在这里从别的意义上讲，令人饶有兴趣的是，除了两条胳膊之外，其他任何部位都丧失不得。假定丧失的不是两条胳膊，而是其他的肉体部分，恐怕也就不会产生我在这篇文章中谈到的魅力了。譬如说，眼睛被捅坏了，鼻子缺落了，或是乳房被拧掉了，而两条胳膊却完好无损地安然存在着，那么，这座雕像兴许就不可能放射出变幻无穷的生命光彩了。

为什么丧失的部位必须是两条胳膊呢？这里我无意接受雕刻方面的美学理论。我只是想强调胳膊——说得更确切些，是手——在人的存在中所具有的象征意义。手，最深刻、最根本地意味着的东西是什么呢？当然，它有着实体和象征之间的一定程度的调和，但它是人同世界、同他人或者同自己进行千变万化交涉的手段。换言之，它是这些关系的媒介物，或者是这些千变万化交涉的原则性方式。正因为如此，一个哲学家所使用的"机械是手的延长"的比喻，才会那么动听，文学家竭力赞颂初次捏握情人手掌时的幸福感受的述怀，才会拥有不可思议的严肃力量。不管是哪种场合，这都是极其自然，极其富有人性的。而背负着美术作品命运的米洛斯的维纳斯那失去了的双臂，对这些比喻、赞颂来说，却是一种令人难以相信的讥讽。反过来，米洛斯的维纳斯正是丢失了她的双臂，才奏响了追求可能存在的无数双手的梦幻曲。

我手我心

维纳斯雕像丧失了双臂，这种外形上的不完整、不确定，却引起欣赏者多种多样的联想和想象，其艺术价值和艺术魅力也有了质的飞跃。你对艺术美有何独到的见解，写一则短文，说说你的看法。

学海拾贝

（1）解释词语。

出神入化：_____

丰腴：_____

顺理成章：_____

迥然：_____

绝伦：_____
抑或：_____

（2）商店有两种维纳斯雕像出售，一种是断臂的，一种是完整无缺的，如果你要购买，你会如何抉择？说说你的理由。

_____
_____

 推窗望月

罗浮宫镇宫三宝：米洛斯的维纳斯雕像、胜利女神雕像、达·芬奇名画《蒙娜丽莎》。

文艺理论家和美学家眼中米洛斯的维纳斯雕像：

俞永康：爱和美的永恒象征；

谌知全：高洁的精神美，理想的造型美，完整的艺术美；

刘真福：缺损中见完整。

任务四十　麦琪的礼物

［美］欧·亨利

 山高为峰

（1）体会作品巧妙的构思、引人入胜的悬念、出人意料的结尾所体现出的震撼力；

（2）体会人性美、人情美，学会尊重他人的爱，学会去爱他人。

 阅读导航

圣诞节前一天，一对小夫妻互赠礼物，结果阴差阳错，两人珍贵的礼物都变成了无用的东西，而他们却得到了比任何实物都宝贵的东西——爱。这个故事告诉人们，尊重他人的爱，学会去爱他人，是人类文明的一个重要表现。

欧·亨利（1862—1910），美国著名批判现实主义作家，世界三大短篇小说巨匠之一。他的作品构思新颖，语言诙谐，结局常常出人意外，但又在情理之中，被称为"欧·亨利式的结尾"。名篇《警察与赞美诗》、《麦琪的礼物》、《最后一片藤叶》等使他获得了世界性的声誉。

一元八角七。全都在这儿了，其中六角是一分一分的铜板。这些分分钱是杂货店老板、菜贩子和肉店老板那儿软硬兼施地一分两分地扣下来,直弄得自己羞愧难当,深感这种掂斤播两的交易实在丢人现眼。德拉反复数了三次,还是一元八角七,而第二天就是圣诞节了。

除了扑倒在那破旧的小睡椅上哭嚎之外,显然别无他途。

德拉这样做了,可精神上的感慨油然而生,生活就是哭泣、抽噎和微笑,尤以抽噎占统治地位。

当这位家庭主妇逐渐平静下来之际,让我们看看这个家吧。一套带家具的公寓房子,每周房租八美元。尽管难以用笔墨形容,可它真够得上乞丐帮这个词儿。

楼下的门道里有个信箱,可从来没有装过信,还有一个电钮,也从没有人的手指按响过电铃。而且,那儿还有一张名片,上写着"詹姆斯·迪林厄姆·杨先生"。

"迪林厄姆"这个名号是主人先前春风得意之际,一时兴起加上去的,那时候他每星期挣三十美元。现在,他的收入缩减到二十美元,"迪林厄姆"的字母也显得模糊不清,似乎它们正严肃地思忖着是否缩写成谦逊而又讲求实际的字母 D。不过,每当詹姆斯·迪林厄姆·杨回家,走进楼上的房间时,詹姆斯·迪林厄姆·杨太太,就是刚介绍给诸位的德拉,总是把他称作"吉姆",而且热烈地拥抱他。那当然是再好不过的了。

德拉哭完之后,往面颊上抹了抹粉,她站在窗前,痴痴地瞅着灰蒙蒙的后院里一只灰白色的猫正行走在灰白色的篱笆上。明天就是圣诞节,她只有一元八角七给吉姆买一份礼物。她花去好几个月的时间,用了最大的努力一分一分地攒积下来,才得了这样一个结果。一周二十美元实在经不起花,支出大于预算,总是如此。只有一元八角七给吉姆买礼物,她的吉姆啊。她花费了多少幸福的时日筹划着要送他一件可心的礼物,一件精致、珍奇、贵重的礼物——至少应有点儿配得上吉姆所有的东西才成啊。

房间的两扇窗子之间有一面壁镜。也许你见过每周房租八美元的公寓壁镜吧。一个非常瘦小而灵巧的人,从观察自己在一连串的纵条映像中,可能会对自己的容貌得到一个大致精确的概念。德拉身材苗条,已精通了这门艺术。

突然,她从窗口旋风般地转过身来,站在壁镜前面。她两眼晶莹透亮,但二十秒钟之内她的面色失去了光彩。她急速地拆散头发,使之完全泼散开来。

现在,詹姆斯·迪林厄姆·杨夫妇俩各有一件特别引以自豪的东西。一

掂斤播两:在小事情上过分计较。

抽噎:一吸一顿地哭泣。

件是吉姆的金表，是他祖父传给父亲，父亲又传给他的传家宝；另一件则是德拉的秀发。如果示巴女王也住在天井对面的公寓里，总有一天德拉会把头发披散下来，露出窗外晾干，使那女王的珍珠宝贝黯然失色，相形见绌；如果地下室堆满金银财宝、所罗门王又是守门人的话，每当吉姆路过那儿，准会摸出金表，好让那所罗门王忌妒得吹胡子瞪眼睛。

此时此刻，德拉的秀发泼撒在她的周围，微波起伏，闪耀光芒，有如那褐色的瀑布。她的美发长及膝下，仿佛是她的一件长袍。接着，她又神经质地赶紧把头发梳好。踌躇了一分钟，一动不动地立在那儿，破旧的红地毯上溅落了一、两滴眼泪。

她穿上那件褐色的旧外衣，戴上褐色的旧帽子，眼睛里残留着晶莹的泪花，裙子一摆，便飘出房门，下楼来到街上。

她走到一块招牌前停下来，上写着："莎弗朗妮夫人——专营各式头发"。德拉奔上楼梯，气喘吁吁地定了定神。那位夫人身躯肥大，过于苍白，冷若冰霜，同"索弗罗妮"的雅号简直牛头不对马嘴。

"你要买我的头发吗？"德拉问。

"我买头发，"夫人说。"揭掉帽子，让我看看发样。"

那褐色的瀑布泼撒了下来。

"二十美元，"夫人一边说，一边内行似的抓起头发。

"快给我钱，"德拉说。

呵，接着而至的两个小时犹如长了翅膀，愉快地飞掠而过。请不用理会这胡诌的比喻。她正在彻底搜寻各家店铺，为吉姆买礼物。

她终于找到了，那准是专为吉姆特制的，绝非为别人。她找遍了各家商店，哪儿也没有这样的东西，一条朴素的白金表链，镂刻着花纹。正如一切优质东西那样，它只以货色论长短，不以装潢来炫耀。而且它正配得上那只金表。她一见这条表链，就知道一定属于吉姆所有。它就像吉姆本人，文静而有价值——这一形容对两者都恰如其分。她花去二十一美元买下了，匆匆赶回家，只剩下八角七分钱。金表匹配这条链子，无论在任何场合，吉姆都可以毫无愧色地看时间了。

尽管这只表华丽珍贵，因为用的是旧皮带取代表链，他有时只偷偷地瞥上一眼。

德拉回家之后，她的狂喜有点儿变得审慎和理智了。她找出烫发铁钳，

> 示巴女王：基督教《圣经》中朝觐所罗门王，以测其智慧的示巴女王，她以美貌著称。
>
> 黯然失色：很有差距，远远不如。
>
> 相形见绌：和同类事物相比，显出不足。

点燃煤气,着手修补因爱情加慷慨所造成的破坏,这永远是件极其艰巨的任务,亲爱的朋友们——简直是件了不起的任务呵。

不出四十分钟,她的头上布满了紧贴头皮的一绺绺小卷发,使她活像个逃学的小男孩。她在镜子里老盯着自己瞧,小心地、苛刻地照来照去。

"假如吉姆看我一眼不把我宰掉的话,"她自言自语,"他定会说我像个科尼岛上合唱队的卖唱姑娘。但是我能怎么办呢——唉,只有一元八角七,我能干什么呢?"

七点钟,她煮好了咖啡,把煎锅置于热炉上,随时都可做肉排。

吉姆一贯准时回家。德拉将表链对叠握在手心,坐在离他一贯进门最近的桌子角上。接着,她听见下面楼梯上响起了他的脚步声,她紧张得脸色失去了一会儿血色。她习惯于为了最简单的日常事物而默默祈祷,此刻,她悄声道:"求求上帝,让他觉得我还是漂亮的吧。"

门开了,吉姆步入,随手关上了门。他显得瘦削而又非常严肃。可怜的人儿,他才二十二岁,就挑起了家庭重担!他需要买件新大衣,连手套也没有呀。

吉姆站在屋里的门口边,纹丝不动地好像猎犬嗅到了鹌鹑的气味似的。他的两眼固定在德拉身上,其神情使她无法理解,令她毛骨悚然。既不是愤怒,也不是惊讶,又不是不满,更不是嫌恶,根本不是她所预料的任何一种神情。他仅仅是面带这种神情死死地盯着德拉。

德拉一扭腰,从桌上跳了下来,向他走过去。

"吉姆,亲爱的,"她喊道,"别那样盯着我。我把头发剪掉卖了,因为不送你一件礼物,我无法过圣诞节。头发会再长起来——你不会介意,是吗?我非这么做不可。我的头发长得快极了。说'恭贺圣诞'吧!吉姆,让我们快快乐乐的。你肯定猜不着我给你买了一件多么好的——多么美丽精致的礼物啊!"

"你已经把头发剪掉了?"吉姆吃力地问道,似乎他绞尽脑汁也没弄明白这明摆着的事实。

"剪掉卖了,"德拉说。"不管怎么说,你不也同样喜欢我吗?没了长发,我还是我嘛,对吗?"

吉姆古怪地四下望望这房间。

"你说你的头发没有了吗?"他差不多是白痴似的问道。

"别找啦，"德拉说。"告诉你，我已经卖了——卖掉了，没有啦。这是圣诞前夜，好人儿。好好待我，这是为了你呀。也许我的头发数得清，"突然她特别温柔地接下去，"可谁也数不清我对你的恩爱啊。我该做肉排了吗，吉姆？"

吉姆好像从恍惚之中醒来，把德拉紧紧地搂在怀里。现在，别着急，先让我们花个十秒钟从另一角度审慎地思索一下某些无关紧要的事。房租每周八美元，或者一百万美元——那有什么差别呢？数学家或才子会给你错误的答案。麦琪带来了宝贵的礼物，但就是缺少了那件东西。

吉姆从大衣口袋里掏出一个小包，扔在桌上。

"别对我产生误会，亲爱的，"他说道，"无论剪发、修面，还是洗头，我以为世上没有什么东西能减低一点点对我妻子的爱情。不过，你只消打开那包东西，就会明白刚才为什么使我愣头愣脑了。"

白皙的手指灵巧地解开绳子，打开纸包。紧接着是欣喜若狂地尖叫，哎呀！突然变成了女性神经质的泪水和哭泣，急需男主人千方百计的慰藉。

还是因为摆在桌上的梳子——全套梳子，包括两鬓用的，后面的，样样俱全。那是很久以前德拉在百老汇的一个橱窗里见过并羡慕得要死的东西。这些美妙的发梳，纯玳瑁做的，边上镶着珠宝——其色彩正好同她失去的美发相匹配。她明白，这套梳子实在太昂贵，对此，她仅仅是羡慕渴望，但从未想到过据为己有。现在，这一切居然属于她了，可惜那有资格佩戴这垂涎已久的装饰品的美丽长发已无影无踪了。

不过，她依然把发梳搂在胸前，过了好一阵子才抬起泪水迷蒙的双眼，微笑着说："我的头发长得飞快，吉姆！"

随后，德拉活像一只被烫伤的小猫跳了起来，叫道，"喔！喔！"

吉姆还没有瞧见他的美丽的礼物哩。她急不可耐地把手掌摊开，伸到他面前，那没有知觉的贵重金属似乎闪现着她的欢快和热忱。

"漂亮吗，吉姆？我搜遍了全城才找到了它。现在，你每天可以看一百次时间了。把表给我，我要看看它配在表上的样子。"

吉姆非但不按她的吩咐行事，反而倒在睡椅上，两手枕在头下，微微发笑。

"亲爱的，"他说，"让我们把圣诞礼物放在一边，保存一会儿吧。它们实在太好了，目前尚不宜用。我卖掉金表，换钱为你买了发梳。现在，你做肉排吧。"

麦琪：指圣婴基督出生时来自东方送礼的三贤人。

正如诸位所知，麦琪是聪明人，聪明绝顶的人，他们把礼物带来送给出生在马槽里的耶稣。他们发明送圣诞礼物这玩艺儿。由于他们是聪明人，毫无疑问，他们的礼物也是聪明的礼物，如果碰上两样东西完全一样，可能还具有交换的权利。在这儿，我已经笨拙地给你们介绍了住公寓套间的两个傻孩子不足为奇的平淡故事，他们极不明智地为了对方而牺牲了他们家最最宝贵的东西。不过，让我们对现今的聪明人说最后一句话，在一切馈赠礼品的人当中，那两个人是最聪明的。在一切馈赠又接收礼品的人当中，像他们两个这样的人也是最聪明的。无论在任何地方，他们都是最聪明的人。

他们就是麦琪。

交　　谈

交谈是社会生活中最基本的口语交际形式，它在人际交往中运用相当广泛，如寒暄、攀谈、聊天、问讯、拜访、劝慰、请教、谈心等。学习和训练交谈，对于增进人们之间的了解与友谊，获得知识与信息，提高工作效率，都是十分必要的。

 典型案例

陈毅市长访问化学家齐仰之

一九四九年冬的一天深夜。

化学家齐仰之的家。

［在急促的电话铃声中启幕。］

齐仰之：（极不耐烦地）谁？……你不知道我在工作吗？……知道！知道干吗还来打扰我？朋友！工作的时候只有化合、分解、元素、分子量是我的朋友！……好，你说吧！……不，我早就声明过，政治是与我绝缘的，我也绝不溶解在政治里。……我是个化学家，我干吗要去参加政府召开的会议？……不去！不去！……什么？陈市长亲自下的请帖？哪个陈市长？……他是何许人？不认识！……对，不认识！……不论谁，就是孙中山的请帖我也不去！……对你算是客气的了！要不是老朋友，我早就把电话挂了！……不不不，你别来，你来了也没有用！最近半年我要写书，谁来我也不接待！……好了，闲谈不得超过三分钟，时间到了！（不由分说地将电话挂上，然

后又坐下继续工作）

［少顷，陈毅上，按门上的电铃。］

齐仰之：（烦躁地）谁？

陈　毅：我！

齐仰之：（走过去开门）你找谁？

陈　毅：请问，这是齐仰之先生的府上吗？

齐仰之：你是谁？

陈　毅：姓陈名毅。

齐仰之：（打量陈毅）陈毅？不认识，恕不接待！（乓的一声将大门关上，匆匆回到桌边，又开始埋头工作）

陈　毅：（一惊）吃了个闭门羹！（想再敲门，又止住，思索）这可咋个办？真是个怪人！（转身欲走，又停了下来）我就不相信，偌大的一个上海我都进得来，这小小一扇门我就进不去。（再次按门上的电铃）

［仰之只是将头偏了偏。］

［陈毅索性将手指一直按在电铃的按钮上，铃声持久不息。］

［仰之欲发作，气冲冲去开门。］

齐仰之：又是你！

陈　毅：对头！

齐仰之：你究竟是干什么的？

陈　毅：要问我是干什么的，我倒是干大事的。鄙人是上海市的父母官，本市的市长。

齐仰之：（一惊）什么？你就是电话里说的那个陈市长？

陈　毅：正是在下。

齐仰之：那……半夜三更来找我有何贵干？

陈　毅：我专程来拜访齐先生，也是为了工作。

齐仰之：（为难地）好吧。不过，我只有三分钟的空闲。

陈　毅：三分钟？

齐仰之：对！

陈　毅：可以，绝不多加打扰。

齐仰之：请。

［仰之请陈毅进屋。］

陈　毅：（打量房间）齐先生就住在这里？

齐仰之：对，好多年了。

陈　毅：我倒想起来刘禹锡的《陋室铭》："山不在高，有仙则名；水不在深，有龙则灵。斯是陋室，唯吾德馨。"

齐仰之：（高兴地）不不，过奖了，过奖了！

陈　毅：不过刘禹锡的陋室是"台痕上阶绿，草色入帘青"，齐先生的这间陋室嘛，则是"苔痕上阶绿，草色室中青"。

齐仰之：（笑）市长真是善于谈笑。

陈　毅：（看到墙上贴的条幅，念）"闲谈不得超过三分钟"。
齐仰之：（看表）有何见教，请说吧。
陈　毅：（也看表）真的只许三分钟？
齐仰之：从不例外。
陈　毅：可我作报告，一讲就是几个钟头。
齐仰之：（看表）还有两分半钟了。
[仰之请陈毅坐下。]
陈　毅：好好好。这次我趋访贵宅，一是向齐先生问候，二是为了谈谈本市长对齐先生的一点不成熟的看法。
齐仰之：哦？敬听高论。
陈　毅：我以为，齐先生虽是海内闻名的化学专家，可是对有一门化学齐先生也许一窍不通。
齐仰之：什么？我齐仰之研究化学四十余年，虽然生性鸳钝，建树不多，但举凡化学，不才总还略有所知。
陈　毅：不，齐先生对有门化学确实无知。
齐仰之：（不悦）那我倒要请教，敢问是哪门化学？是否无机化学？
陈　毅：不是。
齐仰之：有机化学？
陈　毅：非也。
齐仰之：医药化学？
陈　毅：亦不是。
齐仰之：生物化学？
陈　毅：更不是。
齐仰之：这就怪了，那我的无知究竟何在？
陈　毅：齐先生想知道？
齐仰之：急盼赐教！
陈　毅：（看表）哎呀呀，三分钟已到，改日再来奉告。
齐仰之：话没说完，怎好就走？
陈　毅：闲谈不得超过三分钟嘛。
齐仰之：这……可以延长片刻。
陈　毅：说来话长，片刻之间，难以尽意，还是改日再来，改日再来。
[陈毅站起，假意要走，齐仰之连忙拦住。]
齐仰之：不不不，那就请陈市长尽情尽意言之，不受三分钟之限。
陈　毅：要不得，要不得，齐先生是从不破例的。
齐仰之：今日可以破此一例。
陈　毅：可以破此一例？
齐仰之：学者以无知为最大耻辱，我一定要问个明白。请！
[齐仰之又请陈毅坐下。]
陈　毅：好，我是说齐先生对我们共产党人的化学完全无知。

齐仰之：共产党人的化学？这倒是一门新学问。

陈　毅：不，说新也不新。从《共产党宣言》算起，这门化学已经有一百年的历史了。

【案例分析】　这是话剧《陈毅市长》中的一个片段，可谓是一次非常成功的交谈。这一段交谈可以分为三个阶段。第一阶段是"强行"入门。陈毅市长态度诚恳、执著、并适时亮出"市长"的身份，才得到了齐仰之的接纳，但只允许进行"三分钟"的交谈。第二阶段是"寒暄"入情，陈毅市长并没有直奔拜访的主题，而是通过朗诵《陋室铭》，巧妙地抓住了知识分子清高、孤芳自赏的心理，使齐仰之"笑"了，缓和了交谈气氛，为进入正式话题创造了条件。第三步是"设疑"激将。在被请"坐下"之后，陈毅仍不进入正题，再次抓住知识分子孤傲、严谨、有疑必究的心理，提出齐仰之"对有一门化学"一窍不通的问题，一下子打破了"三分钟"戒律，使自己由被动变为主动，为进入正题交谈赢得了充裕的时间。从这一个交谈的过程中，我们领略到陈毅市长精彩的交谈艺术。他善于掌握时机，并针对对手的心理、个性采取了适当的策略，从而使交谈按照自己的意思顺利进行。

 技能技巧

一、交谈的原则

1. 礼貌

礼貌是文明交谈的首要前提。无论是有声的口语，还是无声的态势语，都要体现敬意、友善、得体的气度和风范。一要使用礼貌用语。如"请"、"谢谢"、"对不起"、"不用客气"、"请您指教"等。二要认真倾听。富兰克林说过："与人交谈取得成功的重要秘诀就是多听，永远也不要不懂装懂。"交谈时要神情专注，让对方感到尊重和信任。

2. 坦诚

真诚的语言能敲开紧闭的大门，能瓦解不信任的防线，能架起友谊的桥梁。交谈要发自内心，不加矫饰，用真诚的话语打动对方。

3. 平等

交谈的双方可能身份地位不同，但不论在何人面前，交谈的态度应该是坦然平等的。面对地位比自己高的人不能唯唯诺诺、畏首畏尾，面对地位比自己低的人，也不应该趾高气扬、盛气凌人。

4. 避讳

在交谈中，要尽可能回避会使对方感到不愉快的话题，万一无意触及，应立即表示歉意。对方生理上有缺陷，要避讳；如果对方亲属新近死亡、父母离异等，要避讳；要注意风俗习惯，如西方人一般不高兴别人打听自己的年龄、工资收入，有些人家有喜庆怕人家说不吉利的话等。

礼貌、坦诚、平等、避讳是文明交谈的基本原则，遵循这些原则，才能使交谈充满和谐、融洽的气氛，使交谈顺利进行。

二、交谈的技巧

1. 善于提出并控制话题

善于提出话题，是使交谈顺利进行并取得良好效果的保证。提出话题要根据动机、对象、内容、环境的不同而采用不同的形式。一种是开门见山。一种是迂回入题。开始暂时避开正题，先谈一些对方感兴趣的事情，边谈边分析对方的反应和心理，适时巧妙地引出正题。

交谈过程中，双方往往按照自己的兴趣来谈，或者不经意中由一个话题转到另一个话题，这就要求交谈者善于控制话题。控制话题可以直接提醒，阻止对方继续说下去，把谈话拉回到中心话题上来，但是方法要因人而异，因情而异。可以重申话题，寻找适当时机，重申交谈的主旨；可以适时引导，适时发表自己的看法，把交谈的重心引导到中心话题上来。

2. 善于观察，及时调整交谈的内容和方式

交谈过程中，要通过观察对方的眼神、表情、姿态以及身体各部位的细微动作，了解对方的心情，及时调整交谈的内容和方式。

3. 善于根据对象、场合使用恰当得体的用语

交谈既要吸引对方，又要适应对方，这就要求交谈时不仅要注重内容，还要根据对象、场合使用恰当得体的用语。用语得体包括准确、规范、简洁、文雅、生动、幽默等，同时，还表现在恰当的使用呼语、敬语、谦语和委婉语上。

交谈作为一种双向传输语言信息的交际活动，总是受到各种因素的制约，具有发生的随机性、时间的不确定性、主客体的互变性等特点。因此，交谈的方式、方法是灵活多样的，只有在平时的交谈中加强训练，才能提高自己交谈会话的水平。

腹有诗书气自华

——古典诗歌读写实践活动

 活动目的

（1）提高学生阅读、理解和鉴赏诗词的能力，激发学生的创作兴趣。
（2）培育民族精神，弘扬中华民族的优秀传统文化。

活动流程

一、活动准备

1. 名句测试

游戏导入,检测学生古典诗词水平。

2. 引出主题

古典诗词读写比赛。

3. 任务引领

古典诗词的学习途径:阅读积累、仿写创作、作品评价。

二、分组活动

各组自行分工,搜集古典诗词。

1. 活动内容

(1) 活动步骤:搜集资料,预读,解读,品读,仿写,创作,要把握读写技巧。

(2) 活动范围:以优秀的唐诗、宋词、元曲等为读写对象。

(3) 活动形式:诵读、仿写、创作。

2. 组内演练

三、班级集体活动

1. 班级竞赛

各组推荐最优秀代表参赛。

2. 总结评价

读写结合,提高欣赏古典诗词的水平。

评出优秀小组和作品。

四、成果展示

1. 读写结合

畅谈"读古诗、写古诗"的感受。

2. 作品展示

举办一个古诗词专栏,将学生的优秀作品进行汇编。

项目十一

生命与生活

主题描述

生命，每个人都只有一次。热爱生活，善待生灵，敬畏生命，将爱的光芒照彻整个生命，把个体有限的生命融入到无限丰富的世界中去，人生才有价值，生活才更加精彩！本项目以"热爱生活、珍爱生命"为主题，共安排了4篇课文，从不同的侧面思考人生，探询生命的意义，要求学生通过阅读，联系实际生活，重新审视自己，深入思考生命的价值，学会珍惜和尊重生命。

《热爱生命》一文把主人公置于近乎残忍的恶劣环境之中，让主人公与寒冷、饥饿、伤病和野兽抗争，在生与死的抉择中，充分展现出人性深处闪光的东西，生动地描写出了生命的坚忍与顽强，奏响了一曲生命的赞歌，震撼人心！《石缝间的生命》是一篇激情勃发的托物言志的散文，自始至终涌动着对顽强生命力的赞美。《呱呱》讲述了在年轻时"我"曾一度感到无聊，觉得这个世界的一切都是毫无价值的，庸俗的，"我"怀着孤傲的愁苦、绝望和蔑视一切的心情想离开人寰、不想再活下去，但就在"我"走向死亡的途中，婴儿那充满生命力的呱呱的啼哭声让"我"收回了脚步，治愈了"我"内心的创痛。《敬畏生命》既引用了生动的故事，又叙述了亲身经历，让我们在饶有意趣的阅读中获得深刻的启迪和心灵上的净化。

本项目口语交际是"电话交谈"。

本项目实践活动是"有效的电话交谈，打造和谐的人际关系"。

知识目标

（1）学习浏览阅读、做批注的方法，培养学生阅读小说的能力；

（2）采用自主探究的学习方法，研读品味精彩片段，领悟课文震撼人心的力量；

（3）培养学生观察生活，描摹自然，感悟人生哲理，提高写作的综合能力。

能力目标

（1）能够多角度、多侧面欣赏文学作品，在欣赏作品的过程中感悟人生，培养积极的人生态度，珍爱生命；

（2）培养学生即使处在劣势中也不服输的拼搏精神，增强竞争意识；

（3）理解文章的主题，树立正确的人生观，价值观。

任务四十一 热爱生命

[美] 杰克·伦敦

山高为峰

（1）诵读文本，把握人物形象，把握作品的思想内容；

（2）感受文本以细致、平实的笔触表现出的深刻的思想感情，品味富有意蕴的语言，提高语言的感悟能力；

（3）通过分析"他"和"比尔"这两个淘金者的形象，深化对社会和人生的认识，并能从多个层面上理解生命的内涵。

阅读导航

点石成金

一、自主合作，整体把握

1. 认真阅读全文，思考：

①小说主人公在茫茫荒原上面临哪些生死考验？他为什么能超越极限、战胜病狼而顽强地生存下来？

②文章表达了作者怎样的情感？揭示了什么主题？

③将自读感触最深的内容，在小组内交流；朗读震动自己心灵的句子，并简要谈谈为什么。

本文是小说《热爱生命》的节选，描述了主人公和他的朋友比尔在荒岛淘金归途中经历的来自大自然的残酷威胁和磨难，以及不同的人生态度所带来的不同结果，歌颂了主人公珍惜生命、自强、自爱、关键时刻不动摇的顽强意志。想一想，作者为什么不给小说主人公取名？小说中设置了种种磨难使主人公的生命遭遇极限挑战，这些磨难来自哪几个方面？

杰克·伦敦（1876—1916），美国著名的小说家，他一生创作了约50部作品，其中最为著名的有《野性的呼唤》、《海狼》、《白牙》、《马丁·伊登》和一系列优秀短篇小说《老头子同盟》、《北方的奥德赛》、《马普希的房子》等。杰克·伦敦自幼当童工、漂泊在海上、跋涉在雪原、而后半工半读才取得成就。《热爱生命》曾受到列宁的赞赏，列宁在逝世的前几天，手里还捧着它。

他肩上背着用毯子包起来的学生包袱，在山谷中一瘸一拐地走着……

他们本是两个人，但就在他的脚腕子扭伤后，他的同伴比尔抛下他，头也不回地一个人走了。

他把周围那一圈世界重新扫了一遍。这是一片叫人看了发愁的景象。到处都是模糊的天际线。小山全是那么低低的，没有树，没有灌木，没有草

——什么都没有，只有一片辽阔可怕的荒野，他的眼中露出了恐惧神色。

他虽然孤零零的一个人，却没有迷路。他知道，再往前去，就会找到一条小溪。这条小溪是向西流的，他可以沿着它一直走到狄斯河，在一条翻了的独木舟下面可以找到一个小坑，坑里有来复枪和子弹，还有钓钩、渔具等打猎钓鱼的一切工具。

比尔会在那里等他的。他们会顺着狄斯河一直向南走到赫德森湾公司，那儿不仅树木长得高大茂盛，而且吃的东西也多得不得了。

这个人一路向前挣扎的时候，脑子里就是这样想的。他苦苦地拼着体力，也同样苦苦地绞尽脑汁，他尽力想着比尔并没有抛弃他，想着比尔一定会在藏东西的地方等他。他不得不这样想，不然，他就用不着这样拼命，他早就会躺下来死掉了。

他已经两天没吃东西了。他常常弯下腰，摘下沼泽地上那种灰白色的浆果，把它们放到口里，嚼几嚼，然后吞下去。这种浆果并没有养分，外面包着一点浆水，一进口，水就化了。

走到晚九点钟，他在一块岩石上绊了一下，因为极端疲劳和衰弱，他摇晃了一下就栽倒了。他侧着身子，一动也不动地躺了一会。接着，他从捆包袱的皮带当中脱出身子，笨拙地挣扎起来勉强坐着。这时候，天还没有完全黑，他借着流连不散的暮色，在乱石中间找到一些干枯的苔藓。生起一堆火，并且放了一白铁罐子水在上面煮着。

他在火边烘着潮湿的鞋袜。鹿皮鞋已经成了湿透的碎片，毡袜子有好多地方都磨穿了，两只脚皮开肉绽，都在流血。一只脚腕子胀得血管直跳，已经肿得和膝盖一样粗了。他一共有两条毯子，他从其中的一条撕下一长条，把脚腕子捆紧。然后他又撕下几条，裹在脚上，代替鹿皮鞋和袜子。

六点钟的时候，他醒了过来，开始整理包袱准备上路。在检查一个厚实的鹿皮口袋时，他踌躇了一下。袋子并不大。他知道它有十五磅重，里面装着粗金沙——这是他一年来没日没夜劳动的成果。在是否要继续带上它的问题上，他犹豫了很久。最后，当他站起来，摇摇晃晃地开始这一天的路程的时候，这个口袋仍然包在他背后的包袱里。

他扭伤的脚腕子已经僵了，他比以前跛得更明显，但是，比起肚子里的痛苦，脚疼就算不了什么。饥饿的疼痛是剧烈的。它们一阵一阵地发作，好像在啃着他的胃，疼得他不能把思想集中在去狄斯河必经的路线上。

傍晚时，他在一条小河边发现了一片灯芯草丛。他丢开包袱，爬到灯芯草丛里，像牛似的大咬大嚼起来。他还试图在小水坑里找青蛙，或者用指甲

2. 浏览课文，作批注。
①不认识的字，不理解的词；
②根据旁批中的提示作批注。

挖土找小虫，虽然他也知道，在这么远的北方，是既没有青蛙也没有小虫的。

他瞧遍了每一个水坑，最后，在漫漫的暮色袭来的时候，他才发现一个水坑里有一条独一无二的、像鲦鱼般的小鱼。他解下身上的白铁罐子，把坑里的水舀去。半小时后，坑里的水差不多舀光了。可是，并没有什么鱼。他这才发现石头里面有一条暗缝，鱼已经从那里钻到了旁边一个相连的大坑——坑里的水他一天一夜也舀不干。

他四肢无力地倒在潮湿的地上。起初，他只是轻轻地哭，过了一会，他就对着把他团团围住的无情的荒原号啕大哭起来……

> 小说之所以产生了如此震撼人心的力量，在于人物形象的塑造，课文通过"他"的经历，向我们展示了一幅幅生命垂危者求生的画面，那么，是什么促使他如此顽强？在塑造这一人物时作者主要采用了哪些描写方法？

天亮了——又是灰蒙蒙的一天，没有太阳。雨已经停了。刀绞一样的饥饿感觉也消失了，他已经丧失了想吃食物的感觉。

虽然饿的痛苦已经不再那么敏锐，他却感到了虚弱。他在摘那种沼泽地上的浆果，或者拔灯心草的时候，常常不得不停下来休息一会。他觉得他的舌头很大，很干燥，含在嘴里发苦。这一天，他走了十英里多路；第二天，他走了不到五英里。

又过了一夜。早晨，他解开那系着鹿皮口袋的皮绳，倒出一半黄澄澄的金沙，把它们包在一块毯子里，在一块突出的岩石下面藏好。又从剩下的那条毯子上撕下几条，用来裹脚。

这是一个有雾的日子，中午的时候，累赘的包袱压得他受不了。于是，他又从口袋中倒出一半金沙，不过这次是倒在地上。到了下午，他把剩下来的那点也扔掉了。

> 找出文中写主人公见到驯鹿骨头的段落并读一读。

他重新振作起来，继续前进。这地方狼很多，它们时常三三两两地从他前面走过。但是都避着他。一则因为它们为数不多，此外，它们要找的是不会搏斗的驯鹿，而这个直立行走的奇怪动物可能既会抓又会咬。

傍晚时他看到了许多零乱的骨头，说明狼在这儿咬死过一头野兽。这些残骨在一个钟头以前还是一头小驯鹿，一面尖叫，一面飞奔，非常活跃。他端详着这些骨头，它们已经给啃得精光，其中只有一些还没有死去的细胞泛着粉红色。难道在天黑之前，他也可能变成这个样子吗？生命就是这样吗？真是一种空虚的、转瞬即逝的东西。只有活着才感到痛苦。死并没有什么难过。死就等于睡觉。它意味着结束，休息。那么，为什么他不甘心死呢？

> 转瞬（shùn）即逝：转眼就消逝了。

但是，他对这些大道理想得并不长久。他蹲在苔藓地上，嘴里衔着一根骨头，吮吸着仍然使骨头微微泛红的残余生命。

接着下了几天可怕的雨雪。他不知道什么时候露宿,什么时候收拾行李。他白天黑夜都在赶路。他摔倒在哪里就在哪里休息,一到垂危的生命火花重新闪烁起来的时候,就慢慢向前走。他已经不再像人那样挣扎了。逼着他向前走的,是他的生命,因为它不愿意死。

有一天,他醒过来,神智清楚地仰卧在一块岩石上。太阳明朗暖和。他只隐隐约约地记得下过雨,刮过风,落过雪,至于他究竟被暴风雨吹打了两天或者两个星期,那他就不知道了。他痛苦地使劲侧过身子,想确定一下自己的方位。下面是一条流得很慢、很宽的河。他觉得这条河很陌生,真使他奇怪。他慢慢地顺着这条奇怪的河流的方向,向天际望去,只看到它注入一片明亮光辉的大海。后来,他又看到光亮的大海上停泊着一艘大船,但他并不激动。多半是幻觉,也许是海市蜃楼,他想到。他眼睛闭了一会再睁开——奇怪,这种幻觉竟会这样的经久不散!

他听到背后有一种吸鼻子的声音,在离他不到二十英尺远的两块岩石之间,他隐约看到一匹灰狼的头。这是一匹病狼,它的那双尖耳朵并不像别的狼那样竖得笔挺;眼睛也昏暗无光,布满血丝。

至少,这总是真的,他一面想,一面又翻过身,以便瞧见先前给幻象遮住的现实世界。可是,远处仍旧是一片光辉的大海,那艘船仍然清晰可见。难道这是真的吗?他闭着眼睛,想了好一会儿,毕竟想出来了。他已经偏离了原来的方向,一直在向北偏东走,走到了铜矿谷。这条流得很慢的宽广的河就是铜矿河。那片光辉的大海是北冰洋。这次不是幻觉而是真的!

他挣扎着坐起来。裹在脚上的毯子已经磨穿了,他的脚破得没有一处好肉。最后一条毯子已经用完了。他总算还保住了那个白铁罐子。他打算先喝点热水,然后再开始向船走去,他已经料到这是一段可怕的路程。

他的动作很慢。他好像半身不遂地哆嗦着。等到他想去收集干苔藓的时候,他才发现自己已经站不起来了。他试了又试,后来只好死了这条心,他用手和膝盖支着爬来爬去。

> 半身不遂(suí):原指身体一侧发生瘫痪,不能动弹。

……

这个人喝下热水之后,觉得自己可以站起来了,甚至还可以走路了。这天晚上,等到黑夜笼罩了光辉的大海的时候,他知道他和大海之间的距离只缩短了不到四英里。

这一夜,他总是听到那匹病狼咳嗽的声音,有时候,他又听到了一群小驯鹿的叫声。他周围全是生命,不过那是强壮的生命,非常活跃而健康的生命,同时他也知道,那只病狼所以要紧跟着他这个病人,是希望他先死。

文中的他已伤残、衰弱到了极点，最后是什么支撑着他往前走的？

　　太阳亮堂堂地升了起来，这天早晨，他一直在绊绊跌跌地，朝着光辉的海洋上的那艘船走。下午，他发现了一些痕迹，那是另外一个人留下的，不是走，而是爬的。他认为可能是比尔。他跟着那个挣扎前进的人的痕迹向前走去，不久就走到了尽头——潮湿的苔藓上摊着几根才啃光的骨头，附近还有许多狼的脚印，他发现了一个跟他自己的那个一模一样的厚实的鹿皮口袋，但已经给尖利的牙齿咬破了。比尔至死都带着它。

　　他转身走开了。不错，比尔抛弃了他，但是他不愿意拿走那袋金子，也不愿意吮吸比尔的骨头。

　　这一天，他和那艘船之间的距离缩短了三英里；第二天，又缩短了两英里——因为现在他不是在走，而是在爬了；到了第五天结束，他发现那艘船离开他仍然有七英里，而他每天连一英里也爬不到了。

二、合作学习，自述所得

　　人和病狼最后较量的情节是小说最为精彩的部分，也是全文高潮部分，请阅读相关段落。

　　在这部分中，描写了"他"的感受，突出心理活动，生动形象地刻画了人与狼搏斗的过程。你认为哪些词语或句子用得最精彩？一个濒临死亡的人最后为什么能战胜狼呢？

　　通过对主人公内心世界和细节、动作的刻画，揭示了怎样的主题？

　　他的膝盖已经和他的脚一样鲜血淋漓，尽管他撕下了身上的衬衫来垫膝盖，他背后的苔藓和岩石上仍然留下了一路血渍。有一次，他回头看见病狼正饿得发慌地舔着他的血渍、他清楚地看出了自己可能遭到的结局——除非他干掉这匹狼。于是，一幕残酷的求生悲剧就开始了——病人一路爬着，病狼一路跛行着，两个生灵就这样在荒野里拖着垂死的躯壳，相互猎取对方的生命。

　　有一次，他从昏迷中被一种喘息的声音惊醒了。他听到病狼喘着气，在慢慢地向他逼近。它越来越近，总是在向他逼近，好像经过了无穷的时间，他始终一动不动地躺在那儿，静静地等着。它已经到了他耳边。那条粗糙的干舌头正像砂纸一样地摩擦着他的两腮。他的两只手一下子伸了出来，他的指头弯得像鹰爪一样，可是抓了个空。

　　狼的耐心真是可怕。人的耐心也同样可怕。

　　这一天，有一半时间他一直躺着不动，尽力和昏迷斗争，等着那个要把他吃掉、而他也希望能吃掉的东西。

　　当他又一次从梦里慢慢苏醒过来的时候，觉得有条舌头在顺着他的一只手舔去。他静静地等着。狼牙轻轻地扣在他手上了，扣紧了。狼正在尽最后一点力量把牙齿咬进它等了很久的东西里面。突然，那只给咬破了的手抓住了狼的牙床。于是，慢慢地，就在狼无力地挣扎着，他的手无力地掐着的时候，另一只手也慢慢摸了过去……

三、探究讨论，欣赏语言

　　本文语言有什么特色？你认为哪些地方写得好？试对它进行赏析，说说它好在什么地方。

　　五分钟之后，这个人已经把全身的重量都压在狼的身上。他的手的力量虽然还不足以把狼掐死，可是他的脸已经紧紧地压住了狼的咽喉，嘴里已经满是狼毛。半小时后，这个人感到一小股暖和的液体慢慢流进他的喉咙。后来，这个人翻了一个身，仰面睡着了。

捕鲸船"白德福号"上,有几个科学考察队的人员。他们从甲板上望见岸上有一个奇怪的东西。它正在向沙滩下面的水面挪动。他们没法分清它是哪一类动物,于是他们划着小艇到岸上去查看。

他们发现了一个活着的动物,可是很难把它称作人。它已经瞎了,失去了知觉。它就像一条大虫子在地上蠕动着前进。它用的力气大半都不起作用,但是它仍在一刻也不停地向前扭动。照它这样,一个小时大概可以爬上二十英尺。

三星期以后,这个人躺在"白德福号"的一个床铺上,眼泪顺着他的瘦削的面颊往下淌,他说出他是谁和他经过的一切。同时,他又含含糊糊地、不连贯地谈到了他的母亲,谈到了阳光灿烂的南加利福尼亚,以及橘树和花丛中的他的家园……

我手我心

人或动物在极端恶劣的环境下,往往会迸发出强烈的求生欲望,做出一些令人不可思议的壮举。可我们却经常在各种媒体中看到中学生因生活、学习的不如意而自残,甚至轻生的事例,学习这篇课文以后对你有什么启发?你能对他们说点什么吗?

学海拾贝

绞尽脑汁　昏暗无光　绊绊跌跌　号啕大哭　流连不散　转瞬即逝

牛刀初试

"他"是小说的主人公,可文中一直没有说出"他"的名字,是作者的失误吗?谈谈自己的想法。

推窗望月

人的生命是悲剧中的喜剧。死亡既然是唯一可以确定的事情,那么,人不必去思索死亡的概念。有生必有死,有死必有生,人们应当既肯定生,又肯定死,但是,深切关注的决不应该是死亡,而应是生命。　　——尼采

人是为活着本身而活着的,而不是为活着之外的任何事物所活着。
　　　　　　　　　　　　　　　　　　　　　　　——余华

任务四十二 石缝间的生命

林 希

 山高为峰

(1) 把握课文内容,分析石缝间的三种生命形象,理解它们所揭示的人生寓意;

(2) 培养学生创造性地阅读欣赏状物散文的能力和观察生活、描摹自然、揭示人生哲理的写作能力;

(3) 培养学生在劣势中不服输的拼搏精神和竞争意识。

 阅读导航

面对困境,也许你曾经泪流满面,自怨自艾;面对困境,也许你曾经怨天尤人,自暴自弃。《石缝间的生命》通过对石缝中的三种生命,野草、蒲公英、松柏的描述,启迪人们越是在困厄的境遇中越要顽强拼搏,努力向上。这,就是石缝间的生命呈现给大家的生命哲学,人生最重要的,不是你站在什么地方,而是你朝什么方向走,希望同学们也像石缝间的生命一样,顽强、坚忍、拼搏。

林希(1935—),原名侯红鹅,现代作家。祖辈在天津办洋务开洋行,母亲出身于书香门第。林希自幼随母亲识字读书,开蒙较早,这些对后来他的人生产生重要影响。1947年母亲去世,失去依靠,只能一心读书,努力为自己创造未来。1952年师范学校毕业,并参加工作,曾经做过教师,后来调到天津作家协会工作。1955年受胡风反革命集团冤案株连,被定为胡风分子。1957年又被错划为右派分子,从此被送到农场、工厂、农村参加体力劳动,此间种地、挖河、打砖、清扫马路、清理厕所、蹬三轮、拉板车,在工厂做杂工,以超重劳动换取微薄收入养家活命。

石缝间倔强的生命,常使我感动得潸然泪下。

是那不定的风把那无人采撷的种子撒落到海角天涯。当它们不能再找到泥土,它们便把最后一线生的希望寄托在这一线石缝里。尽管它们也能从阳光中分享到温暖,从雨水里得到湿润,而唯有那一切生命赖以生存的土壤却要自己去寻找。它们面对着的现实该是多么严峻。

于是,大自然出现了惊人的奇迹,不毛的石缝间丛生出倔强的生命。

点石成金

作者写了石缝间的哪几种生命,表达了什么样的人生感悟呢?自读课文找出。

(1) 用直线划出表现生命特点的词语或句子;

(2) 用波浪线划出表现作者感悟的句子。

或者只就是一簇一簇无名的野草，春绿秋黄，岁岁枯荣。它们没有条件生长宽阔的叶子，因为他们寻找不到足以使草叶变得肥厚的营养，它们有的只是三两片长长的细瘦的薄叶，那细微的叶脉告知你生存该是多么艰难；更有的，它们就在一簇一簇瘦叶下又自己生长出根须，只为了少向母体吮吸一点乳汁，便自去寻找那不易被觉察到的石缝。这就是生命。如果这是一种本能，那么它正说明生命的本能是多么尊贵，生命有权自认为辉煌壮丽，生机竟是这样地不可扼制。

或者就是一团一团小小的山花，大多又都是那苦苦的蒲公英。它们的茎叶里涌动着苦味的乳白色的浆汁，它们的根须在春天被人们挖去作野菜。而石缝间的蒲公英，却远不似田野上的同宗生长得那样茁壮。它们因山风的凶狂而不能长成高高的躯干，它们因山石的贫瘠而不能拥有众多的叶片，它们的茎显得坚韧而苍老，它们的叶因枯萎而失去光泽；只有它们的根竟似那柔韧而又强固的筋条，似那柔中有刚的藤蔓，深埋在石缝间狭隘的间隙里。生命就是这样地被环境规定着，又被环境改变着，适者生存的规律尽管无情，但一切的适者都是战胜环境的强者，生命现象告诉你，生命就是拼搏。

> 这几种生命在不毛的石缝间，各自生存姿态不同，或者细瘦卑微，或者苍老枯萎没有光泽，或者是扭曲的，但他们都有一个什么样的共同特点呢？

如果石缝间只有这些小花小草，也许还只能引起人们的哀怜；而最为令人赞叹的，是在那石岩的缝隙间，还生长着参天的松柏，雄伟苍劲，巍峨挺拔。它们使高山有了灵气，使一切的生命在它们的面前显得苍白逊色。它们的躯干就是这样顽强地从石缝间生长出来，扭曲地、旋转地，每一寸树衣上都结着伤疤。向上，向上，向上是多么的艰难。每生长一寸都要经过几度寒暑，几度春秋。然而它们终于长成了高树，伸展开了繁茂的枝干，团簇着永不凋落的针叶。它们耸立在悬崖断壁上，耸立在高山峻岭的峰巅，只有那盘结在石崖上的树根在无声地向你述说，它们的生长是一次多么艰苦的拼搏。那粗如巨蟒，细如草蛇的树根，盘根错节，从一个石缝间扎进去，又从另一个石缝间钻出来，于是沿着无情的青石，它们延伸过去，像犀利的鹰爪抓住了它栖身的岩石。有时，一株松柏，它的根须竟要爬满半壁山崖，似把累累的山石用一根粗粗的缆绳紧紧地缚住，由此，它们才能迎击狂风暴雨的侵袭，它们才终于在不属于自己的生存空间为自己占有了一片天地。

> 齐读课文第7段，作者看来，石缝间存在的生命，有什么样的意义和价值？

如果一切的生命都不屑于去石缝间寻求立足的天地，那么，世界上就会有一大片一大片的地方成为永远的死寂，飞鸟无处栖身，一切借花草树木赖以生存的生命就要绝迹，那里便会沦为永无开化之日的永远的黑暗。如果一切的生命都只贪恋于黑黝黝的沃土，它们又如何完备自己驾驭环境的能力，又如何使自己在一代一代的繁衍中变得愈加坚强呢？世界就是如此奇妙。试想，那石缝间的野草，一旦将它们的草子撒落到肥沃的大地上，它们一定会比未经过风雨考验的娇嫩的种子具有更为旺盛的生机，长得更显繁茂；试想，那石缝间的蒲公英，一旦它们的种子，撑着团团的絮伞，随风飘向湿润的乡野，它们一定会比其他的花卉生长得茁壮，更能经暑耐寒；至于那顽强的松柏，它本来就是生命的崇高体现，是毅力和意志最完美的象征，它给一切的生命以鼓舞，以榜样。

> 作者想对他们说什么？找出文中段落，齐读。

愿一切生命不致因飘落在石缝间而凄凄切切。愿一切生命都敢于去寻求最艰苦的环境。生命正是要在最困厄的境遇中发现自己，认识自己，从而才能锤炼自己，成长自己，直到最后完成自己，升华自己。

石缝间顽强的生命，它既是生物学的，又是哲学的，是生物学和哲学的统一。它又是美学的，作为一种美学现象，它展现给你的不仅是装点荒山秃岭的层层葱绿，它更向你揭示出美的、壮丽的心灵世界。

> 从林希写这篇文章到现在，时光又过去了将近30年，现在的你读了这篇文章，有什么感受？

石缝间顽强的生命，它具有如此震慑人们心灵的情感力量，它使我们赖以生存的这个星球变得神奇辉煌。

我手我心

关注民生，关注草根，同情和尊重一切在苦难困境中挣扎求生的人，寻找身边的素材，以"生命的坚守"为题，写一篇作文。

学海拾贝

词语积累

倔强　潸然泪下　海角天涯　辉煌壮丽　贫瘠　巍峨挺拔　犀利
凄凄切切　震慑

牛刀初试

了解了这些生命的不凡之后，让我们一起与这些生命展开对话：

（1）假如你是一粒飘落在石缝里的种子，当你正在自怨自艾时，你遇到了野草，它会跟你说＿＿＿＿＿＿＿＿＿＿＿＿＿＿＿＿＿＿＿＿＿＿＿＿＿。

（2）假如你是田野里一棵不起眼的小花，花圃里的玫瑰嘲笑你不艳丽时，你会和它说＿＿＿＿＿＿＿＿＿＿＿＿＿＿＿＿＿＿＿＿＿＿＿＿＿。

（3）假如你是悠然生长在沃土中的一株矮松，你会羡慕石缝间的松柏吗？你会对它说＿＿＿＿＿＿＿＿＿＿＿＿＿＿＿＿＿＿＿＿＿＿。

推窗望月

从两千五百年前的孔子开始，多少个失意的文人、末路的英雄曾经从野草松柏那里获取过生存的勇气和力量，比如：

(1) 离离原上草，一岁一枯荣，野火烧不尽，春风吹又生。
(2) 岁寒，然后知松柏之后凋也。
(3) 亭亭山上松，瑟瑟谷中风。风声一何盛，松枝一何劲。冰霜正惨凄，终岁常端正。岂不罹凝寒，松柏有本性。
(4) 松柏"经冬不凋，临风不倒，雪不能毁其志，寒不致改其性"。

> 难道松柏没有遭到严寒的侵凌吗？但是它依然青翠如故，这是它的本性决定的。

任务四十三 呱　　呱

[俄] 屠格涅夫

山高为峰

(1) 了解、识记与屠格涅夫相关的文学常识；
(2) 理解文章的主题，树立正确的人生观和价值观。

阅读导航

文章讲述了在年轻时"我"曾一度感到无聊，觉得这个世界的一切都是毫无价值的，庸俗的，"我"怀着孤傲的愁苦、绝望和蔑视一切的心情想离开人寰，不想再活下去，但就在"我"走向死亡的途中，婴儿那充满生命力的呱呱的啼哭声让"我"收回了脚步，治愈了"我"内心的创痛。

屠格涅夫（1818—1883）俄国作家，出生于没落贵族家庭。他对没落贵族阶级充满了哀悼的感伤。作品多关注俄国社会和知识分子的生存与命运。早年醉心于浪漫主义诗歌。崇拜英国浪漫主义诗人拜伦，一心想当一个拜伦一样的个人英雄主义者。

那时候我在瑞士，我非常年轻，自尊心颇强，又是十分孤独。我的生活很艰苦，很不愉快。我什么也没有亲身体验过，就已经感到无聊，意志消沉，经常发脾气。世上的一切我觉得都是毫无价值的，庸俗的——正像年轻人所常有的那样，我心中幸灾乐祸地暗暗怀着一个思想——自杀。"我要证明……我要报仇……"可是证明什么呢？报什么仇呢？这一点连我自己也不清楚。只不过是我胸中的血液在沸腾，仿佛是密封在坛子里的葡萄酒，我感觉到，必须让这葡萄酒流出来，必须把压制着它的坛子砸碎。拜伦是我崇拜的偶像，曼弗雷德是我心目中的英雄。

> **点石成金**
>
> 作者是如何渲染"我"求死的心境的？

有一天傍晚，我像曼弗雷德一样决心到远离人寰的、高出于冰川之上的山顶去，那里寸草不生，只有突兀峥嵘的光秃秃的岩石，那里一切声响俱归寂灭。甚至听不到瀑布的喧闹！

> 读2～8段，找出描写自然环境的语句。

我要到那里去干什么……我不知道……也许是去结束自己的生命……

我去了……

我走了很长时间，起初在大路上走，后来沿着山径前进，越走越高，越走越高。最后的几幢小房子，最后的一些树木，早已落在我后面了。岩石，四周全是岩石。在前边不远但还看不见的雪，以凛冽的寒气向我袭来；夜的阴影以一团团黑色从四面八方围拢来。

我终于停住了脚步。

多么可怕的寂静啊。

这是死神的国度。

> 读9～11段，找出描写作者内心的语句。

我在这里，就只一个人，一个活着的人，怀着孤傲的愁苦、绝望和蔑视一切的心情，一个离开人寰不想再活下去的、有思想意识的活着的人。一种隐秘的恐惧使我全身冰冷，可是我还在想像中把自己看作是一个伟大的人！

曼弗雷德——不折不扣的曼弗雷德！

> 文中多次强调"我"一个人，表明了作者怎样的内心世界？

一个人！我一个人！我重复着说。一个人面对着死亡。该是时候了吧？不错，是时候了。别了，微不足道的世界。我要一脚把你踢开！

> 作者花大量的笔墨渲染死亡，按照常理，我"是"一定会"一脚踢开世界"的。为什么一声简单的婴儿啼哭的声音就可以让"我"不去自杀了？

就在这一瞬之间，忽然有一个奇怪的声音传到我耳边，我在仓促之中一下子不明白这是什么声音，但这是活生生的——人的声音。我吓了一跳，侧耳静听：这声音又重复了一遍。这……这是一个婴儿，一个吃奶婴儿的啼哭声！在这荒山野岭，这里一切的生命似乎早已绝灭了，永远绝灭了，竟然还会有婴儿的啼哭声！

我的惊讶突然为另一种感情所代替。于是我急不择路地朝着这啼哭声，这微弱的、可怜的、求救的声音拼命奔去……

> 这样的婴啼出现在哪里？作者在听到这声呼唤之后，情感发生了怎样的变化？

一会儿，在我面前闪过一点摇曳不定的火光。我奔得更快了——忽然，我看见一幢低矮的小房子。这小房子是用石头垒成的，上面有低低的平屋顶，通常是阿尔卑斯山的牧人躲避风雨的，可以在里面住上几个星期。

> "我"的惊讶变成了怎样的情感？

我推开半掩的门，直冲进屋子，仿佛死神就在背后追逐我。

一条长板凳上坐着一个年轻的女人，正安详地给婴儿喂奶。牧人，大概是她的丈夫，坐在她身边。他们两人都目不转睛地凝视着我。可是我一句话也说不出来，只是微笑着向他们点头……

拜伦，曼弗雷德，自杀的念头，我的高傲，我的伟大，这一切都到哪儿去了？

婴儿继续啼哭着……我却要感激他，感激他的母亲和他的父亲。

一个人的，一个刚刚诞生的生命的充满活力的啼哭声啊，你拯救了我，这生命的礼赞治愈了我内心的伤痛！

当作者想去救这个小生命而朝前奔去时，作者看到了一副怎样的画面？

"我"真的是抱着必死的决心去自杀的吗？

 我手我心

当你遭遇生命的冬天的时候，遭受生活的困境时，有没有一声"婴啼"或者"鸟啼"唤醒你的斗志，鼓舞你去迎接挑战，勇敢地生活下去？

 学海拾贝

字词练习

注音：颓（　　　）　人寰（　　　）　峥嵘（　　　）
　　　仓促（　　　）　凛冽（　　　）

 牛刀初试

搜集一些关于"生命可贵"的名言，当我们失望消沉时，我们可以把它们当作我们生命中的"婴啼"来勉励自己。

 推窗望月

(1) 生命的意义是在于活得充实，而不是在于活得长久。

——马丁·路德·金

(2) 人最宝贵的是生命，生命对于每个人来说只有一次。人的一生应该这样度过：当他回首往事的时候，不因虚度年华而悔恨，也不因碌碌无为而羞愧；这样，在临死的时候他就能够说："我的整个生命和全部精力，都献给了世界上最壮丽的事业——为人类的解放而斗争。"

——保尔·柯察金

任务四十四 敬畏生命

张全民

 山高为峰

(1) 整体感知课文,理解文章的脉络和主旨;
(2) 认识生命的本质、生命的意义,培养正确的人生观。

 阅读导航

本文内容丰富,既引用了生动的故事,又叙述了作者亲身经历,而且不乏精当的议论,让我们在饶有意趣的阅读中获得深刻的启迪和心灵上的净化。

结尾的语句"当它们被杀害殆尽时,人类就像最后的一块多米诺骨牌,接着倒下的也便是自己了",如巨大的红色惊叹号,特别具有警策力量。

弘一法师在圆寂前,再三叮嘱弟子把他的遗体装龛时,在龛的四个脚下各垫上一个碗,碗中装水,以免蚂蚁虫子爬上遗体后在火化时被无辜烧死。好几次看弘一法师的传记,读到这个细节,总是为弘一法师对于生命的深彻的怜悯与敬畏之心所深深感动。

高中时候,我家后院的墙洞里经常有大老鼠出来偷吃东西。不知为什么,我心里竟产生了一种残酷的想法,悄悄躲在墙边,趁老鼠出来的时候,拿开水烫它。结果,一只大老鼠被滚烫的开水烫着后惨叫着缩进了墙洞。我不知道它有没有死,但那时我并没有意识到自己的残忍,因为"老鼠过街,人人喊打",在人类的心目中老鼠似乎有一千个应该死的理由。然而引起我内心最大触动和自责的还是在两个月后:我在后院又看到了那只大老鼠,它还活着,只是全身都是被烫伤之后留下的白斑,可是最让人痛苦不安的是,它居然还怀着小老鼠,腆个大肚子,动作迟钝地在地上寻觅着食物。我无法表达我那个时候的心情,我只觉得"生命"这个词在我心中突然凸现得那么耀眼,我只觉得我曾经有过的行为是多么的卑劣,这种感觉,在别人眼里也许显得很可笑,但是,对我来说,就是从那个时候起,我逐渐感受到了生命的意义和分量。

法国思想家史怀泽曾在《敬畏生命》中写道:他在非洲志愿行医时,有一天黄昏,看到几只河马在河中与他们所乘的船并排而游,突然感悟到了生命的可爱和神圣。于是,"敬畏生命"的思想在他的心中蓦然产生,并且成了他今后努力倡导和不懈追求的事业。

地上搬家的小蚂蚁,春天枝头鸣唱的鸟儿,高原雪山脚下奔跑的羚羊,大海中戏水的鲸鱼等等,无不丰富了生命世界的底蕴。我们也才会时时处处在体验中获得"鸢飞鱼跃,道无不在"的生命顿悟与喜悦。

因此,每当读到那些关于生命的故事,我的心总会深切地感受到生命的无法承受之重,如撒哈拉大沙漠中,母骆驼为了使将渴死的小骆驼喝到够不着的水潭里的水而纵身跳进了潭中;老羚羊为了使小羚羊们逃生而一个接着一个跳向悬崖,因而能够使小羚羊在它们即将下坠的刹那以它们为跳板跳到对面的山头上去……其实,不仅仅只有人类才拥有生命神性的光辉。

有时候,我们敬畏生命,也是为了更爱人类自己,丰子恺曾劝告小孩子不要肆意用脚去踩蚂蚁,不要肆意用火或水去残害蚂蚁,他认为自己那样做不仅仅出于怜悯之心,更是怕小孩子那一点点残忍之心以后扩展开来,以致驾着飞机装着炸弹去轰炸无辜的平民。

确实,我们敬畏地球上的一切生命,不仅仅是因为人类有怜悯之心,更因为它们的命运就是人类的命运:当它们被残杀殆尽时,人类就像是最后一块多米诺骨牌,接着倒下的也便是自己了。

电 话 交 谈

在日常工作、学习和生活中,电话是人们须臾不可离开的通讯工具,我们以为人人都会打的电话,但其实还有个"怎么打"的问题。

 典型案例

一日,家中停电,百般无聊中电话响了,我几乎是蹦着来到电话前的。
"喂,你是谁?"我几乎拿起电话就问。
"您好,我这里是中国网通客户服务中心。"一个女孩子甜美的声音。
"啊,好,无所谓啦。"
"啊?先生您说什么?"

"呃……没说什么。您有什么事?"

"我是想回访一下您家宽带的使用情况。打扰吗?"

"不打扰,当然不打扰,太不打扰了。"我太兴奋了。

"您感觉您家网速快吗?"

"这个嘛,我说不好什么是快呀。"

"您可以登陆我们的网站,那里有宽带测试区,有免费电影测试。"

"啊,我去过。"那里有五百多部电影可以免费在线观看。

"您感觉怎么样?"

"片子老点。"我遗憾地说。

(对方忍不住笑了一声,很快恢复正常语气)

"我是说您感觉速度怎么样,有没有停顿?"

"啊,这个呀,还行吧。就是看《百变星君》的时候停顿过。"

"是吗,停顿时间长吗?"

"大概三十分钟吧。"

"啊?不会吧。"她还有点不信。"怎么会停顿这么久,是不是死机了?"

"没死机,我取消暂停后,就接着放了。"

"啊?您自己暂停的?"

"是啊,怎么了,我有事出去一下,不能暂停吗?那你们又不早说。"我真的很委屈。

"(电话里对方小声向同事要纸巾擦汗)没……没事,可以暂停,只要您愿意。"接着又问,"还出现过其他问题吗?"

"让我想想……对了,那首《我愿意》我怎么下载不了啊,王菲唱的那个。我最喜欢王菲的歌了,特有味道,你喜欢吗?"我真的很喜欢王菲。

我一口气说出三十几首王菲的歌,说到兴头,还清唱两句,估计有二十多分钟,对方有点挺不住了。

"先生,您的歌唱得不错,可是我在工作,不能多听了,很遗憾。"

"哦,对,你在工作。呵呵,你看我都忘了。你是什么单位的来着?"

"网……网通客户服务中心。"电话里的声音有点不耐烦了。

"哦……网通。你给我打电话有啥事?"

电话里只传来嘟嘟声了!

【案例评析】 案例中的"我"由于在打电话时不注意电话交谈的基本礼仪和要求,给网通的工作人员造成了不必要的麻烦。

(1) 没有礼貌。既没有向对方问好,又没有好好回答对方的问题。在电话交谈时,如遇到自己不想回答的问题,可以礼貌委婉地拒绝。浪费别人的时间,这是极不文明的表现。

(2) 完全没有听清对方询问的主题,答非所问。当然,此案例中的网通客服小姐也缺乏控制交谈主动权的能力。在对方没有诚意回答时,应及时结束电话,不应再听"我"唱歌或胡侃,否则就达不到打电话的目的了。

活动目的

目前,电话已成为现代社会的主要通讯工具之一。打电话大有讲究,可以说是一门艺术,如果缺乏使用电话的常识,不懂打电话接电话的礼仪,那么电话传递信息就可能产生障碍。使用电话传递信息时通话双方彼此之间不见面,直接影响通话效果的是通话者的声音、态度语气和使用的言词。这三者一般被称做"电话三要素"。它们既与通话内容相关又直接影响通话者相互之间的关系。一位名人曾经说:不管是在组织里还是在家里,凭一个人在电话里的讲话方式,就可以判断其修养水准。使用电话,应注意以下几个方面的问题。

1. 拨打电话

(1)时间选择适宜。使用电话的时间包括选择打电话的时间和电话交谈所持续的时长。如果不是特别紧急的事情,打电话一般不在早上 7:00 以前、就餐时间以及晚上 10:30 以后,这几个时间打电话可能会打扰对方休息或用餐。电话交谈时间以 3~5 分钟为宜,不宜过长。如果打电话的时间须 5 分钟以上,而又没有提前预约,应该向对方说明要办的事,征询对方是否方便,如果对方不便就请对方另约时间。

(2)准备好通话内容。大凡重要的电话,通话之前应做充分的准备,这样既可以节约时间又可以抓住重点,条理分明。

2. 电话交谈中注意礼貌用语多用雅语、敬语

如果是在单位上班时间接电话,拿起话筒后应亲切、和善、优美地回答说:"您好,(这是)××单位,请问您找谁?"声音清晰、悦耳、吐字清脆的第一声招呼会给对方留下良好的印象,对方对其所在单位也会有好印象。要记住,接电话时,应有"我代表单位形象"的意识。如果电话是打到家里,接电话的人可以说:"你好,请问你找谁?""你好,这是家庭电话,请问找哪位?"或直接说:"喂——,您找谁?"但声音要亲切、柔和。打电话的人应该说:"您好,我是××单位的××,我可以和××通电话吗?(或请问××在吗)"打电话的人挂电话前应该说一声"谢谢,再见"、"抱歉,打扰您了!"、"有事来电话,再见。"等得体恰当的礼貌用语,彼此恭谨致意,会让双方都感到愉快。一般由电话的一方先提出结束谈话,致告别语。对方是长辈、上级、外宾或女性,要请对方先放下电话筒。如果来电话的人谈话太啰唆,聊些无关紧要的事情浪费时间,你可以有礼貌地说:"对不起,我有些事情要去办,以后再谈好吗?"或说:"我不想占用你太多时间,我们改日再聊行吗?"

3. 控制情绪,保持喜悦的心情

电话交谈,应该始终心存尊重、诚恳之意。保持良好的心境,即使自己心情很不好,刚刚遇到过很烦恼不顺心的事情,接电话时也不要让自己不佳的情绪影响语气、语调,而使对方感到不舒服。打电话时虽然彼此看不见,

但应该用欢快、热情、亲切的语调让对方受到感染,给对方留下极佳的印象。在电话中只要稍微注意一下自己的说话方式就会给对方留下完全不同的印象。有资料报道,日本一家公司老板为了让接线员时刻有笑容,给每个接线员配一个镜子,时刻用镜子检查自己,结果取得了很好的效果。

4. 声音清晰明朗,语气语调控制在最佳状态

语气语调最能体现细致微妙的情感。语调过高,语气过重,会让对方感觉你尖刻、生硬、冷淡、刚而不柔;语气太轻,语调太低,会让对方感到你无精打采,有气无力。一般说来,语气适中,语调稍高,声音清晰明朗,尾音稍拖一点,会让对方感到亲切自然。打电话的姿势也会影响声音效果,如果打电话时弯腰躺在椅子上,说话时气流不通畅,传给对方的声音是懒散的,无精打采的。若坐姿端正,发出的声音就会亲切悦耳,充满活力。所以打电话时,即使对方看不见,也应保持端正的姿势。另外,打电话过程中请不要吸烟、喝茶、吃零食,否则就是对对方的不尊重。

5. 电话通讯的其他礼仪

接电话最好养成左手拿话筒的习惯,这在快节奏、高效率的企业公司尤为重要。因为接电话时需要记录的时候非常多,这样做是为了右手便于记录。打电话前最好把要谈的重要事情预先整理做成记录(目的明确),这样可以提高谈话效率。接电话应迅速,一般应在电话铃响三声之内接听,最好在听到一次完整的铃响后即拿起话筒,让对方久等是不礼貌的。电话礼貌是维持良好人际关系的重要方式。我们接听任何人的来电,不管找谁,都要热情、亲切、礼貌,即使要找的人与你有矛盾或是你不喜欢的人,也绝不该在电话中体现出不悦、不礼貌,因为那样做只能让对方知道你是一个心胸狭隘、没有修养的人,对方也会因此对你所在的单位产生不良印象。最后要谈的就是使用公用电话,应互谅互让,多为他人着想,尽可能缩短通话时间。

有效的电话交谈,打造和谐的人际关系

 活动目的

(1)创设情境,激发学生的表达兴趣,掌握打接电话的一般常识和技巧,能把话说清楚,说明白,学习说简短的话。

(2)通过实践活动让学生学会打电话,知道与别人通话时,要做到态度

大方、有礼貌。

（3）培养学生的创新能力和合作意识。

活动流程

一、活动准备

（1）搜集各人所知道的电话交谈方面的知识，准备课上抢答。

（2）每两人一组，准备一个电话交谈的内容，进行课上模拟表演。

二、活动安排

（1）情景剧表演导入——安排学生表演一个有趣的电话交谈案例，激发学生学习兴趣，让学生通过自己的判断从中找出打电话的一些基本礼仪（供选资料见口语交际相关知识部分）。

（2）师生互动——教师现场接听一电话，然后让学生说说老师打电话过程中的语言、态度等情况，从中归纳出打电话的基本要求：听清楚、说明白、亲切、有礼貌。

（3）设计各种各样的活动形式，如模拟、知识抢答等，让学生在活动中了解、巩固相关知识。比如：不同的情景下，不同身份的人说话的不同语气。

（4）创设相应的生活、工作情境来训练学生的应对能力。比如：结合学生专业，培养其专业意识，结合专业设想打电话时可能出现的几种情况进行创新表演，以此训练学生的创新思维和交际的灵活性，教师结合实际及时指导评议。

①旅游专业的前台，在接到访客的电话时设想几种情况：房客在的话，该怎么交谈；房客不在又该怎么交谈；或者房客在但是又不想接待访客时又该怎么拒绝等等。

②幼教专业，家长打电话询问孩子在幼儿园的表现，或者家长向你请教他在教育孩子时遇到困难时又如何处理。

③电话联系自己远在他方的亲人或者自己久未联系的朋友。

（5）创设情境，分层训练（通过分层训练来激发学生表达的兴趣和欲望，从而拓展学生的创造性思维能力，培养学生口语交际能力）让学生合作讨论，相互交流。

第一部分　书　写

请将"古之立大事者,不唯有超世之才,亦必有坚忍不拔之志。——苏轼"写在书写格内。

第二部分　基础知识与语言运用

一、选择题

1. 下列词语中,加点字的读音全部正确的一组是(　　)
   A. 质量(zhǐ)　　渲染(xuàn)　　沏茶(qī)　　滂沱大雨(pāng)
   B. 拙劣(zhuó)　　菁华(jīng)　　蒙骗(méng)　　韦编三绝(wěi)
   C. 蝙蝠(biǎn)　　纤手(qiàn)　　气氛(fēn)　　万马齐喑(yīn)
   D. 炽热(chì)　　瞋目(chēn)　　应届(yīng)　　同仇敌忾(kài)

2. 下列各组词语中,没有错别字的一组是(　　)
   A. 家具　　蜂拥　　合盘托出　　轻歌曼舞
   B. 安详　　讴歌　　和颜悦色　　首屈一指
   C. 伎俩　　凋敝　　计日程功　　墨守陈规
   D. 照像　　经典　　直截了当　　忧柔寡断

3. 选出对下列句子修辞手法判断无误的一组(　　)
   ①烹羊宰牛且为乐,会须一饮三百杯。
   ②微风过处,送来缕缕清香,仿佛远处高楼上渺茫的歌声似的。
   ③可爱的,我将什么来比拟你呢?我怎么比拟得出呢?
   ④根,紧握在地下。叶,相触在云里。
   A. ①夸张　　②通感　　③反问　　④对偶
   B. ①夸张　　②比喻　　③设问　　④顶针
   C. ①排比　　②比喻　　③设问　　④对偶
   D. ①排比　　②通感　　③反问　　④顶针

4. 下列句子没有语病的一句是(　　)
   A. 考试要求学生使用规范语言,对"我晕"、"我倒"、"酷毙了"、"帅呆了"等词语能否在考试作文中使用,会不会影响得分,我们的回答是否定的。
   B. 预防甲型 H1N1 流感的流行,要做到早发现、早报告、早隔离,及时治疗患者,这样就可以避免群众乱投医、乱服药。
   C. 我国有近百分之六十左右的青年认为,"诚实守信"是优良的传统美德，是做人的基本准则。

　　D. 中央和地方政府在尽一切力量解决免除农村小学、初中的学杂费。

5. 下列各句中，标点符号使用正确的一句是（　　）

　　A. 王之涣的诗句："欲穷千里目，更上一层楼"，应该成为每一个有事业心的人的座右铭。

　　B. 上海的越剧、沪剧，安徽的黄梅戏，在这次会演中，都带来了新剧目。

　　C. 本报自去年开始的《集报花，中大奖》活动即将圆满结束。

　　D. 我实在搞不懂他为什么要这么做？

6. 下列各句中，修辞手法不同于其他三句的一句是（　　）

　　A. 低眉信手续续弹，说尽心中无限事。

　　B. 乱石穿空，惊涛拍岸，卷起千堆雪。

　　C. 两岸青山相对出，孤帆一片日边来。

　　D. 人生自古谁无死，留取丹心照汗青。

二、填空题

7. 行道迟迟，_____。

8. _____，君子好逑。

9. _____，朽木不折。

10. 《史记》是我国第一部_____通史，它记述了从黄帝到汉武帝太初年间三千年的历史，被鲁迅誉为"_____，_____"。

11. 荀子是战国时期儒家的最后一位大师，主张_____论。

三、语言表达与运用

12. 在国外生活多年的某位亲戚及其家人将在本周末回国探亲并到你家拜访，父母请你代表全家说一段欢迎的话。你会怎么说？要求：语言真切自然，简洁得体。

　　表达：_____

13. 李军在上学路上因帮助一个走失的小孩寻找他的爸爸妈妈，迟到了。对于老师的查问，李军既不能表现自己，又不想受到老师的批评，他该怎么说才能达到以上的目的，又显得自然得体呢？（不能撒谎）

　　表达：_____

第三部分　阅读理解

阅读《拿来主义》中的片段，回答问题。

　　①譬如罢，我们之中的一个穷青年，因为祖上的阴功（姑且让我这么说说罢）：得了一所大宅子。且不问他是骗来的，抢来的，或合法继承的，或是做了女婿换来的。那么，怎么办呢？我想，首先是不管三七二十一，"拿来"！但是，如果反对这宅子的旧主人，怕给他的东西染污了，徘徊不敢走进门，是孱头；勃然大怒，放一把火烧光，算是保存自己的清白，则是昏

蛋。不过因为原是羡慕这宅子的旧主人的，而这回接受一切，欣欣然的蹩进卧室，大吸剩下的鸦片，那当然更是废物。"拿来主义"者是全不这样的。

②他占有，挑选。看见鱼翅，并不就抛在路上以显其"平民化"，只要有养料，也和朋友们像萝卜白菜一样的吃掉，只不用它来宴大宾；看见鸦片，也不当众摔在茅厕里，以见其彻底革命，只送到药房里去，以供治病之用，却不弄"出售存膏，售完即止"的玄虚。只有烟枪和烟灯，虽然形式和印度，波斯，阿拉伯的烟具都不同，确可以算是一种国粹，倘使背着周游世界，一定会有人看，但我想，除了送一点进博物馆之外，其余的是大可以毁掉的了。还有一群姨太太，也大以请她们各自走散为是，要不然，"拿来主义"怕未免有些危机。

③总之，我们要拿来。我们要或使用，或存放，或毁灭。那么，主人是新主人，宅子也就会成为新宅子。然而首先要这人沉着，勇猛，有辨别，不自私。没有拿来的，人不能自成为新人，没有拿来的，文艺不能自成为新文艺。

14. 第①段中"孱头"、"昏蛋"、"废物"三类人对待文化遗产的态度各是怎样的？

孱头：＿＿＿＿＿＿＿＿＿＿＿＿＿＿＿＿＿＿＿＿＿＿＿＿＿

昏蛋：＿＿＿＿＿＿＿＿＿＿＿＿＿＿＿＿＿＿＿＿＿＿＿＿＿

废物：＿＿＿＿＿＿＿＿＿＿＿＿＿＿＿＿＿＿＿＿＿＿＿＿＿

15. 第②段中加点词各比喻什么？

鱼翅：＿＿＿＿＿＿＿＿＿＿＿＿＿＿＿＿＿＿＿＿＿＿＿＿＿

鸦片：＿＿＿＿＿＿＿＿＿＿＿＿＿＿＿＿＿＿＿＿＿＿＿＿＿

姨太太：＿＿＿＿＿＿＿＿＿＿＿＿＿＿＿＿＿＿＿＿＿＿＿

16. 第③段中有一句说："主人是新主人，宅子也就会成为新宅子"。末尾一句说："没有拿来的，人不能自成为新人"。请思考：既然说"新主人"是宅子成为新宅子的条件，怎么又说"新人"是"拿来"的结果？"新主人"还不算"新人"吗？"新主人"是后来才成为"新人"的吗？

答：＿＿＿＿＿＿＿＿＿＿＿＿＿＿＿＿＿＿＿＿＿＿＿＿＿

第四部分　写　作

17. 停下手中的笔，合起面前的书，关闭电视节目，拔掉电脑插头，站起来去照照镜子，看看我们自己。我们是否能从中看到父母的恩赐、社会的馈赠、世界的影子？

请以"看看我们自己"为题，写一篇文章。

要求：

(1) 立意自定；

(2) 文体不限，可以记叙经历，抒发感情，发表议论，展开想象，等等；

(3) 不少于500字。

项目十二

法律与秩序

 主题描述

本项目以"法律与秩序"为专题,组织编写教学内容,其中包括精读课文《河水和大堤》《别在金矿上种卷心菜》《最宝贵的一门课》和略读课文《规矩》。本项目4篇课文都有较强的故事性,都从小故事引出大道理。《河水和大堤》揭示了一个深刻的道理:只有通过自我约束,才能获得真正的自由。《别在金矿上种卷心菜》道出一个引人深思的话题:我们以一种常规的思维方式束缚了自己的心智。《最宝贵的一门课》讲述司空见惯的现象,却给我们深刻的启迪——难怪德国强盛呢,原来德国人真的很守规矩!《规矩》则告诫我们,你要是打破了这个协议,吃亏的最终还是你。

本项目口语交际的内容是"协商"。

本项目实践活动是"掌握协商技巧,提高服务水平"。

 知识目标

(1)整体感知课文,理解课文的主旨;

(2)读懂文章,明白作者不是在简单地讲故事,而是在向我们讲述生活的哲理;

(3)学习本单元的由叙述过渡到说理的写作方式。

 能力目标

(1)通过教学,引导学生学会从生活中感悟道理,不守陈规,拓宽思维。

(2)树立自觉遵守规则和秩序的良好意识,争当遵规守法的好公民。

任务四十五　河水和大堤

刘　征

　山高为峰

（1）采用自主探究的学习方法，研读品味精彩片段，领悟课文揭示的深刻道理；

（2）让学生真正理解约束与自由的关系。

　阅读导航

故事开头通过河水和大堤的对话，揭示了一个深刻的道理：只有通过自我约束才能获得真正的自由。作者运用了拟人、夸张的手法突出了文章的主旨。文章结尾用点睛之笔收束全文"自由在哪里？自由，在两条大堤之间。"约束是自由的保障、基础和跳板，自由是约束的表现和延伸。

点石成金

请用一句恰当的格言（别人写的或自己写的均可）概括本文中心意思。

_____。

仿照第 2 段加波浪线的句式，再写一个与船的特点有关的句子。

_____。

河水在两条蜿蜒的大堤之间流着，像一条银鳞闪闪的大蟒。

"好啊，河水！"河上各式各样的船只大声地唱着。它们有的举帆，像苍鹰振起翅膀。它们有的摇橹，像蜈蚣伸开长腿；有的吐出白烟，像蛟龙喷着云雾，凭着水力轻捷地航行着。

"好啊，河水！"水中的鱼虾、龟鳖、萍藻、菱芡，还有无数浮游生物，齐声唱着。它们或俯或仰，或沉或浮，顺应着和谐的水流，自在地生活着。

"河水啊，你就是生命之源，你就是自由之母！"白鸥踏着浪花的旋律，向河水高唱赞歌。可是，河水并不这么想。它满怀愠怒，瞪着两条大堤，心想："自由之母？笑话！我给这两条大堤紧紧地夹着，只能在狭窄的河槽里沿着指定的方向流动。这大堤，像两条锁链捆住我的手脚，我的生活跟囚徒差不多，还谈得到什么自由？要自由，就得砸碎这大堤！"

于是，河水举起高山一般的大浪向着大堤砸去。

轰！大堤颤动了一下。

"别胡闹，否则你会毁灭！"大堤喊着。

"谁怕你的威胁！"河水轻蔑地吹着口哨。

于是，河水又一次举起大浪，用尽全力向着大堤砸去。

轰！大堤崩裂了。

河水哈哈大笑，它狂热地冲出河床，漫过大堤，向着四面八方流去。

霎时间，一场水灾发生了。

河水像千万头横冲直撞的野兽，吞食了村舍，吞食了四野，吞噬了家禽，吞噬了一切山林草树。船只折帆断桨，有的搁浅，有的沉没。各种水族冲得晕头转向，有的在洼里喘气，有的在山崖上碰死。

一切幸存者都在咒骂河水。河水哪里去了？它变成漫山遍野的浑浊的泥浆，漂浮着各种尸体和杂物，发散着令人恶心的臭气，河床早已干涸，裂出横七竖八的大缝子，像在一块破布上画着无数歪歪斜斜的大问号，在问：

自由在哪里？

自由，在两条大堤之间。

> 文章最后一句用象征性的手法点明了全文的主旨，既与开头第一句照应，又总结了全文。请根据行文思路在横线上写出这句话（提示：用开头第一句中的7个字组合而成）。
>
> _____。

我手我心

　　风筝
　　被一根线牵着，
　　天空再大，
　　却不属于我。

理解这首小诗，请以"风筝与自由、自主的关系"为话题，写一篇文章。

学海拾贝

词语积累
蜿蜒　银鳞闪闪　颤动　折帆断桨　晕头转向　横七竖八

牛刀初试

仿照下列句子分别仿写一个与船有关和与河水有关的句子。
（1）它们有的举帆，像苍鹰振起翅膀。它们有的摇橹，像蜈蚣伸开长腿；有的吐出白烟，像蛟龙喷着云雾，凭着水力轻捷地航行着。

（2）河水像千万头横冲直撞的野兽，吞食了村舍，吞食了四野，吞噬了家禽，吞噬了一切山林草树。

 推窗望月

（1）放弃基本的自由以换取苟安的人，终归失去自由，也得不到安全。

——富兰克林

（2）自由不仅为滥用权力而失去，也为滥用自由而失去。 ——麦奇生

（3）为了享有自由，我们必须控制自己。 ——任尔夫

（4）不以规矩，不能成方圆。 ——孟子

（5）世界上的一切都必须按照一定的规矩秩序各就各位。 ——莱蒙特

任务四十六　别在金矿上种卷心菜

于　丹

 山高为峰

（1）读懂文章，明白作者不是在简单地讲故事，而在向我们讲述生活的哲理；

（2）通过教学，引导学生学会从生活中感悟道理，不守陈规，拓宽思维。

 阅读导航

现代人面临着许多生存的困惑，由于受到传统思维的束缚，日复一日，固守着早上起床，白天工作，晚上睡觉的生活模式。大家怎么生活，我们也怎么生活。于丹从两个移民美国的德国兄弟的生活技能、生活状态说起，道出一个引人深思的话题：我们以一种常规的思维方式束缚了自己的心智。只有打破常规思维，我们才有可能去憧憬真正的逍遥游。

于丹（1965—），著名文化学者，北京师范大学教授、博士生导师。在中央电视台《百家讲坛》、《文化视点》等栏目，通过《论语心得》、《庄子心得》等系列讲座普及、传播传统文化。

点石成金

细读故事找出哥哥和弟弟想法的不同之处，试分析产生不同想法的原因。

我曾看过一本书，叫做《隐藏的财富》，里面讲了一个故事：

有两个从德国移民美国的兄弟，1845年来到纽约谋生。这弟兄俩觉得生活很艰难，就商量怎么样能够活下去。作为外来的移民，哥哥原来还有一

技之长,在德国的时候,他做泡菜做得很好。弟弟太年轻,什么都不会。哥哥说,我们外乡人在纽约这么一个都市,太难生存了。我去加利福尼亚吧,我可以种菜,继续做我的泡菜。弟弟想,反正我也没有手艺,索性一横心一跺脚,留在纽约,白天打工,晚上求学。他学习的是地质学和冶金学。

哥哥来到了加利福尼亚的一个乡间,这里有很廉价的土地,他就买下来种卷心菜,成熟后用来腌泡菜。哥哥很勤劳,每天种菜腌泡菜,养活了一家人。4年以后,弟弟大学毕业了,到加利福尼亚来看望哥哥。哥哥问弟弟:"你现在手里都拥有什么呀?"弟弟说:"我除了文凭,别的什么都没有。"哥哥说:"你还是应该跟我扎扎实实地干活,我带你去看一看我的菜地吧。"

> 提示:
> 做一个有思想力的人,约束自己,遵守规矩。但不要让它成为绳索束缚你。这样,个人才会成长,社会才会发展。

在菜地里,弟弟蹲下来看了看菜,然后扒拉一下菜底下的土,在那儿看了很久,然后进屋去拿了一个脸盆,盛满了水,把土一捧一捧地放在里面漂洗。

他发现脸盆底下,有一些金灿灿、亮闪闪的金属屑。然后,他非常惊讶地抬起头,看着他哥哥,长叹一声,说:"哥哥,你知道吗?你是在一座金矿上种卷心菜!"

其实,有太多的时候,我们安然地享受着生活带给我们的秩序。日复一日,我们早晨起床,白天工作,晚上睡觉。大家怎么生活,我们也怎样生活。我们用手中的一技之长,养家糊口,过很安稳的日子。我们从来没有跳出自己现有的经验体系,重新质询一下:我还可以换一个方式生活吗?我目前所拥有的这些技能,还有没有可能让它发挥更大的用处?

庄子在《逍遥游》里给我们提出了一个永恒的问题:什么叫做有用?

作为家长,我们可能会跟孩子说,你趴在窗台上看了一下午蝴蝶,做的是没用的事。这一下午,如果你练钢琴,是有用的。

我们可能跟孩子说,你这一下午就在和泥巴,堆城堡,这是没用的。这一下午,如果你练打字,是有用的。

我曾经见过一个科学实验,把一个会跳的小虫子放在瓶子里。它本来可以跳很高,但实验是把盖子盖上以后让它跳。小虫子一跳,啪,碰到顶盖掉下来了,再一跳,又碰到顶盖掉下来。它反复跳跃,却越跳越低。这时候,你把盖子再拧开,看见这小虫子还在跳,但它已经永远不会跳出这个瓶子了,因为它认为,头顶上那个盖子,是不可逾越的。

> 你读完第10自然段后,从中受到什么启示?

我们今天的教育,有一种可悲的现象,就是父母用自己全部的爱,为孩子规定了太多的戒律,捂上了太多有用的盖子。

我们让孩子认为,作为一个葫芦,它以后只能成为瓢,而不能成为一个巨大的游泳圈,带着人浮游于江海;作为一块土壤,上面只可以种菜种粮食,没有人去追问土壤下面可能埋藏的矿藏。

我们以一种常规的思维,束缚了自己的心智。由我们的常规的生活态度,规定了我们可怜的局限。这种局限本来是可以被打破的。只有打破这种常规思维,我们才有可能去憧憬真正的逍遥游。真正的逍遥游,其实就是无羁无绊。

有用和无用是可以相互转化的。难道一个人一定要循规蹈矩,按照程序、按照规则去设计自己的人生吗?

有这样一个故事:一个大公司要招聘发报员,凡是熟悉国际通用的莫尔斯密码的人,都可以来应聘。很多应聘者闻讯而来,被安排在公司的办公大厅里等候面试。

大家来了以后,就发现这个环境太嘈杂了。这个大公司业务繁忙,办公大厅里人来人往,有的在互相谈话,有的在打电话,人声嘈杂。几十位应聘者一排一排坐在这个环境里等候。面试地点是在大厅尽头的一个神秘的小屋子里。大家就这么等着,等待人事经理来叫人。

<u>迟到的小伙子为什么径直走进那个神秘的小屋,而且居然还被录用了?</u>

这个时候,来了一个迟到的小伙子。他排在应聘者的最后,连座位都没有了。他站了一会儿,然后就径直往那个神秘的小屋子走去,推门而进。所有人都很奇怪:他为什么不排队就进去了呢?

过了一会儿,主管招聘的人事经理带着小伙子从小屋子里出来了,对所有坐着的应聘者说:"对不起,这个发报员的职位已经有人了。你们可以回去了。"

其他应聘者都愤愤不平:"这小子迟到了,还径直闯进门去,居然就得到了职位!我们等待这么久,你一个问题都没问,连机会都没给我们,就被拒绝了。为什么?"

人事经理缓缓回答:"我们特别选择了在这样一个嘈杂的环境里应聘。而就在这个环境中,一直在发送着一种莫尔斯密码的电波,解读出来的意思是:谁要是听懂了这个密码的话,现在请直接进入小屋子。"

这个小伙子虽然来晚了,但他在嘈杂的环境中,听懂了密码语言,所以他成功了。他没有像其他应聘者那样,按照既定的规则,坐在那里等待。所以他才是真正懂得密码的人,他配得到这个职位。

这是一个现代生活里的故事。这样的机遇,谁说不会随时出现在我们的身边呢?

我们都知道,庄子是一个大智之人。大智慧者,永远不教给我们小技巧。

他教给我们的是境界和眼光。

用最简洁的语言概述这个机遇,并说说你在学习、生活中有过哪些机遇?

 我手我心

难道一个人一定要循规蹈矩,按照程序,按照规则去设计自己的人生吗?那样的人生不显得单调点了吗?那样的人生不乏味吗?请谈谈你的看法。

 学海拾贝

佳句积累:
(1) 我们以一种常规的思维,束缚了自己的心智。
(2) 他教给我们的是境界和眼光。

 牛刀初试

"一米线",原来是邮局、银行、机场、车站、医院等在办事窗口前一米处划(设)的一道线,用来提示排队办事的人,在前一位没办完事之前,不要越过此线,以免使办事者受到干扰,意味着对人的尊重,对人的隐私的尊重。它既是一种公共道德规则,也是人的现代文明素养的具体表现。说说日常生活中还有哪些类似"一米线"的规则?你遵守了吗?

 推窗望月

学学别人的思维方式

某时装店的经理不小心将一条高档呢裙烧了一个洞,其身价一落千丈。如果用织补法补救,也只是蒙混过关,欺骗顾客。这位经理突发奇想,干脆在小洞的周围又挖了许多小洞,并精于修饰,将其命名为"凤尾裙"。一下子,"凤尾裙"销路顿开,该时装商店也出了名。逆向思维带来了可观的经济效益,无跟袜的诞生与"凤尾裙"异曲同工。因为袜跟容易破,一破就毁了一双袜子,商家运用逆向思维,试制成功无跟袜,创造了非常良好的商机。

任务四十七　最宝贵的一门课

佚　名

 山高为峰

（1）品读文章，揣摩关键语句的含义；
（2）明白良好的秩序是高素质的体现，树立自觉遵守规则和秩序的良好意识，争当遵规守法的好公民。

 阅读导航

作者信手拈来，将读者的目光聚焦在德国一个"车站理发店"，一个来自"礼仪之邦"的中国顾客走进小店。他们简单的对话引人深思，得出一个结论：一个时时处处讲规则讲秩序的民族，永远都会是一个强大的民族。我们应该怎样做？值得反省。这就是"我"和留学生在外国学到的最宝贵的一课。

点石成金

德国理发师为什么不愿意为那位中国人理发？

中国人为了理发而买了一张离这最近的一站车票的做法，你怎么看？

文中加波浪线的句子你如何理解？

深夜，一位中国人走进德国某小镇的车站理发室。理发师热情地接待了他，却不愿意为他理发。理由是，这里只能为手里有车票的旅客理发，这是规定。中国人委婉地提出建议，说反正现在店里也没有其他顾客，是不是可以来个例外？理发师更恭敬了，说虽然是夜里也没有别的人，我们也得遵守规则。无奈之中，中国人走到售票窗前，要了一张离这儿最近的一站车票。当他拿着车票第二次走进理发室时，理发师很遗憾地对他说，如果您只是为了理发才买这张车票的话，那么真的很抱歉，我还是不能为您服务。

当有人把深夜小站理发师的故事告诉给一群在德国留学的中国学生听时，不少人感慨万千，说，太不可思议了，德国人真的是太认真了，这样一个时时处处讲规则讲秩序的民族，永远都会是一个强大的民族。但有的人就不以为然，说，偶然的一件小事，决定不了这么大的性质，一个小镇的车站，一个近乎迂腐的人，如何能说明一个民族的性格呢？双方甚至还为此发生了争执，相持不下之际，就有人提出通过实践来检验孰是孰非。于是，聪明的留学生们共同设计了一项试验。他们趁着夜色，来到闹市区的一个公用电话亭，在一左一右两部电话的旁边，分别贴上了"男士"、"女士"的标记，然后迅速离开。第二天上午，他们又相约来到那个电话亭。令他们惊奇的一幕出现了：标着"男士"的那一部电话前排起了长队，而标着"女士"的那一部电话前却空无一人。留学生们就走过去问那些平静等待的先生：既然那一部电话前没有人,为什么不到那边去打,何必等这么久呢?被问的先生们无一不以坦然的口吻说:那边是专为女士准备的,我们只能在这边打,这是秩序啊……

留学生们不再争执了。在他们默默回去的一路上,每个人都想了很多,大家都隐隐觉得自己乃至自己身后那个曾是礼仪之邦、崇尚井然有序的民族,这许多年来,可能于无意之中已慢慢丢失了一些美好的东西。在重创民族辉煌、融入世界之流的今天,规则和秩序,也许正是我们最为需要的素质。

> 结合加点的词语,理解句子的含义。

有一位同学感慨道:"这是我们在德国学到的最为宝贵的一门课程啊!"

> 中国留学生为什么说:"这是我们在德国学到的最为宝贵的一门课程?"

 我手我心

(1) 想象一下文中打电话的情景,以"电话亭"为题,编写一个小片段。
(2) 仿写句子。
一份文明好像一滴水,许多文明就是一片海;
一份文明好像一盏灯,_____;
一份文明好像星星之火,_____。
讲文明、树新风、守秩序、重公德,让我们携手共同营造有序的生活环境,共同打造安定文明的社会环境。

 学海拾贝

根据意思写出成语。
(1) 不能想象,不能理解(　　　　)
(2) 形容很整齐很有次序(　　　　)

 牛刀初试

(1) 德国人的刻板让我们不得不静下心来想一想,我们漠视规则已经多久了?我们总是聪明地以为:规则是死的,可人是活的,活人为什么要被死规则套住?你怎么看待德国的那位理发师和电话亭那一排等着的男士?
(2) 明白身份,守规矩。根据你所了解的情况填写下表。

地点	我是	要遵守……	我可以拥有……的自由
在学校	学生	学校各项规章制度	
在街上	行人		

地点	我是	要遵守……	我可以拥有……的自由
在火车上	乘客		
在旅游点	游客		
在书店	顾客	爱护图书，不折、不撕	
在银行			

 推窗望月

(1) 如果无序是你必须遵守的法则，你就会因谋求秩序而受到惩罚。

——瓦莱里

(2) 良好的秩序是一切美好事物的基础。 ——伯克

(3) 世界上的一切都必须按照一定的规矩秩序各就各位。 ——莱蒙特

(4) 万事离不开方法，世界离不开秩序。 ——斯威

任务四十八　规　　矩

佚　名

 山高为峰

(1) 整体感知课文，理解课文的主旨；

(2) 让学生明白"懂规矩，遵守规矩，维护秩序，共同创造和谐社会"是每个公民义不容辞的责任。

 阅读导航

《规矩》一文，从一句俗话"狗怕蹲下"入手，引用一位大爷捡石砸狗的生活细节，向人们讲述一个道理：狗之所以怕人蹲下，就是因为以为会有人用石头打它。这是长期以来形成的一个条件反射，也算是人与狗之间的一个协议，这一司空见惯的现象却给了我们深刻的启迪。

朋友从外地回来，我们为他接风洗尘。吃饭时，朋友说："我给你们讲个故事吧。上个月我去胶东，经过一个村子，突然一条大狗从远处向我冲过来，你们说在那种情境下我该怎么办？""跑肯定是不行的，最好的办法是用

石头打它。"一人说。

"对，乡下有句俗话叫狗怕蹲下，当你蹲下时狗以为你要捡地上的石头打它，就会落荒而逃。我当时就是这么做的。那条狗向我冲过来时，我一蹲下它就转身跑了。我正要继续赶路，旁边突然跑过来一位大爷，从地上捡起一块石头扔过去，正好打在狗腿上，狗叫了一声，跑得更远了。"朋友说。

"我向大爷道谢，可大爷却不领情，还有点生气地说：'你蹲下就要打它一下，老不打，狗就不信你了，会乱套的。'"

朋友顿了顿，接着说："我觉得大爷说得很有道理。狗之所以怕人蹲下，就是因为会有人用石头打它，这是长期以来形成的一个条件反射，也算是人与狗之间的一个协议。你要是打破了这个协议，蹲下了却没打它，一次两次没事，次数多了它就不再相信你了，不管你蹲下是不是真打它，它都会扑过来咬你，吃亏的最终还是你。"一人说："看来，那位大爷表面上是在帮你打狗，其实在更深的层次上也是为了全村人长久的安全，是在维护一种秩序。"

"对。"朋友说，"很多时候，不守规矩比暴力更可怕。暴力只是破坏表面的东西，而不守规矩却是破坏了一种秩序，把根基都动摇了。"

协　　商

协商就是共同商量以便取得一致意见，是在发生争议之后，由当事人双方直接进行磋商，自行解决纠纷的方法。

 典型案例

在一次集体活动中，大家风尘仆仆地赶到事先预订的旅馆时，却被告知因旅馆管理工作失误，原来定好的套房（有单独浴室）中竟没有热水。为了此事，领队约见经理，进行了以下协商。

领队："对不起，这么晚还把您从家里请来。但大家满身臭汗，不洗澡是不行了。何况我们预订时说好的供应热水的，这事只有请你来解决了。"

经理："这事吧，我也没办法啊，锅炉工的老婆恰巧今天生孩子，他跑到医院去了，临走时忘了放水，估计一时半会儿是回不来了，要不你们委屈一下，到集体浴室去洗洗，我已经叫人开好门了，集体浴室也是热水。集体浴室也分男女的,大家也没什么害羞的,你有的我也有。包涵啊,谁没有当父亲的时候啊。"

领队:"是的,我是可以让大家到集体浴室去洗澡。但不是每个人都愿意的,到时候有人提出反对意见,我就不好办了。再者说,一分钱一分货,当初讲好的套房一人150元一天是有单独浴室的。现在到集体浴室洗澡,那就等于降到通铺水平,我们只能照通铺标准,每人60元一天。"

经理:"什么!这账不能这么算!通铺标准是6个人一个房间,到集体浴室去洗澡。而且,只提供床铺,没有娱乐设施。你现在是一人一个房间,只是要求到集体浴室去洗澡,就降到通铺水平,这也太能砍价了!再者,我们旅馆的每个单间都配备电视,空调,这些一开动可是笔不小的开支,60元一天,电费都不够啊!"

领队:"这我管不着,反正预先说好的,你没办法做到,现在我们只能这么算了,旅馆管理我又不懂,但一分钱一分货的道理我还是懂的。"

经理:"我也想给大伙提供好的服务啊,可你看这不是没办法吗?"

领队:"你有办法的!"

经理:"什么办法?"

领队:"你有两个办法:一是把失职的锅炉工召回来。二是您可以给每个房间拎两桶热水。当然我会配合您去劝大家耐心等待。不过好像有一百号人,我没有那么大的气场能把他们劝住。"

经理:(这个领队真厉害,软硬不吃啊,以前怎么没看出来啊。罢了,来者皆是客,自己是做生意的,没必要跟钱过不去。看来只有把锅炉工召回来了。)

这次协商的结果是经理派人找回了锅炉工,40分钟后每间套房都有了热水。

【案例评析】 这是一则关于旅游服务的协商。这次协商成功的关键在于抓住"对等"、"据理力争"的原则。这位经理管理不善,对下属的失职一味姑息,甚至推诿责任,还安排大家去集体浴室。而领队顺水推舟,先表示同意,然后运用"对等"原则借力打力,提出享受通铺待遇。这时经理才领悟到自己在损害旅客利益的时候也在损害自己的利益,于是才下决心纠正下属失职的错误。

 相关知识

1. 调节气氛的技巧

协商是人与人之间的活动,人是有感情、有自尊的,如果前来提出要求的人和颜悦色,尊重对方,那么气氛就是友好而和谐的,协商也就容易成功;反之,如果提出要求时不尊重别人,一副盛气凌人的样子,那协商多半是要失败的。"协商"还要注意双方情绪,所以我们应该想方设法调节协商时的气氛。

2. 争取同情的技巧

在日常生活中，我们常常遇到一些"公事公办"的恼人现象。当你提出意见时，对方把眼一瞪："上边规定的！"把你噎个半死！其实"公事公办"之外，还可能有"公事私办"这样一扇小门。任何原则也不可能排斥"灵活性"。问题是人家愿意不愿意把这扇小门为你打开。

"公事公办"在任何情况下都是有根据的，你奈何不得。但潜力和弹性总是有的，那就要看你能否调动，而调动的钥匙就是——同情，设法激起办事人员的同情心，事情就会好办多了。

3. 据理力争的技巧

有时，你会发现事情在"公事公办"范围以内而对方不愿办事，那你就可以据理力争，必要时还应施加一点儿压力。因为你对他仅仅是职责之内合情合理的要求，这时就不必顾虑你的话会给他什么样的感觉。

4. 消除防范的技巧

协商双方在约定的时间见面时，彼此都会有一种"临战"的心理。因为协商的内容是事先约定的。在作准备时必然要对对方的意见、状况作一个分析和估计。因此在相互接触时，彼此都免不了会有一点"防范"心理。要使协商在和谐气氛中进行，就要消除这种"防范"心理。

如何消除防范心理呢？从潜意识来说，防范心理的产生是一种自卫，也就是当人们把对方作为假想敌时所产生的。那么消除防范心理最有效的方法就是反复给予暗示，表示自己是朋友而不是敌人。这种暗示可以用种种方法来进行：嘘寒问暖、给予关心、表示愿给予帮助等等。

5. 寻求一致的技巧

协商的最终目的就是寻求一致，但在协商过程中免不了会有分歧。在协商时应该尽可能创造"一致"，而尽量避免有可能不一致的提法。例如一开始就说："我们就程序问题讨论一下，你们同意吗？"其实一开始讨论程序是不言而喻的，对方自然会回答："好"。这时可以再强调一下："那我们双方同意先讨论程序！"

在这一议程结束之后，又提出：

"下面我们各自作些介绍，行不行？"

"行！"这时又可以强调一下。

"刚才我们双方在程序方面已经达成一致意见，而且双方一致认为有必要进行各自介绍。"然后问对方，"那么，可以让我先来介绍吗？"

谁先介绍是无关紧要的，所以对方必然很爽快地答应。

"好"或者"可以"。

然而这一连串的"可以！"、"同意！"、"行！"、"好！"恰恰是问话人所需要的。这些表示一致的词，反复、成串地出现会使协商的气氛变得轻松，人与人之间的关系变得融洽起来，双方的合作精神也容易体现出来。千方百计强调"一致"是使协商成功的法宝。

掌握协商技巧,提高服务水平

活动目的

(1) 通过情境模拟,使学生理解和掌握协商的方法和技巧。
(2) 增强学生的语言表达能力和通过协商解决实际问题的能力,提高服务水平。

活动流程

一、导入

二、知识抢答

教师事先准备一些有关协商的知识问答,让学生抢答(知识问答内容来自"口语交际"相关知识)。

三、情境模拟

下面,我们全班同学分成4个小组,老师将给出两个情境,第1组和第2组模拟情境一,第3组和第4组模拟情境二。要求第1组和第3组的同学在模拟的情境中用较为生硬的方式去解决问题,第2组和第4组的同学用协商的方法来解决问题,大家很容易看出协商解决问题的好处,也由此可见掌握协商的技巧是多么重要。

情境一(第1组和第2组模拟情境):解决客人在房间内吃西瓜的问题。

夏日炎炎,常有客人买西瓜回饭店房间享用,瓜皮、瓜汁极易沾染弄脏地毯和棉织品,形成难以清除的污渍。作为客房服务员,你将如何解决这个问题?

情境二(第3组和第4组模拟情境):王老师怎样才能坐上电梯。

王老师的工作室在十八层。她常想在休息日去加班,但大多数休息日电梯工不上班,电梯就停开。传达室的大爷手中有电梯间的钥匙,可是这位老大爷是一位性格耿直,非常坚持原则的老同志。学校规定在休息日任何人不允许使用电梯,王老师应该怎么办?

第1组模拟情境:(两名学生分别扮演服务员 A 和客人)

服务员 A 对客人说道:"先生,对不起,您不能在房内吃西瓜,会弄脏地毯的。请您去餐厅吧!"客人很不高兴地答道:"你怎么知道我会弄脏地毯,我就喜欢在房间里吃。"服务员 A 再次向客人解释:"实在对不起,您不能在房间里吃瓜。"客人生气地说:"房间是我的,不用你教训。酒店多得是,我马上就退房。"说罢愤然而去。

第 2 组模拟情境:(两名学生分别扮演服务员 B 和客人)

同场景下,服务员 B 是这样处理的:"先生,您好,在房间里吃瓜容易弄脏您的居住环境,我们让餐厅为您切好瓜,请您在餐桌旁吃,好吗?"客人答道:"去餐厅太麻烦了。我不会弄脏房间的。"B 又建议道:"不如我们把西瓜切好,送到您房间?省得您自己动手,您看好吗?"客人点点头,说道:"那就谢谢小姐了。"

第 3 组模拟情境:(两名学生分别扮演王老师和传达室老大爷)

休息日早上王老师拎着食物、水瓶和一包书来到办公楼下,望楼兴叹之余很恼火,她发起牢骚来:"这纯粹是不让人好好干活儿嘛!干吗不开电梯?谁规定的?"没人回答她,她冲传达室老同志发火:"我要抗议!"传达室老头儿淡淡一笑:"好啊!校长规定的,你跟校长抗议去!"和前几次一样,王老师又碰了钉子。

第 4 组模拟情境:(两名学生分别扮演王老师和传达室老大爷)

休息日早上王老师拎着食物、水瓶和一包书又去了大楼。在传达室旁站着一言不发,老头有些奇怪,问道:"大休息天还不在家歇着,来大楼干吗?"王老师告诉他,任务如何之多,时间如何之紧,自己为责任感驱使不得不来。老头儿唇边掠过一丝笑意:"今天没电梯你也去?"王老师望了望他:"您要是不帮我,我也只能去爬十八层楼喽!"没有一句牢骚,没有引起争执,老伯伯打开抽屉拿出钥匙,打开电梯,把王老师送到了十八层楼。

四、分析情境模拟

1. 分析情境一

两位员工的语言可谓"小同大异"。两者都注意使用了礼貌用语(您、请),意图基本上一致,都提出了解决方法。但两者的实际效果是天壤之别:服务员 A 令客人愤然离去,扬言转换酒店;而服务员 B 却使客人欣然接受了劝阻,并感受到了酒店细致入微的服务。究其原因,在协商过程中其语言的表达存在以下两个主要的区别:

(1)考虑问题的出发点不同。服务员 A 从客人在房间吃西瓜对酒店不利的角度来解释原因,使客人认为酒店只为自身着想,并不在乎客人的感受。而服务员 B 表达出为客人的居住环境、为客人利益考虑的心愿,想客人所想,服务就显得热情亲切。

(2)提出解决方法的方式相异。服务员 A 采用直截了当的方法,明确地告诉客人"不能……"似乎毫无商量的余地,使客人产生受强制之感。服务员 B 的语言组织较为委婉,显出征询客人意见的关切之情。在客人固执己见的情况下,B 能灵活地做出合理让步,既坚持了酒店不愿让客人在房内吃西瓜的原则,又保住了客人的面子,满足了客人的要求。

由此可见，在协商过程中，运用协商技巧，用委婉的语言、亲切的态度适度调节协商气氛，避免使对方产生被强制的感觉，并且站在对方的角度，为对方着想，使对方消除防范心理，是协商能否成功，事情能否顺利解决，双方能否达成一致意见的关键因素。

2. 分析情境二

在第四组同学的模拟情境中，王老师运用了协商中"争取同情"的原则。本来，按照"公事公办"的原则，传达室大爷是不应该在休息日开电梯的，但同情使他打开了电梯，这是要冒点小小风险的。他愿意为你冒这个风险，私人为你付出一点儿代价，这就不是"公事公办"而是"公事私办"了。怎样使他"愿意"，这便要使他同情你。要别人同情你，关键是要放下架子，端着架子，是无法引起同情的。如果在对方面前大发牢骚，只能引起对方的反感，而无法达到自己的目的。还有的同志不善于说话，自己虽然不想端架子，却给人"端架子"的感觉，说起来也挺冤的。哪些说法会给人这种感觉呢？下面试举数例作为禁忌：

"你们负责人呢，我找他谈。"——看不起我们普通人。

"国外哪有这样的事儿？"——洋奴嘴脸！

"这儿效率太低！"——想贬低我们？

"等这么久，怎么还没解决？"——你就不能等？特殊？

"你们单位怎么回事儿？"——对我们单位看不顺眼？

这些说法会产生"居高临下"看不起人的感觉，最好不说。

五、评价与总结

（1）语文科代表做活动负责人，主持整个活动。教师应提前个别指导，同时要注意对活动过程进行评价。

（2）小组活动时，由各组选派有表演能力的同学模拟情境。

（3）可从评价多方面进行，其中要特别关注各小组设计的台词和动作是否符合预设情境，参演人员普通话的水平，演员的表现力等。

 活动建议

（1）将全班同学分成 4 个小组并确定参加表演的人员，各小组明确自己要模拟的情境。

（2）各小组按照要求模拟情境，教师参与指导参演人员设计自己的台词和动作。

（3）教师始终关注各小组的情境模拟，及时引导。协商中注意运用技巧，良好的语言技巧有助于协商顺利进行，最终取得成功。

单元练习

第一部分　书　　写

请将"书籍是人类进步的阶梯"书写在格内。

第二部分　基础知识与语言应用

一、单项选择题

1. 下列各组词语中，加点字注音全部正确的一项是（　　）

A. 奖券（juàn）　憎（zèng）恶　垂涎（xián）三尺　锲（qiè）而不舍

B. 恪（kè）守　发酵（xiào）　殚（dān）精竭虑　游目骋（chěng）怀

C. 胡同（tòng）　埋怨（mán）　金石可镂（lòu）　偃（yǎn）旗息鼓

D. 长篙（hāo）　隽（juàn）永　好高骛（wù）远　莘（xīng）莘学子

2. 下列各组词语中，没有错别字的一组是（　　）

A. 寒伧　　眉梢　　门可落雀　　望风披靡

B. 追溯　　缔造　　自惭形秽　　勤能补拙

C. 睿智　　安祥　　震耳欲聋　　毛骨悚然

D. 暇想　　尸骸　　真知灼见　　兴高彩烈

3. 依次填入下列句中横线处的词语，最恰当的一组是（　　）

①能源短缺，加上恶劣的自然条件，极大地_____着这个小镇的经济发展。

②最近上演的表现当代戒毒工作的电视剧《红处方》，_____了众多的观众。

③天山最高峰有常年不化的积雪，在阳光照射下，闪射出_____的白光。

A. 限制　感染　剧烈　　　B. 限制　感化　强烈

C. 制约　感染　强烈　　　D. 制约　感化　剧烈

4. 下列各句中，没有语病的一句是（　　）

A. 世卫组织官员确认，抗病毒药物"达菲"对预防甲型流感病毒仍然有效。

B. 1949年9月，他的叔父出生于湖北襄阳的一个书香门第之家。

C. 他是一个文学爱好者，从小就阅读了大量的小说、诗歌、散文以及文学名著。

D. 市委和市政府领导深入基层，虚心征求了广大群众对改善公交条件的要求。

5. 下列各句中，标点符号使用正确的一句是（   ）

A. 写什么景？怎样写景？为什么写景？是我们阅读分析散文时应注意的问题。

B. 花生、板栗、核桃……等等坚果都属于健康食品。

C. "老张，"吴经理高声叫道："你怎么还站在门外不肯进来？"

D. "新体育杯"围棋赛另一个阶段比赛经过八轮争夺，于 10 月 5 日在安庆结束。

6. 对下列句子所运用修辞手法的分析，正确的一项是（   ）

①他们不会高声朗笑，不会拼死搏击，不会孤身野旅，不会背水一战。
②专家也是人嘛，难道人就永远不会犯错误？
③李小丽性格孤僻，像冬天的蛹，沉睡在自己的天地里。

A. ①排比　②设问　③比喻　　B. ①对比　②设问　③夸张
C. ①对比　②反问　③夸张　　D. ①排比　②反问　③比喻

二、填空题

7. 《诗经·采薇》中的"昔我往矣，_____。今我来思，雨雪霏霏"被誉为千古名句。

"故木受绳则直，_____。" "_____，善假于物也"都是《劝学》中的经典名句。

8. 《_____》是我国第一部纪传体通史，作者西汉史学家司马迁。

9. 《我的母亲》作者老舍，原名舒庆春，字_____，中国现代著名作家。

三、语言运用与表达

10. 口语交际。

小 A："喂！书我看完了，还给你！"

小 B："又把我的新书弄脏了，以后再也不借书给你！"

为了避免引发同学间的矛盾，请你为他们重新设计以上的对话：

小 A："_____。"

小 B："_____。"

11. 人们都说，"开卷有益"，即：只要翻开书卷读书，就一定有收获。你觉得这一说法对吗？请说说自己的看法。

_____

_____

12. 说说下面的电话交谈存在什么问题。如果是你，该如何来打这个电话？

"喂！广告公司吗？李四在吗？"

"对不起，他不在。您有什么事需要……"

"不在，算了，算了！"

（还没等对方说完第二句，就抢着说）

（咔嚓，就挂断了电话）

第三部分　现代文阅读

阅读下面的短文，回答问题。

小心落叶（有改动）

落叶是微不足道的。谁能去关注一片落叶呢？只有当它从高高的枝头跌落，那飘荡的曲线，也许会划亮一下你暗淡的目光。

是的，匆忙劳碌，苦苦奔波，早使我们疲惫不堪。我们甚至不知道每个季节怎样来临，从不留意黄叶如花，装点你消逝的年华；甚至惊诧为什么这样快就下了雪了呢。

有一位俄国诗人在他的一首诗中提到，每到秋天，莫斯科街心花园里，都挂出一块小木牌，这块小小的木牌上写着四个字：小心落叶。

这四个字久久挤在我的脑子里，我知道这是一个十分友善的提醒。落叶在脚下飘动，那是一种悲壮，一种无言的辉煌。看见那些苍绿蓬勃的枝叶，转眼间枯萎，不禁令人深思。

许多无知和错误都过去了。我生命的绿树曾苍绿如水，我徜徉的脚步曾充满稚气，也漫不经心。在潮润的幼林中我挥霍着，因为我不相信春光能消逝，不相信几阵秋风就能像梳子一样，把树叶捋光。

那是多么让人难以忘怀的时光，而今终于看到它一去不复返了！我还清楚地记得，那时的欢笑是怎样惊散树上的群鸟，是怎样在绿草上滚向无涯的远方。我也记得那透明的欢笑，在清澈的河面上欢跳，在悠悠的白云上飘摇……

但从什么时候起，这一切竟被一团浓重的浊气所取代呢？无法回想，我们生命力所有鲜活的枝杈，是怎样颓败的。如今只剩下光秃秃的躯干，孤零零地呈现着令人伤感的灰暗！

我在丛林中漫步，树林也由此充满灵性，充满了爱与悲哀，美丽与死亡。在许多方面，应该承认我们人类对自身的感悟远不及树木来的灵透。瑞士小说家赫曼·黑塞把居所前后的每棵树都用自己亲人的名字命名，崇敬并爱戴它们。与它们交流，向它们倾诉。他把它们当作朋友、父兄。可见在他深邃的心灵里，有着比常人更悠远的世界，他由此在自然中获得了灵感和艺术生命。

落叶无声，在萧瑟的秋风里，他仍怀有最后一次奋舞的悍勇。当它伏在柔嫩的枝条上，刚刚绽开鹅黄色的初梦时，他看到的是什么呢？是浩渺的长天，还是嘈杂的市井？融融春光中，那金黄的季节怎样孕育？又是怎样，一步一步，准确而缓慢地向它移来？在它离开母体的一瞬间，是平静快乐，还是惆怅郁怀？当它完成生命中仅有的一次飞翔。坠入大地无边的怀抱，是否会溅起一次悠远的回声？而在泥土和寒雪的覆盖下，会不会再一次扣响春天的大门，进入那永无穷绝的枯荣？

小心落叶。

这充满着善意与博爱的提醒，也许就是对人自身的一种珍视，一种期望。

对于这片小小的随风飘舞的落叶，假如你投以生命的关注，一股震颤会油然而生。你会感到这片不值一提的落叶实在是你自身的写照。而它却来的比你超脱，比你奔放，比你从容。面对落叶，你得思绪会被扯向生命的极限，跨越千年，包容万里。

可否？让我在岁岁的深秋里，在你生命的花园里挂出一片木牌：

小心落叶。

13. 在第 5 段中，"无知和错误"指的是什么？
_____
_____

第 8 段中作者提到赫曼·黑塞用亲人的名字给树木命名的作用是什么？
_____

14. 文中三次提到"小心落叶"，"小心"的含义是什么？
_____
_____

15. 作者从"落叶"中感悟到了什么？
_____
_____

第四部分　写　　作

16. 题目：我有一个梦想

要求：中心明确，内容具体，条理清楚，语句通顺。字数在 400 字以上。

参 考 文 献

[1] 倪文锦,于黔勋. 语文教学参考书(基础模块)·上册[M]. 北京:高等教育出版社,2012.
[2] 倪文锦,于黔勋. 语文教学参考书(基础模块)·下册[M]. 北京:高等教育出版社,2012.
[3] 倪文锦,于黔勋,王虹. 语文(公共基础平台)·第二册[M]. 北京:高等教育出版社,2009.
[4] 倪文锦,于黔勋,王虹. 语文教学参考书(公共基础平台)·第一册[M]. 北京:高等教育出版社,2009.
[5] 宜昌市职教研究室语文中心组. 美文欣赏与现代文写作——技能训练[M]. 武汉:华中科技大学出版社,2010.